Das Vertragsrecht bei Adam Smith

Rechtshistorische Reihe

Band 362

Peter Lang
Frankfurt am Main · Berlin · Bern · Bruxelles · New York · Oxford · Wien

Christina Meß

Das Vertragsrecht bei Adam Smith

Peter Lang
Internationaler Verlag der Wissenschaften

Bibliografische Information der Deutschen Nationalbibliothek
Die Deutsche Nationalbibliothek verzeichnet diese Publikation in der Deutschen Nationalbibliografie; detaillierte bibliografische Daten sind im Internet über <http://www.d-nb.de> abrufbar.

Zugl.: Hamburg, Univ., Diss., 2006

Die vorliegende Arbeit wurde von
Herrn Prof. Dr. Tilman Repgen
zur Aufnahme in diese Reihe empfohlen.

Umschlagabbildung:
Justitia – Sinnbild der Gerechtigkeit.
Dieser Bildausschnitt wurde einem Buch
aus dem 17. Jahrhundert entnommen.

D 18
ISSN 0344-290X
ISBN 978-3-631-57420-1

www.peterlang.de

Für die stetige Unterstützung bei der Erstellung dieser Arbeit danke ich sehr herzlich Herrn Prof. Dr. Tilman Repgen. Er stand mir mit zahlreichen Anregungen sowie wertvollen Ratschlägen zur Seite. Herzlicher Dank gilt auch Herrn Prof. Dr. Michael Köhler für die Erstellung des Zweitgutachtens.

Weiter danke ich meinen ehemaligen Kolleginnen und Kollegen am Seminar für Deutsche und Nordische Rechtsgeschichte der Universität Hamburg sowie meiner Familie für viele hilfreiche Diskussionen und die Korrektur.

Inhaltsverzeichnis

A. Einleitung

I. Gegenstand der Untersuchung

The only thing that can make an obligation in this manner is an open and plain declaration that he desires the person to whom he makes the declaration to have dependance on what he promises[1].

Das Einzige, das in dieser Weise eine Verpflichtung hervorrufen kann, ist eine offene / aufrichtige und deutliche Erklärung, dass er wünscht, die Person, der er die Erklärung macht, möge Erwartungen in das von ihm Versprochene haben[2].

Dieses Zitat stammt aus der Vorlesung zur Moralphilosophie im Abschnitt über *Jurisprudence*, die Adam Smith im Jahre 1763 an der Universität von Glasgow hielt. Es verdeutlicht, dass Smith der Ansicht war, es bedürfe für die Entstehung einer vertraglichen Verpflichtung der deutlichen Äußerung des Wunsches des Erklärenden, der Empfänger möge sich auf das Versprechen verlassen. Diese Voraussetzung für die Entstehung einer vertraglichen Verpflichtung war damals wie heute ungewöhnlich.

Im Rahmen seiner Vorlesung äußerte sich Smith nicht nur zur Entstehung von Versprechen, sondern auch zu deren Klagbarkeit und zu Versprechensbrüchen. Im Folgenden werden seine Ausführungen zu diesen Themen dargestellt. Deutlich werden dabei einige Besonderheiten von Smith's Gedanken zum Vertragsrecht. Dazu gehören unter anderem die für das System von Smith unerlässliche Figur des *impartial spectator* und die Ablehnung Smith's, den Grund für die Entstehung der Verbindlichkeit von Versprechen im Willen des Erklärenden zu sehen. Smith hatte eigene Vorstellungen von der Entstehung einer Bindungswirkung von Versprechen. Zu der folgenden Erörterung der Ausführungen von Smith ist es in bestimmten Fällen notwendig, sie mit denen einiger seiner Vorgänger zu vergleichen. Häufig handelt es sich dabei um die Darlegungen seines Freundes David Hume und seines Lehrers Francis Hutcheson. Wichtig sind jedoch auch Vergleiche mit den Ansichten von Hugo Grotius. Der Grund dafür liegt in dessen beachtlichem Einfluss auf die Entwicklung des Vertragsrechts[3] und in der Tatsache, dass auch Smith diese Bedeutung von Grotius erkannte:

---

1 Adam Smith, The Glasgow Edition of the Works and Correspondence of Adam Smith, V: Lectures on Jurisprudence, hrsg. von Meek, Raphael und Stein, Oxford 1987. Smith, LJ(A) ii. 43.

2 Alle in der Arbeit nicht anders gekennzeichneten Übersetzungen sind eigene der Verfasserin.

3 Grotius' Werk „De iure belli ac pacis" wurde häufig neu aufgelegt und in viele Sprachen übersetzt. Die Universitäten verwendeten es als Lehrbuch. Grotius behandelte darin

Grotius seem to have been the first who attempted to give the world any thing like a regular system of natural jurisprudence, and his treatise on the laws of war and peace, with all its imperfections, is perhaps at this day the most compleat work on this subject[4].	Grotius scheint der Erste gewesen zu sein, der versuchte der Welt so etwas wie ein richtiges System der *natural jurisprudence* zu geben und seine Abhandlung über das Recht von Krieg und Frieden ist mit all seinen Mängeln vielleicht heute die vollkommenste / vollständigste Arbeit zu diesem Thema.

Das Rechtsgebiet des Vertragsrechts hat sich im Laufe der Entwicklung kontinuierlich gewandelt und wurde von unterschiedlichen Systemen geprägt. Während die deutsche Rechtsordnung heute davon ausgeht, dass ein Vertrag allein durch zwei übereinstimmende Willenserklärungen entsteht, ist das für andere Systeme, z.B. für das römische Recht, das englische Recht oder das System von Smith keine Selbstverständlichkeit. Insbesondere aufgrund der teilweisen Abweichungen der Ansichten Smith's von denen seiner bedeutenden Vorgänger, erscheint eine genauere Betrachtung seines Systems interessant.

II. Stand der Forschung

Untersuchungen zum Vertragsdenken von Adam Smith sind kaum vorhanden. Zu nennen ist hier vor allem Haakonssen, der die Systeme von David Hume und Adam Smith vergleicht und dabei kurz auf die Entstehung von Versprechen bei Smith eingeht[5]. Auch Atiyah stellt knapp dar, wie nach Smith Versprechen entstehen[6]. Die Gedanken von Smith zum Eigentum sowie zu seinen Sympathieüberlegungen werden in der Literatur hingegen vergleichsweise häufig untersucht[7].

„zentrale Rechtsfiguren, die später zum Grundbestand der Zivilrechtsdogmatik wurden". Vgl. Hans Schlosser, Grundzüge der Neueren Privatrechtsgeschichte, 10. Auflg., Heidelberg 2005, S. 96 f.

4 SMITH, LJ(B) (wie Fn 1) 1.

5 KNUD HAAKONSSEN, The Science of a Legislator, The Natural Jurisprudence of David Hume and Adam Smith, London, New York, New Rochelle u.a. 1981.

6 PATRICK SELIM ATIYAH, The Rise and Fall of Freedom of Contract, Oxford 1979, S. 82.

7 Zum Eigentum zum Beispiel ROBERT BOYDEN LAMB, Property markets an the state in Adam Smith's system, New York, London 1987; HANS MEDICK, Naturzustand und Naturgeschichte der bürgerlichen Gesellschaft, Göttingen 1973 und zu Smith's Symphatieüberlegungen beispielsweise GEORG JOHANNES ANDREE, Sympathie und Unparteilichkeit, Adam Smiths System der natürlichen Moralität, Paderborn 2003; JAMES R. OTTESON, Adam Smith's Marketplace of Life, Cambridge 2002; JEFFREY T. YOUNG, The impartial spectator and natural jurisprudence: an interpretation of Adam Smith's theory of the natural price, in: History of Political Economy Volume 18, 1986, S. 365-382; KNUD HAAKONSSEN, The Science of a Legislator, The Natural Jurisprudence of David Hume and Adam Smith, London, New York, New Rochelle u.a. 1981.

Aus philosophischem Blickwinkel hat sich Andree[8] im Rahmen seiner Grazer Dissertation aus dem Jahre 2003 mit dem Sympathiebegriff und dem *impartial spectator* auseinander gesetzt. Eine tiefergehende Analyse der Bedeutung des *impartial spectator* für die Entstehung von Recht und insbesondere für das Vertragsrecht fehlt jedoch ebenso wie eine generelle Darstellung des Vertragsrechts von Smith.

III. Quellen der Untersuchung

Die einzige Quelle für die Behandlung des Vertragsrechts von Adam Smith sind die *Lectures on Jurisprudence.*

Im Jahre 1737 begann Adam Smith im Alter von vierzehn Jahren sein Studium an der Universität Glasgow. Dort soll er erheblich durch die Moralphilosophie-Vorlesung seines Lehrers Francis Hutcheson beeinflusst worden sein[9]. Außerdem las er die Werke von Locke, Pufendorf und Grotius[10]. Moderne Naturrechtslehren, vor allem diejenige Pufendorfs, wurden an den schottischen Universitäten in Moralphilosophiekursen gelehrt[11]. Im Jahre 1740 verließ Smith Glasgow als Magister Artium, um bis 1746 am Balliol College in Oxford zu studieren[12]. Dort las er griechische und lateinische Klassiker nebst französischer Literatur und Werke der zeitgenössischen Philosophie[13].

Im Jahre 1748 bot Smith zunächst in Edinburgh eine Vorlesungsreihe über *rhetoric, belles lettres and jurisprudence* an[14]. Dabei handelte es sich um damals in Edinburgh nicht unübliche private Vorlesungen[15] (privatissimum). In den Jahren von 1748 bis 1751 hielt Smith private Vorlesungen auch zu juristischen Themen[16]. Der Erfolg dieser Vorlesungen führte im Jahre 1751 zu einer Professur

---

8 GEORG JOHANNES ANDREE, Sympathie und Unparteilichkeit, Adam Smiths System der natürlichen Moralität, Paderborn 2003.

9 JERRY MULLER, Adam Smith in his time and ours, Princeton 1993, S. 17.

10 JERRY MULLER, Adam Smith in his time and ours, Princeton 1993, S. 17.

11 KARL GRAF BALLESTREM, Die schottische Aufklärung, in: Harald Dickerhof (Hrsg.), Festschrift für Heinz Hürten, Frankfurt a. M., Bern, New York u.a. 1988, S. 317- 334 (320).

12 HORST CLAUS RECKTENWALD, Adam Smith, Sein Leben und sein Werk, München 1976, S. 6; KARL GRAF BALLESTREM, Adam Smith, München 2001, S. 34.

13 DAVID DAICHES RAPHAEL, Adam Smith, Frankfurt/Main, New York 1991, S. 19.

14 JERRY MULLER, Adam Smith in his time and ours, Princeton 1993, S. 19.

15 KARL GRAF BALLESTREM, Adam Smith, München 2001, S. 35.

16 DAVID DAICHES RAPHAEL, Adam Smith, Frankfurt, New York 1991, S. 20.

für Logik an der Universität von Glasgow[17]. Als Hutchesons Nachfolger am Lehrstuhl für Moralphilosophie, Thomas Craigie, im Dezember 1751 verstarb, bewarb sich Smith erfolgreich um den Lehrstuhl[18]. Der Senat der Universität beschloss einstimmig, den Ruf an Smith ergehen zu lassen[19].

Den Moralphilosophiekurs gliederte Smith in die Abschnitte Natürliche Theologie, Ethik, Recht und Politik[20]. Aus dem Abschnitt über Ethik entstand sein 1759 erstmals erschienenes Werk *The Theory of Moral Sentiments*[21]. Aus dem Abschnitt über Politik ging *An Inquiry into the Nature and Causes of the Wealth of Nations* hervor[22]. Die Moralphilosophie-Vorlesung behandelte die Bereiche des Öffentlichen Rechts, des Hausrechts, des Privatrechts, Polizeiwesens, Heerwesens und des Völkerrechts. Im Rahmen des Privatrechts deckte er die Themen Eigentum, Dienstbarkeiten, Pfandrechte und Hypotheken, das Vertragsrecht und die Quasi-Verträge, sowie das Deliktsrecht ab.

Zwei Vorlesungsreihen von Smith zur Moralphilosophie sind in Gestalt von Vorlesungsmitschriften zweier seiner Studenten erhalten[23]. Die heute LJ(B) genannte Vorlesungsaufzeichnung entdeckte Edwin Cannan 1895 bei einem Rechtsanwalt in Edinburgh und veröffentlichte sie 1896[24]. Diese Mitschrift beruht auf einer Originalnachschrift der Vorlesungen, vermutlich aus dem Vorlesungs-jahr 1763-64, und wurde im Jahre 1766 als Kopie angefertigt[25]. Es ist unklar, ob die Kopie von demjenigen angefertigt wurde, der auch ursprünglich in der Vor-lesung die Notizen gemacht hatte und ob dieses für seinen eigenen Bedarf oder den Verkauf geschah[26]. Möglich erscheint auch, dass ein anderer die

---

17 JERRY MULLER, Adam Smith in his time and ours, Princeton 1993, S. 19.

18 KARL GRAF BALLESTREM, Adam Smith, München 2001, S. 36.

19 KARL GRAF BALLESTREM, Adam Smith, München 2001, S. 36.

20 KARL GRAF BALLESTREM, Adam Smith, München 2001, S. 95.

21 DAVID DAICHES RAPHAEL, Adam Smith, Frankfurt, New York 1991, S. 23.

22 KARL GRAF BALLESTREM, Adam Smith, München 2001, S. 95.

23 Von weiteren Aufzeichnungen spricht R. L. MEEK, New light on Adam Smith's Glasgow Lectures on Jurisprudence, in: History of Political Economy, Vol. 8, 1976, S. 439-477. Meek ist der Ansicht diese sogenannten Anderson-Notes seien ebenfalls Aufzeichnungen von einer Vorlesung Smith's. Sie sind bei Meek abgedruckt, enthalten jedoch keine hier relevanten Informationen zum Vertragsrecht, weshalb nicht weiter auf sie eingegangen werden soll.

24 EDWIN CANNAN (Hrsg.), Lectures on Justice, Police, Revenue and Arms, delivered in the University of Glasgow by Adam Smith, Oxford 1896. Vgl. MEEK, RAPHAEL UND STEIN (Hrsg.) in der Einleitung zu The Glasgow Edition of the Works and Correspondence of Adam Smith, V: Lectures on Jurisprudence, Oxford 1987.

25 DANIEL BRÜHLMEIER in der Einleitung zu Adam Smith, Vorlesungen über Rechts- und Staatswissenschaften, Sankt Augustin 1996, S. 9.

26 MEEK, RAPHAEL UND STEIN in der Einleitung zu Lectures on Jurisprudence, Oxford 1987, S. 7.

Kopie für den Verkauf anfertigte[27]. Zu Zeiten von Adam Smith war es durchaus üblich, Kopien von studentischen Mitschriften aus Vorlesungen beliebter Professoren in Buchläden zu verkaufen[28].

Im Jahre 1958 wurde eine zweite, weitaus ausführlichere Vorlesungsmitschrift gefunden, die 1978 veröffentlicht und auf das Vorlesungsjahr 1762-63 datiert wurde[29]. Sie wird im Folgenden entsprechend der gängigen Praxis mit LJ(A) bezeichnet. Als Quelle für die Aussagen von Adam Smith zum Vertragsrecht dienen hier LJ(A) und LJ(B) in der Ausgabe von Meek, Raphael und Stein der *Lectures on Jurisprudence*[30].

Unterschiede weisen die beiden Quellen vor allem in der Reihenfolge der Hauptthemen auf. Weiterhin ist die Herkunft der Vorlesungsmitschriften unterschiedlich. Die Herausgeber der *Lectures on Jurisprudence* Meek, Raphael und Stein gehen in ihrer Einleitung davon aus, dass LJ(A) eine neu geschriebene Version der Mitschrift und nur für den Privatgebrauch des Studenten bestimmt gewesen sei[31]. Dahingegen habe LJ(B) nach Ansicht von Meek, Raphael und Stein den Anschein einer von einem professionellen Kopisten hergestellten Zusammenfassung der Vorlesung[32]. Besonders in Bezug auf das Vertragsrecht ist die Vorlesungsmitschrift LJ(A) weitaus ausführlicher als LJ(B). Es ist jedoch Meek, Raphael und Stein[33] darin zu folgen, dass der wesentliche Inhalt der Argumente in beiden Texten identisch ist.

Die Vorlesungsmitschriften sind die einzige Quelle für die Vertragsrechtsansichten von Smith. Es bestehen keine eigenen Aufzeichnungen von Smith, abgesehen von den Informationen über den *impartial spectator*, Ausführungen zur Frage, ob erpresste Versprechen bindend sind, und allgemeine Äußerungen zu

---

27 MEEK, RAPHAEL UND STEIN in der Einleitung zu Lectures on Jurisprudence, Oxford 1987, S. 7.

28 MEEK, RAPHAEL UND STEIN in der Einleitung zu Lectures on Jurisprudence, Oxford 1987, S. 7.

29 DANIEL BRÜHLMEIER in der Einleitung zu Adam Smith, Vorlesungen über Rechts- und Staatswissenschaften, Sankt Augustin 1996, S. 10.
Eine genaue Datierung ist bei diesen Vorlesungsaufzeichnungen möglich, weil der Student die Daten der einzelnen Vorlesungen notiert hatte.

30 ADAM SMITH, The Glasgow Edition of the Works and Correspondence of Adam Smith, V: Lectures on Jurisprudence, hrsg. von Meek, Raphael und Stein, Oxford 1987.

31 MEEK, RAPHAEL UND STEIN in der Einleitung zu Lectures on Jurisprudence, Oxford 1987, S. 23.

32 MEEK, RAPHAEL UND STEIN in der Einleitung zu Lectures on Jurisprudence, Oxford 1987, S. 23.

33 MEEK, RAPHAEL UND STEIN in der Einleitung zu Lectures on Jurisprudence, Oxford 1987, S. 30.

Sorgfaltsmaßstäben. Dazu äußerte sich Smith in seinem Werk *The Theory of Moral Sentiments*[34], das daher neben den *Lectures* in den folgenden Betrachtungen zu berücksichtigen ist. Die Mitschriften bieten die einzige Möglichkeit, überhaupt etwas über diesen Bereich seines Wirkens zu erfahren. Adam Smith arbeitete zwar an einer Veröffentlichung bezüglich des Bereichs Recht seiner Vorlesung zur Moralphilosophie, in der er rechtliche Fragen behandelte. Das unvollendete Manuskript der *Theory and History of Law and Government*, ließ er jedoch kurz vor seinem Tod vernichten[35]. Smith erwähnte die Arbeiten an einem solchen Werk in seinem Brief an Le Duc de la Rouchefoucauld vom 1. November 1785. Darin schrieb er auch von den Unsicherheiten bezüglich einer Beendigung des Werkes:

... and whether I shall ever be able to finish either is extremely uncertain[36].	...und ob ich jemals in der Lage sein werde, beide zu beenden, ist überaus unsicher.

Im Übrigen kündigte Adam Smith auch am Ende seines Buches *The Theory of Moral Sentiments* ein solches Werk an:

I shall in another discourse endeavour to give an account of the general principles of law and government...[37].	Ich werde in einer anderen Abhandlung eine Darstellung der allgemeinen Prinzipien des Rechtes und der Regierung zu geben versuchen...[38]

Demjenigen, der sich heute mit den *Lectures on Jurisprudence* beschäftigt, stehen die beiden Vorlesungsmitschriften in englischer Fassung, herausgegeben von Meek, Raphael und Stein[39] zur Verfügung. Diese *Glasgow Edition* liegt der folgenden Untersuchung zugrunde. Des Weiteren existieren die „Vorlesungen

---

34 Zum impartial spectator siehe zum Beispiel: SMITH, Theorie der ethischen Gefühle, übersetzt und hrsg. von Walther Eckstein, Hamburg 2004, S. 166 f., 171 ff.; SMITH, The Theory of Moral Sentiments, hrsg. von D. D. Raphael und A. L. Macfie, Oxford 1976, S. 109 f., 113 ff. Zu der Frage der Bindungswirkung von erpressten Versprechen siehe S. 552 ff. in der deutschen bzw. S. 330 ff. in der englischen Ausgabe.

35 KARL GRAF BALLESTREM, Adam Smith, München 2001, S. 95.

36 The Glasgow Edition of the Works and Correspondence of Adam Smith VI: The Correspondence of Adam Smith; hrsg. von Ernest Campbell Mossner und Ian Simpson Ross, Oxford 1987, Brief Nr. 248.

37 SMITH, The Theory of Moral Sentiments (wie Fn 34) VII.iv.37, S. 342.

38 SMITH, Theorie der ethischen Gefühle (wie Fn 34) S. 570.

39 ADAM SMITH, The Glasgow Edition of the Works and Correspondence of Adam Smith, V: Lectures on Jurisprudence, hrsg. von Meek, Raphael und Stein, Oxford 1987.

über Rechts- und Staatswissenschaften“, welche von Daniel Brühlmeier[40] übersetzt, eingeleitet und kommentiert wurden. Wie Brühlmeier selbst in seiner Einleitung erwähnt, handelt es sich bei seiner Übersetzung um die erste deutsche Übersetzung, die beide Vorlesungsmitschriften berücksichtigt[41]. 1928 war bereits eine deutsche Übersetzung von LJ(B) erschienen[42]. Im Unterschied zu der Ausgabe von Meek, Raphael und Stein, lässt Brühlmeier die beiden Vorlesungsmitschriften nicht getrennt nebeneinander stehen, sondern nimmt die Vorlesungsmitschrift LJ(B) zur Grundlage und ergänzt diese lediglich durch die entsprechenden Stellen aus der Vorlesungsmitschrift LJ(A).

IV. Quellen der Vorlesung

Im Folgen sollen kurz die Quellen der Vorlesung von Smith skizziert werden.

1. Das Vertragsrecht in den Lectures

Die allgemeine Einführung in das Recht für die Studenten, die der eigentliche Zweck der Vorlesung war, bezog sich nicht nur auf das damals geltende Recht. Smith vermischte Hinweise auf das römische Recht mit denen auf das englische und schottische Recht und mit historischen Ausführungen in Bezug auf die Entwicklungen dieser unterschiedlichen Traditionen[43]. Dabei wird auch deutlich, dass das römische Recht für Adam Smith eine grundlegende Rolle spielte und im Gebiet der rechtlichen Institutionen die von ihm überwiegend genutzte Quelle war[44]. Er war offensichtlich ein Anhänger des römischen Rechts mit seiner, vor allem im Vergleich zum englischen Recht, übersichtlicheren Struktur. Dies ergibt sich unmittelbar aus einem Brief von Adam Smith an Lord Shelburne und ist eine Einstellung, die sich in der starken Präsenz des römischen Rechts in seinen *Lectures* widerspiegelt:

---

40 ADAM SMITH, Vorlesungen über Rechts- und Staatswissenschaften, übersetzt, eingeleitet und kommentiert von Daniel Brühlmeier, Sankt Augustin 1996.

41 DANIEL BRÜHLMEIER in der Einleitung von Adam Smith, Vorlesungen über Rechts- und Staatswissenschaften, Sankt Augustin 1996, S. 11.

42 Vorlesungen über Rechts- Polizei- Steuer- und Heereswesen gehalten in der Universität Glasgow von Adam Smith. Nach der Ausgabe von Edwin Cannan ins Deutsche übertragen von S. Blach mit einem Geleitwort von Ignaz Jastrow, Halberstadt 1928.

43 GLORIA VIVENZA, Adam Smith and the Classics, Oxford 2001, S. 116.

44 PETER STEIN, Adam Smith's Theory of Law and Society, in: R. R. BOLGAR, Classical Influences on Western Thought A. D. 1650-1870, Proceedings at an International Conference held at King's College, Cambridge March 1977, Cambridge, London, New York u.a. 1979, S. 263-273 (266).

In that year I would advise him to attend the Lectures of the Professor of Civil Law: for tho' the civil law has no authority in the English courts, the study of it is an admirable preparation for the Study of the English Law. The civil Law is digested into a more regular System than the English Law has yet been, and tho' the Principles of the former are in many respects different from those of the latter, yet there are many principles common to both, and one who has studied the civil law at least knows what a System of law is, what parts it consist of, and how these ought to be arranged: so that when he afterwards comes to study the law of any other country which is not so well digested, he carries at least the Idea of a System in his head and knows to what part of it he ought to refer every thing that he reads[45].

In diesem Jahr würde ich ihm raten, die Vorlesungen des Professors für das *Civil Law* zu besuchen: denn obwohl das *Civil Law* in den englischen Gerichten keine Autorität hat, ist sein Studium eine vortreffliche Vorbereitung für das Studium des englischen Rechts. Das *Civil Law* ist in ein geregelteres System aufgeschlossen worden als das englische es jemals war, und obwohl die Grundsätze des Ersteren sich in vielerlei Hinsicht von denen des Letzteren unterscheiden, sind jedoch viele Grundsätze beiden gemeinsam und jemand, der das *Civil Law* studiert hat, weiß wenigstens was ein Rechtssystem ist, aus welchen Teilen es besteht und wie diese eingeordnet werden sollten: so dass er, wenn er später das Recht irgend eines anderen Landes studiert, das nicht so gut geistig verarbeitet ist, er wenigstens die Idee eines Systems in seinem Kopf trägt und weiß, auf welchen Teil er alles, was er liest, beziehen sollte.

Dass Smith alle diese drei Systeme in seine Vorlesung mit einbezog, ist nicht verwunderlich, wenn man bedenkt, dass ihm nicht nur das schottische und römische, sondern auch das englische System bekannt gewesen sein muss. Die gleichzeitige Behandlung dieser drei Systeme ist einerseits auf die Union mit England von 1707 zurückzuführen, durch die Schottland Teil Großbritanniens geworden war[46], und andererseits auf den Einfluss des römischen Rechts in Schottland.

2. Das schottische Recht

a) Einflüsse auf das Recht Schottlands

Das schottische Recht hatte einen wesentlich engeren Kontakt zum Zivilrecht Kontinentaleuropas als das englische *Common Law*. Das schottische Recht weist

---

45 Brief von Smith an Lord Shelburne vom 4. April 1759. Als Brief Nr. 30 abgedruckt in: The Glasgow Edition of the Works and Correspondence of Adam Smith VI: The Correspondence of Adam Smith, hrsg. von Ernest Campbell Mossner und Ian Simpson Ross, Oxford 1987.

46 HELMUT WEBER, Einführung in das schottische Recht, Darmstadt 1978, S. 3.

jedoch, vor allem seit der Union mit England von 1707, zunehmend auch Einflüsse des *Common Law* auf und ist aus diesem Grund eine Mischrechtsordnung. Auch das Feudalrecht und das kanonische Recht hatten auf das schottische Recht im Laufe seiner Entwicklung Einfluss[47]. Große Bereiche des modernen schottischen Vertragsrechts haben ihre Wurzeln jedoch im *Civil Law*[48].

b) Geschichte des schottischen Rechts

Dass das römische Recht für Smith unter anderem aufgrund seiner Struktur einen besonderen Stellenwert hatte, ist bereits dargelegt worden[49]. Aber das römische Recht war und ist darüber hinaus für die Schotten auch deshalb von Bedeutung, weil es nicht unerheblich auf das schottische Recht Einfluss genommen hat. Um die große Bedeutung des römischen Rechts für das schottische Recht zu verdeutlichen, soll der Weg der Einflussnahme des römischen Rechts kurz dargestellt werden.

(1) Feudalzeit (11.-13. Jahrhundert)

Obwohl die Normannen Schottland nicht erobert hatten, drang der anglo-normannische Feudalismus bis nach Schottland vor und setzte sich auch dort als Staatsform durch[50]. Der Grundgedanke war dabei das Fürsorgeverhältnis zwischen Vasall und Herr[51]. Die Verwaltungsstruktur basierte auf dem *sheriff*-System, bei dem die Sheriffs, Beamte des Königs, auch juristische Funktionen innehatten[52]. Die einzelnen *sheriffdoms* teilten das Land in verschiedene administrative Bereiche, in denen der jeweilige Sheriff dreimal im Jahr Gericht hielt und sowohl in strafrechtlichen als auch zivilrechtlichen Fällen als Richter auftrat[53].

---

47 OLIVIA F. ROBINSON/T. D. FERGUS/WILLIAM M. GORDON, An Introduction to European Legal History, Abingdon 1985, S. 377.

48 OLIVIA F. ROBINSON/T. D. FERGUS/WILLIAM M. GORDON, An Introduction to European Legal History, Abingdon 1985, S. 377.

49 Siehe oben S. 17 f.

50 HELMUT WEBER, Einführung in das schottische Recht, Darmstadt 1978, S. 6.

51 HELMUT WEBER, Einführung in das schottische Recht, Darmstadt 1978, S. 7.

52 OLIVIA F. ROBINSON/T. D. FERGUS/WILLIAM M. GORDON, An Introduction to European Legal History, Abingdon 1985, S. 264 f.

53 OLIVIA F. ROBINSON/T. D. FERGUS/WILLIAM M. GORDON, An Introduction to European Legal History, Abingdon 1985, S. 264 f.
Ausnahme waren die Fälle, die dem königlichen Gerichtshof vorbehalten waren: Raub, Vergewaltigung, Mord und Brandstiftung. Vgl. HELMUT WEBER, Einführung in das schottische Recht, Darmstadt 1978, S. 7.

Durch die kirchlichen Gerichte gelangte das kanonische Recht natürlich auch nach Schottland[54]. Gegen Ende des 13. Jahrhunderts wurde römisches Recht vor allem als Ideenquelle genutzt, wobei es in den kirchlichen Gerichten subsidiär angewandt wurde, wenn es nicht zum kanonischen Recht in Widerspruch stand[55]. Aber wie das englische Recht war auch das schottische an Klageformeln orientiert, die nicht wie in England mit dem Begriff *writ* bezeichnet wurden, sondern *brieve* hießen und flexibler waren als die *writs*[56].

Demnach kann festgestellt werden, dass das Mittelalter für Schottland eine Rezeption des anglo-normannischen *Common Laws* mit sich brachte, das vermischt wurde mit den bisherigen juristischen Gebräuchen[57].

(2) The Dark Age (ca. 14.-16. Jahrhundert)

Das so genannte dunkle Zeitalter war vor allem geprägt von dem Streit Schottlands mit England um die staatliche Unabhängigkeit; aber auch Machtkämpfe, Erbfolgekriege und wirtschaftliche Verarmung „verdunkelten" diese Zeit[58]. Als Folge des Streits mit England entstand in dieser Zeit auch die enge Beziehung zu Kontinentaleuropa[59]. Im 14. Jahrhundert studierte eine große Anzahl Schotten an kontinentaleuropäischen Universitäten kanonisches Recht, wobei die führenden und beliebtesten Universitäten die von Orléans, Paris und Avignon waren[60]. Die Vorliebe für französische Universitäten war vermutlich eine Folge des andauernden Hundertjährigen Krieges zwischen England auf der einen und Schottland und Frankreich auf der anderen Seite. Denn während ein Studium in Schottland nicht möglich war, da die erste schottische Universität erst im Jahre 1413 gegründet wurde[61], kam ein Studium in England, dem Gegner in den Un-

---

54 ENID A. MARSHALL, General Principles of Scots Law, Edinburgh 1991, 1-03, S. 2.

55 WILLIAM M. GORDON, Roman Law in Scotland, in: ROBIN EVANS-JONES (Hrsg.), The Civil Law Tradition in Scotland, Edinburgh 1995, S. 13-40 (17).

56 HELMUT WEBER, Einführung in das schottische Recht, Darmstadt 1978, S. 8.

57 JOHN W. CAIRNS, The Civil Law Tradition in Scottish Legal Thought, in: DAVID L. MILLER/ REINHARD ZIMMERMANN (Hrsg.), The Civilian Tradition and Scots Law, Berlin 1997, S. 191-223 (196).

58 HELMUT WEBER, Einführung in das schottische Recht, Darmstadt 1978, S. 2.

59 HELMUT WEBER, Einführung in das schottische Recht, Darmstadt 1978, S. 2.

60 WILLIAM M. GORDON, Roman Law in Scotland, in: ROBIN EVANS-JONES (Hrsg.), The Civil Law Tradition in Scotland, Edinburgh 1995, S. 13-40 (19).

61 Die erste schottische Universität war St. Andrews und wurde im Jahre 1413 durch Bischof Wardlaw gegründet. Er hatte in Orléans und Avignon sowohl römisches als auch kanonisches Recht studiert. 1451 wurde in Glasgow eine Universität gegründet und in Aberdeen im Jahre 1496. Eine der Ursachen ihrer Gründungen war die Absicht, kanonisches Recht und Civil Law zu lehren. Aber auch weiterhin zog es schottische Jurastudenten zum Studium vor allem ins Ausland. Es scheint unklar zu sein, ob kanonisches Recht an der Universität von St. Andrews jemals gelehrt und ob bis zum

abhängigkeitskriegen, ebenfalls nicht in Frage[62]. Unter anderem durch das Studium vieler Schotten in Frankreich wurde der dominante Einfluss Englands auf Schottland durch französische Einflüsse ersetzt[63]. Für die Schotten spielte das römische Recht, anders als für die Engländer, eine besondere Rolle, weil sie eine Struktur für ihr Recht benötigten[64]. Aus diesem Grund begann in dieser Zeit die Trennung des schottischen Rechts von dem Englands[65]. Bereits vom 14. Jahrhundert an wurde römisches Recht, eingeführt über das kanonische Recht, zunehmend auch an den weltlichen Gerichten angewandt[66].

In der Folge wurde in der ersten Hälfte des 15. Jahrhunderts an den Universitäten Schottlands bereits *Civil Law* und kanonisches Recht gelehrt[67]. Es war jedoch aufgrund der engen Beziehungen Schottlands zum Kontinent durchaus üblich, auch dort noch kanonisches Recht und *Civil Law* zu studieren[68]. Im 15. Jahrhundert verloren französische Universitäten als Studienorte an Attraktivität, während vor allem die Universität von Leuven, gegründet 1425, bei den schottischen Studenten beliebt wurde[69]. Später übernahm die 1575 gegründete Universität von Leyden diese Rolle[70]. Eine große Anzahl der jungen schottischen Studenten hatte später in Schottland bedeutende Positionen inne. Auf diese Weise gelangten viele auf römischem Recht basierende Ideen nach Schottland, denn die schottischen Studenten, die in Kontinentaleuropa studiert

---

Ende des 16. Jahrhundert in Glasgow überhaupt Recht unterrichtet wurde. Vgl. OLIVIA F. ROBINSON/T. D. FERGUS/WILLIAM M. GORDON, An Introduction to European Legal History, Abingdon 1985, S. 380 f.

62 HELMUT WEBER, Einführung in das schottische Recht, Darmstadt 1978, S. 9.

63 ENID A. MARSHALL, General Principles of Scots Law, Edinburgh 1991, 1-05, S. 3.

64 HELMUT WEBER, Einführung in das schottische Recht, Darmstadt 1978, S. 9.

65 HELMUT WEBER, Einführung in das schottische Recht, Darmstadt 1978, S. 9.

66 WILLIAM M. GORDON, A Comparison of the Influence of Roman Law in England and Scotland, in: DAVID L. CAREY MILLER/REINHARD ZIMMERMANN (Hrsg.), The Civilian Tradition and Scots Law, Berlin 1997, S. 135-148 (139).

67 JOHN W. CAIRNS, The Civil Law Tradition in Scottish Legal Thought, in: DAVID L. MILLER/REINHARD ZIMMERMANN (Hrsg.), The Civilian Tradition and Scots Law, Berlin 1997, S. 191-223 (197).

68 W. D. H. SELLAR, The Resilience of the Scottish Common Law, in: DAVID L. CAREY MILLER/REINHARD ZIMMERMANN (Hrsg.), The Civilian Tradition and Scots Law, Berlin 1997, S. 149-164 (152); KARL GRAF BALLESTREM, Adam Smith, München 2001, S. 16

69 PAUL NÈVE, Disputations of Scots Students Attending Universities in the Northern Netherlands, in: WILLIAM M. GORDON/T. D. FERGUS (Hrsg.), Legal History in the Making, Proceedings of the ninth British legal History Conference Glasgow 1989, London, Rio Grande 1991, S. 95-108 (95).

70 PAUL NÈVE (wie Fn 69) verdeutlicht anhand einer Tabelle auf Seite 96 den Anstieg der Anzahl schottischer Jurastudenten an der Universität Leyden vor allem im Zeitraum zwischen Mitte und Ende des 17. Jahrhunderts.

hatten, kamen zurück mit dem Wissen über das römische Recht, auf dessen Ideen sie später bei ihrer juristischen Tätigkeit zurückgreifen würden[71].

(3) The Roman Period oder Institutional Writers und Naturrecht

Das römische Recht stellte in Schottland einen Rahmen, ein Gerüst dar, mit dessen Hilfe die ungeschriebenen Gewohnheiten Schottlands systematisiert werden konnten, wurde aber nicht selbst in seiner Gesamtheit als Autorität betrachtet[72]. Insofern war das schottische Recht eine Zusammensetzung von schottischem Gewohnheitsrecht und *Civil Law*[73]. Vor allem durch die Arbeit der Autoren des 17. Jahrhunderts entstand ein unabhängiges und selbständiges schottisches Recht[74]. Zu diesen Autoren gehörte auch die Gruppe einiger schottischer Juristen des 17. bis 19. Jahrhunderts, die *Institutional Writers*. Vor allem Craig, Stair, Mackenzie, Lord Bankton, Erskine und Bell werden zu ihnen gezählt[75]. Aufgrund der Tatsache, dass es an einem kodifizierten Recht fehlte, wurden die Lehrbücher der *Institutional Writers* zu einer eigenen Form der Rechtsquelle und zu „Standardwerken des schottischen Rechts“[76]. Die *Institutional Writers* entwickelten eigene Rechtsprinzipien, wobei sie sich der Ansichten Grotius' und Pufendorfs bedienten[77]. Das römische Recht war für die *Institutional Writers*

---

71 ENID A. MARSHALL, General Principles of Scots Law, Edinburgh 1991, 1-09, S. 4.

72 JOHN HAMILTON BAKER, An Introduction to English Legal History, London, Boston, Dublin u.a. 1990, S. 40.

73 KLAUS LUIG, Schottland, in: HELMUT COING (Hrsg.), Handbuch der Quellen und Literatur der neueren Europäischen Privatrechtsgeschichte, Band II 2. Teilband, München 1976, S. 501.

74 JOHN HAMILTON BAKER, An Introduction to English Legal History, London, Boston, Dublin u.a. 1990, S 40.

75 Vgl. KATJA STROMPS, Die Institutional Writers – Schottisches Recht und kontinentaleuropäischer Einfluß, Münster 2000, S. 40. Bells Werke erschienen zu Beginn des 19. Jahrhunderts, die von Stair Ende des 17. und bestimmten die rechtlichen Überlegungen in Schottland in der ersten Hälfte des 18. Jahrhunderts. Erskines „Institute of the Law of Scotland“ wurde erst 1773 posthum veröffentlicht. Vgl. PETER STEIN, Law and Society in Eighteenth-Century Scottish Thought, in: NICHOLAS. T. PHILIPSON/ROSALIND MITCHISON (Hrsg.), Scotland in the Age of Improvement, Edinburgh 1970, S. 148-168 (151). Banktons Werk „An Institute of the Laws of Scotland“ erschien 1751-1753. Vgl. ENID A. MARSHALL, General Principles of Scots Law, Edinburgh 1991, 1-10, S. 5.

76 HELMUT WEBER, Einführung in das schottische Recht, Darmstadt 1978, S. 10.

77 KATJA STROMPS, Die Institutional Writers – Schottisches Recht und kontinentaleuropäischer Einfluß, Münster 2000, S. 28. Zu den Ansichten von Grotius und Pufendorf siehe zum Beispiel bei B. I. 2. a) Das Versprechenssystem von Grotius und Pufendorf S. 33 f. und bei B. I. 4. Wille und Bindungswirkung S. 75 ff.

allerdings mehr Ideen- als Rechtsquelle[78]. Daneben lagen sowohl Doktrinen des *Civil Law* als auch Naturrechtsideen ihren Arbeiten zugrunde[79].

Mit den schottischen Universitätsreformen Ende des 17. Jahrhunderts und Anfang des 18. Jahrhunderts gelangte das Naturrecht vor allem durch die Werke von Grotius, Pufendorf und Locke in die Moralphilosophiekurse der Universitäten[80]. Dadurch kam zu den bisherigen Bestandteilen der Moralphilosophie, nämlich Ethik, Ökonomik und Politik, häufig auch Jurisprudenz hinzu[81]. Gershom Carmichael, der Vorgänger von Francis Hutcheson am Lehrstuhl für Moralphilosophie der Universität Glasgow, hatte bedeutenden Einfluss darauf, dass das Naturrecht im Schottland des 18. Jahrhunderts eine große Rolle spielte[82]. Er brachte eine kommentierte Ausgabe von Pufendorfs *Duties of Men and Citizens* aus dem Jahr 1718 in das schottische Universitätscurriculum ein[83]. Es wurde zu Beginn des 18. Jahrhunderts das Standardwerk für Moralphilosophie[84]. Aus diesem Grund dominierten in der Mitte des 18. Jahrhunderts Naturrechtsgedanken die Vorlesungen über Moralphilosophie an den Universitäten von Glasgow und Edinburgh[85]. Vor allem das Naturrecht Pufendorfs, wie es in der Version von Carmichael erschien, beeinflusste Francis Hutcheson und Adam Smith[86].

---

78 William M. Gordon, Roman Law in Scotland, in: Robin Evans-Jones (Hrsg.), The Civil Law Tradition in Scotland, Edinburgh 1995, S. 13-40 (27).

79 Olivia F. Robinson/T. D. Fergus/William M. Gordon, An Introduction to European Legal History, Abingdon 1985, S. 384.

80 Hans Medick, Naturzustand und Naturgeschichte der bürgerlichen Gesellschaft, Göttingen 1973, in Exkurs I: Zur Geschichte der Naturrechtsrezeption an den schottischen Universitäten des 18. Jahrhunderts S. 297.

81 Hans Medick, Naturzustand und Naturgeschichte der bürgerlichen Gesellschaft, Göttingen 1973, in Exkurs I: Zur Geschichte der Naturrechtsrezeption an den schottischen Universitäten des 18. Jahrhunderts S. 298.

82 Thomas Allen Horne, Property Rights and Poverty: Political Argument in Britain 1605-1834, Chapel Hill u.a. 1990, S. 73.

83 Thomas Allen Horne, Property Rights and Poverty: Political Argument in Britain 1605-1834, Chapel Hill u.a. 1990, S. 73 f.

84 Peter Stein, From Pufendorf to Adam Smith: the Natural Law Tradition in Scotland, in: Norbert Horn/ Klaus Luig/ Alfred Söllner (Hrsg.), Europäisches Rechtsdenken in Geschichte und Gegenwart, Festschrift für Helmut Coing, Band I, München 1982, S. 667-679 (667).

85 John W. Cairns, Adam Smith's Lectures on Jurisprudence: Their Influence on Legal Education, in: Hiroshi Mizuta/Chuhei Sugiyama (Hrsg.), Adam Smith: International Perspectives, London 1993, S. 63-83 (64).

86 Hans Medick, Naturzustand und Naturgeschichte der bürgerlichen Gesellschaft, Göttingen 1973, in Exkurs I: Zur Geschichte der Naturrechtsrezeption an den schottischen Universitäten des 18. Jahrhunderts, S. 300.

(4) *Auswirkungen der Union auf das schottische Recht*

Smith lebte in der Zeit nach der Union von 1707, als das auch auf römischem Recht basierende schottische Recht zunehmend unter den Einfluss des englischen Rechts geriet. Durch die Union mit England von 1707 war Schottland Teil Großbritanniens geworden[87]. Nach einer Jahrzehnte andauernden Debatte über die Frage einer Union auch des Rechts, hatte man letztendlich im Unionsvertrag von 1706 festgelegt, dass nur bezüglich Handel, Steuern und Zöllen das gleiche Recht gelten sollte, während man ansonsten das schottische Recht beibehalten wollte, sofern es nicht im Widerspruch zum Unionsvertrag stand[88]. Der Vertrag garantierte damit eine „Nichtfusion" der Rechte Englands und Schottlands[89]. Er schützte allerdings das schottische Recht und die Unabhängigkeit von Schottlands Rechtssystem nicht vollständig[90]. Schottisches Privatrecht sollte erhalten bleiben[91]. Anstatt es aber unantastbar zu machen, konnte es im Falle einer Verletzung englischer Interessen verändert werden[92]. Durch die Selbstauflösung des schottischen Parlaments und die Bildung des Parlaments von Großbritannien hatte Schottland kein eigenes Gesetzgebungsorgan mehr[93]. Hinzu kam, dass nach der Union das *House of Lords* auch für Schottland die höchste Instanz in Zivilsachen war[94]. Dies führte zu einem wachsenden Einfluss des englischen Rechts auf das schottische[95].

(5) *Entscheidung gegen eine Mischung der Rechte*

Eines der zeitgenössischen Hauptargumente gegen eine Mischung der Rechte zur Erlangung eines gemeinsamen Rechts war die Tatsache, dass das schottische Recht den Einflüssen des *Civil Law*[96] ausgesetzt gewesen war[97]. Während die

---

87 HELMUT WEBER, Einführung in das schottische Recht, Darmstadt 1978, S. 3.

88 KLAUS LUIG, Schottland, in: HELMUT COING (Hrsg.), Handbuch der Quellen und Literatur der neueren Europäischen Privatrechtsgeschichte, Band II 2. Teilband, München 1976, S. 501.

89 REINHARD ZIMMERMANN/ DANIEL VISSER/ KENNETH REID, Mixed Legal Systems in Comparative Perspective, Oxford 2004, S. 11; BRIAN P. LEVACK, The Formation of the British State, England, Scotland, and the Union 1603-1707, Oxford 1987, S. 98.

90 BRIAN P. LEVACK (wie Fn 89) S. 98.

91 BRIAN P. LEVACK (wie Fn 89) S. 98 f.

92 BRIAN P. LEVACK (wie Fn 89) S. 98 f.

93 HELMUT WEBER, Einführung in das schottische Recht, Darmstadt 1978, S. 10.

94 HELMUT WEBER, Einführung in das schottische Recht, Darmstadt 1978, S. 11; ENID A. MARSHALL, General Principles of Scots Law, Edinburgh 1991, 1-16, S. 7.

95 ENID A. MARSHALL, General Principles of Scots Law, Edinburgh 1991, 1-16, S. 7.

96 Die Begriffe „Civil Law" und „Common Law" werden hier im Einklang mit der in der Literatur überwiegenden Praxis gehandhabt. „Civil Law" umfasste früher das römische Recht und heute die Rechte Kontinentaleuropas und das „Common Law" bezeichnet im Gegensatz dazu das englische Recht im weiteren Sinne insgesamt. Zu diesen

Schotten durch eine nicht allein politische Union mit England, sondern auch eine Union der Rechtssysteme, ihre Souveränität gefährdet sahen, wollten die Engländer Veränderungen ihres eigenen Rechtssystems verhindern[98]. Vor allem die Furcht vor einer teilweisen Rezeption des *Civil Law* in England durch eine Union der Rechte spielte eine große Rolle bei der Entscheidung gegen die Mischung der Rechte[99].

Mit der Union von 1707 sollte zwar, wie erwähnt, offiziell das schottische Recht erhalten bleiben. Aus dem Verlust der eigenen Gesetzgebung folgte jedoch, dass das *Common Law* Englands auch in Schottland langsam Einzug hielt[100]. Zwar wurde weiter römisches Recht an Schottlands Universitäten gelehrt und es war nicht gänzlich verdrängt, aber die Anwendung von römischem Recht und *Civil Law* war nur noch relativ selten[101].

Insofern waren Smith beide Systeme, sowohl das *Civil Law* als auch das *Common Law,* bekannt[102]. Dieses wird vor allem daran deutlich, dass er sie im Rahmen seiner Vorlesung häufig verglich.

V. Vorgehensweise

Im Folgenden werden die Hauptbereiche aus Smith's *Lectures*, soweit sie Entstehung von Versprechen, Versprechensbrüche und die Klagbarkeit von Versprechen betreffen, erörtert.

Da, wie erwähnt, einzige Quellen für die Vertragslehre von Smith die Vorlesungsmitschriften ohne nachvollziehbare systematische Struktur sind, muss die Darstellung hier die Reihenfolge der Vorlesung außer Acht lassen. In der Vorle-

---

Begriffsbezeichnungen so auch DIETER HENRICH/PETER HUBER, Einführung in das englische Privatrecht, Darmstadt 2003, S. 12; CHRISTOPH GRAF VON BERNSTORFF, Einführung in das englische Recht, München 2000, S. 3.

97 BRIAN P. LEVACK (wie Fn 89) S. 79.

98 BRIAN P. LEVACK (wie Fn 89) S. 85.

99 BRIAN P. LEVACK (wie Fn 89) S. 90.

100 KLAUS LUIG Schottland, in: HELMUT COING (Hrsg.), Handbuch der Quellen und Literatur der neueren Europäischen Privatrechtsgeschichte, Band II 2. Teilband, München 1976, S. 1432.

101 WILLIAM M. GORDON, A Comparison of the Influence of Roman Law in England and Scotland, in: DAVID L. CAREY MILLER/ REINHARD ZIMMERMANN (Hrsg.), The Civilian Tradition and Scots Law, Berlin 1997, S. 135-148 (141).

102 PETER STEIN, Adam Smith's Theory of Law and Society, in: R. R. BOLGAR, Classical Influences on Western Thought A. D. 1650-1870, Proceedings at an International Conference held at King's College, Cambridge March 1977, Cambridge, London, New York u.a. 1979, S. 263-273 (267).

sung werden einzelne Themen nicht nacheinander abgehandelt, sondern verteilen sich auf verschiedene Abschnitte. Ursache hiefür ist vermutlich der wiederholende Charakter einer Vorlesung. Abweichend davon beginnt diese Untersuchung mit der Frage der Entstehung und Bindungswirkung von Versprechen und beschäftigt sich sodann mit den Versprechensbrüchen und ihren Folgen und der Klagbarkeit von Versprechensbrüchen. Kurz wird auch auf die bei der Erfüllung der Leistungspflichten zu beachtende Sorgfalt eingegangen.

Zu Beginn wird die Lehre vom Versprechen behandelt. Im Wesentlichen geht es dabei um die Frage, wie Versprechen entstehen und was sie bindend macht. Dieser Frage wird ab Seite 29 in den Kapiteln B. I. 1. und 2. nachgegangen, wobei eine ausführliche Auseinandersetzung mit der Figur des *impartial spectator* unter B. I. 2. e) ab Seite 41 notwendig ist, da dieser bei Smith für die Bindungswirkung eines Versprechens grundlegende Bedeutung hat. Aus diesem Grund ist auch eine vertiefte Beschäftigung mit der Überlegung, was Smith unter dieser Figur eigentlich verstanden haben mag, unentbehrlich. Dabei wird diese Konstruktion und die damit in Verbindung stehende Versprechenslehre von Smith im Kapitel B. I. 2. e) (5) ab Seite 70 beziehungsweise (6) ab Seite 71 zu anderen Auslegungssystemen, wie der sogenannten Lehre vom Empfängerhorizont oder *Paley's Rule*, in Vergleich gesetzt. Im Weiteren wird im Kapitel B. I. 3. ab Seite 74 erläutert, welche Komponente Smith für die Bindungswirkung von Versprechen gerade nicht für notwendig hielt. Es handelt sich dabei um die Pflicht zur Wahrhaftigkeit. Außerdem wird im Kapitel B. I. 4. ab Seite 75 dargelegt, dass Smith sich ablehnend gegenüber der Annahme äußerte, es sei der Wille, der die Bindungswirkung hervorrufe. Letzteres wird von Smith im Zusammenhang von durch Drohung entstandenen Versprechen diskutiert und wird im Kapitel B. I. 4. a) ab Seite 80 mit den Ansichten anderer Autoren verglichen.

Sodann wird in den Kapiteln B. I. 5. ab Seite 91 das Ergebnis der Untersuchung bezüglich der Ansichten von Smith hinsichtlich der Entstehung von Versprechen kurz dem römischen Recht, dem damaligen Stand der Vertragsrechtsentwicklung in England und Schottland gegenüber gestellt, um eventuelle Ähnlichkeiten oder Unterschiede zu dem System von Smith festzustellen. Im Kapitel B. II. ab Seite 96 wird kurz auf die Folgen von Währungsänderungen für Versprechen eingegangen. Die Ausführungen von Smith zum Versprechensbruch und der dadurch entstandenen Enttäuschung, die wiederum nach Smith abhängig ist von der Bedeutung des Versprochenen für den Versprechensempfänger, werden im Kapitel B. III. ab Seite 98 dargelegt.

Ausführlich lehrte Smith in seinen Vorlesungen über die geschichtliche Entstehung der Klagbarkeit von Verträgen und den Unterschieden im römischen, schottischen und englischen Recht. Dieses wird im Kapitel B. IV. ab Seite 109 dargestellt. Anders als die Themen der vorangegangenen Kapitel wurde dieses in der Vorlesung von Smith rein historisch betrachtet. In Abschnitt V. ab Seite 136 wird kurz auf die bei der Erfüllung der Leistungspflichten zu beachtende Sorgfalt eingegangen.

Im Schlusskapitel C. werden ab Seite 143 abschließend die wichtigsten Ergebnisse dieser Untersuchung zusammengetragen.

B. Vertragsrecht

I. Versprechen

In seiner Moralphilosophievorlesung behandelte Smith im Abschnitt über das Privatrecht das Eigentum, Dienstbarkeiten, Pfandrechte und Hypotheken und die ausschließlichen Vorrechte *(exclusive rights)*. Anschließend wandte er sich den *Personal Rights*[103] zu. Smith definierte *Personal Rights* als Rechte einer Person, von einer anderen Person die Durchführung einer bestimmten Art von Leistung zu verlangen[104]. Bei ihrer Behandlung setzte er sich mit der Frage auseinander, worin die Bindung an das Vereinbarte besteht und wie diese Bindungswirkung entsteht.

Personal Rights… That is, the right one has to demand the performance of some sort of service from an other[105].	Forderungsrecht meint das Recht, das man hat, von einem anderen die Erfüllung einer Art von Leistung zu fordern.
It is evident from this that all personal rights must take their origin from some obligation[106].	Es ist offensichtlich, dass alle persönlichen Rechte ihren Ursprung in einer Verpflichtung haben müssen.

Somit entsprechen und entspringen nach Smith alle persönlichen Rechte der Verpflichtung einer anderen Person. Er lehrte dem Gaianischen System entsprechend, diese Verpflichtungen wiederum entstünden entweder durch Vertrag, Quasivertrag oder Delikt. Zunächst beschäftigte er sich mit den Verpflichtungen, die sich aus einem Vertrag ergeben. Sodann stellte er die Frage, worin der Grund für die Verpflichtung liege, das Vereinbarte einzuhalten[107].

1. Die reine Absichtserklärung

Smith hielt es für offensichtlich, dass der reine Ausdruck des Willens, etwas tun zu wollen, die Bindungswirkung von Versprechen nicht entstehen lasse[108]. Darin liege lediglich eine Absichtserklärung:

---

103 Beginnend bei ii. 42 in SMITH, LJ(A) (wie Fn 1).
104 SMITH, LJ(A) (wie Fn 1) ii. 41.
105 SMITH, LJ(A) (wie Fn 1) ii. 41.
106 SMITH, LJ(A) (wie Fn 1) ii. 42.
107 SMITH, LJ(A) (wie Fn 1) ii. 42.
108 SMITH, LJ(A) (wie Fn 1) ii. 42/43; LJ(B) 176.

Now it appears evident that a bare declaration of will to do such or such a thing can not produce an obligation. It means no more than that ‹?it›[109] is the present design of the person who makes such a declaration to do so and so; and all that is required of him to make such a declaration lawfull is sincerity, that is, that it be really his intention at that time to do as he said[110].

Es erscheint nun offensichtlich, dass eine bloße Erklärung des Willens, dieses oder jenes tun zu wollen, keine Verpflichtung entstehen lassen kann. Es bedeutet nicht mehr, als dass es die gegenwärtige Absicht derjenigen Person ist, die die Erklärung abgibt, dieses und jenes zu tun; und alles, was von ihr verlangt wird, um diese Erklärung rechtmäßig zu machen ist Aufrichtigkeit; das heißt, dass es zu der Zeit wirklich ihre Absicht war, das zu tun, was sie gesagt hat.

Eine spätere Änderung dieser Absicht aufgrund der Umstände sei, so Smith, dann keine Missachtung einer Verpflichtung[111].

If he should afterwards be induced by circumstances to alter his intention, we could not say that he had violated an obligation; we might indeed if he did so on slight grounds accuse him of levity, and being easily turned and altered in his designs[112].

Sollte er anschließend durch die Umstände dazu veranlasst werden, seine Absicht zu ändern, könnten wir nicht sagen, dass er eine Verpflichtung verletzt hätte; wir könnten ihn, wenn er es aus geringfügigen Gründen tat, der Leichtfertigkeit beschuldigen und dass er leicht von seinen Absichten abgebracht wird.

In LJ(B) brachte Smith noch deutlicher zum Ausdruck, dass in einem solchen Fall kein Versprechensbruch vorliege[113].

---

[109] Die Herausgeber Meek, Raphael und Stein der Lectures haben sich zugunsten einer besseren Lesbarkeit dafür entschieden, bei im Original fehlenden Worten oder Buchstaben das wahrscheinliche Wort oder den wahrscheinlichen Buchstaben mit einem Fragezeichen zu versehen und in spitze Klammern zu setzen. Vgl. die Einleitung von MEEK, RAPHAEL UND STEIN S. 40.

[110] SMITH, LJ(A) (wie Fn 1) ii. 42/43.

[111] SMITH, LJ(A) (wie Fn 1) ii. 43.

[112] SMITH, LJ(A) (wie Fn 1) ii. 43.

[113] SMITH, LJ(B) (wie Fn 1) 176.

Tho' I say I have in mind to do such a thing for you, yet on account of some occurences do not do it, I am not guilty of breach of promise[114].	Obwohl ich sage, ich habe die Absicht so etwas für Dich zu tun, doch wegen einiger Umstände es nicht tue, bin ich nicht eines Versprechensbruches schuldig.

Diese Aussagen könnten möglicherweise ein Ausdruck der *clausula rebus sic stantibus* sein. Wörtlich bedeutet dieser Ausdruck „die Abrede, dass die Dinge so bleiben, wie sie sind“[115]. Schon immer verstand man darunter die Annahme, jeder Vertrag enthalte als stillschweigende Bedingung eben „die Klausel, dass der Vertrag nur dann wirksam bleibe, wenn alle für ihn wesentlichen Umstände fortbestehen“[116]. Daraus ergibt sich, dass Geschäfte hinfällig werden können, wenn die Dinge sich verändern[117]. Obwohl der Gedanke bis in die Antike zurückreicht, formulierte erst Baldus im 14. Jahrhundert diese Regel als allgemeines Prinzip[118]. Die Bezeichnung der *clausula rebus sic stantibus* lässt sich jedoch erst zu Beginn des 16. Jahrhunderts nachweisen[119]. Im 18. Jahrhundert führte dann die Rückbesinnung auf den Grundsatz *Pacta sunt servanda* zu Widerstand, zu einer immer fortschreitenderen Einschränkung der *clausula*[120] und schließlich im 19. Jahrhundert zu einer Abschaffung der *clausula rebus sic stantibus*[121].

Besteht zwischen der *clausula rebus sic stantibus und* der Aussage von Smith, im reinen Ausdruck des Willens, etwas tun zu wollen, liege lediglich eine Absichtserklärung[122] und eine spätere Änderung dieser Absicht aufgrund der Umstände sei keine Missachtung einer Verpflichtung[123], eine Parallele? Das erscheint hier allein deshalb fraglich, weil die reine Erklärung einer Absicht, etwas tun zu wollen, bei Smith noch keine Verbindlichkeit produziert. Die Vereinbarung, die dann die stillschweigende Bedingung der *clausula rebus sic stantibus*

---

114 SMITH, LJ(B) (wie Fn 1) 176.

115 GEORG GIEG, De tacita conditione rebus sic stantibus, Würzburg 1991, S. 2.

116 KLAUS LUIG, Die europäische Tradition des Privatrechts, in: Akademie-Journal 2/2002 S. 42-48 (45); GEORG GIEG, De tacita conditione rebus sic stantibus, Würzburg 1991, S. 2.

117 UWE WESEL, Geschichte des Rechts, Von den Frühformen bis zur Gegenwart, München 2001, S. 386.

118 RALF KÖBLER, Die „clausula rebus sic stantibus“ als allgemeiner Rechtsgrundsatz, Tübingen 1991, S. 30; UWE WESEL, Geschichte des Rechts, Von den Frühformen bis zur Gegenwart, München 2001, S. 387.

119 RALF KÖBLER, Die „clausula rebus sic stantibus“ als allgemeiner Rechtsgrundsatz, Tübingen 1991, S. 30.

120 MICHAEL RUMMEL, Die „clausla rebus sic stantibus“, Baden-Baden 1991, S. 182.

121 GEORG GIEG, De tacita conditione rebus sic stantibus, Würzburg 1991, S. 87.

122 SMITH, LJ(A) (wie Fn 1) ii. 42/43.

123 SMITH, LJ(A) (wie Fn 1) ii. 43.

enthalten sollte, ist bei Smith mit der Absichtserklärung noch gar nicht entstanden. Noch ein weiterer Grund spricht gegen eine Parallele. Smith machte diese Aussage im Zusammenhang mit der Frage, wodurch die Bindungswirkung entstehe und stellte lediglich fest, dass dieses gerade nicht durch den Willen der Fall sei. Aus dem Grund kam er zu dem Ergebnis, die Änderung der erklärten Absicht lasse keinen Versprechensbruch entstehen. Das basiert jedoch nicht auf der *clausula rebus sic stantibus*, sondern wohl darauf, dass nach Ansicht von Smith bei Kundtun der Absicht noch keine Bindungswirkung eingetreten ist, die dann zu einem Versprechensbruch führen könnte.

2. Die Entstehung eines bindenden Versprechens

Adam Smith definierte ein Versprechen als die Erklärung gegenüber einer anderen Person, in der der Erklärende zum Ausdruck bringe, dass sich der andere auf die Erklärung verlassen dürfe[124].

A promise is a declaration of your desire that the person for whom you promise should depend on you for the performance of it[125].

Ein Versprechen ist eine Erklärung Deines Wunsches, dass die Person, der Du versprichst, sich für dessen Erfüllung auf Dich verlassen sollte.

Er führte aus, eine Bindung an das Gesagte trete nur dann ein, wenn der Erklärende zum Ausdruck bringe, er wünsche, dass der Erklärungsempfänger sich auf sein Versprechen verlassen können solle[126].

The only thing that can make an obligation in this manner is an open and plain declaration that he desires the person to whom he makes the declaration to have dependance on what he promises[127].

Das Einzige, das in dieser Weise eine Verpflichtung hervorrufen kann, ist eine offene / aufrichtige und deutliche Erklärung, dass er wünscht, die Person, der er die Erklärung macht, möge Erwartungen in das von ihm Versprochene haben.

Die Folge eines Versprechens, so Smith, sei die Entstehung einer Verpflichtung, deren Bruch eine Verletzung sei[128].

---

124 SMITH, LJ(B) (wie Fn 1) 176.
125 SMITH, LJ(B) (wie Fn 1) 176.
126 SMITH, LJ(A) (wie Fn 1) ii. 43; LJ(B) 176.
127 SMITH, LJ(A) (wie Fn 1) ii. 43.
128 SMITH, LJ(B) (wie Fn 1) 176.

Of consequence the promise produces an obligation, and the breach of it is an injury[129].	Als Folge erzeugt das Versprechen eine Verpflichtung und ihr Bruch ist eine Verletzung.

Smith unterschied demnach zwischen einer reinen, nicht bindenden Absichtserklärung, etwas tun zu wollen und dem Versprechen, bei dem zum Ausdruck kommen müsse, dass Vertrauen und Erwartungen des Empfängers gerade gewollt seien. Diese Unterscheidung zwischen einer Absichtserklärung und dem bindenden Versprechen erinnert an die Differenzierung von Grotius, der eine Dreiteilung in Form von drei Versprechensstufen vornahm.

a) Das Versprechenssystem von Grotius und Pufendorf

Grotius war der Ansicht, man könne zum einen seine Absicht hinsichtlich seines zukünftigen Verhaltens gegenwärtig äußern, ohne eine Änderung dieser Absicht zu späterer Zeit auszuschließen[130]. In diesem Fall entstehe keine rechtliche Bindung an das Gesagte[131]. Man habe das Recht, seine Absichten zu ändern[132]. Der zweite Versprechensgrad sei eine so genannte *pollicitatio*, die dann vorliege, „wenn sich der Wille zu zukünftigem Handeln entschließt, und dies derart kundtut, dass der Zwang zur Beständigkeit zu Genüge daraus hervorgeht[133].“ Daraus ergebe sich eine bedingte oder absolute Verpflichtung, jedoch kein Forderungsrecht eines anderen[134]. Damit seien die Fälle gemeint, in denen man zu einem Handeln verpflichtet sei, ohne dass ein anderer einen Anspruch darauf habe, beispielsweise „im Falle der Pflicht, Erbarmen oder auch Dankbarkeit zu üben“[135]. Drittens entstehe eine rechtliche Bindung im Falle einer *promissio*, also wenn nicht nur die Absicht bestehe, sondern man dem Gegenüber auch

[129] SMITH, LJ(B) (wie Fn 1) 176.

[130] MALTE DIESSELHORST, Die Lehre des Hugo Grotius vom Versprechen, Köln, Graz 1959, S. 46.

[131] HELMUT COING, Europäisches Privatrecht Bd. I, Älteres Gemeines Recht (1500 bis 1800), München 1985, S. 406.

[132] MALTE DIESSELHORST, Die Lehre des Hugo Grotius vom Versprechen, Köln, Graz 1959, S. 46.

[133] HUGO GROTIUS, De iure belli ac pacis, Buch II, Amsterdam 1701, Kap. XI § III. „Secundus gradus est, cum voluntas se ipsam pro futuro tempore determinat, cum signo sufficiente ad indicandam perseverandi necessitatem.”

[134] HUGO GROTIUS, De iure belli ac pacis, Buch II, Amsterdam 1701, Kap. XI § III. „Et haec pollicitatio dici potest, quae seposita lege civili obligat quidem, aut absolute aut sub conditione, sed jus proprium alteri non dat.“

[135] HUGO GROTIUS, De iure belli ac pacis, Buch II, Amsterdam 1701, Kap. XI § III.

deutlich mache, ihm ein Recht auf das konkret in der Erklärung benannte eigene Handeln zu übertragen[136].

Ebenso wie Grotius entwickelte auch Pufendorf eine Lehre der drei Versprechensstufen, wobei es sich anders als bei der allgemeinen Versprechenslehre von Grotius bei Pufendorf um eine Lehre vom Schenkungsversprechen handelt[137].

b) Voraussetzung für das Vorliegen eines Versprechens nach Smith

Wie oben erwähnt[138], beschränkte sich Smith im Gegensatz zu Grotius und Pufendorf auf zwei Stufen. Zum einen, so war er der Ansicht, gebe es die reine Absichtserklärung, die nicht bindend sei und zum anderen das Versprechen, das Bindungswirkung habe. Für letzteres müsse zum Ausdruck kommen, dass sich das Gegenüber gerade auf die Einhaltung des Versprechens verlassen können solle[139]. Smith fügte erläuternd hinzu, dass in der Regel ein solcher Wunsch, dass der andere sich auf das Versprochene verlassen können solle, mit den Worten zum Ausdruck gebracht werde, „ich verspreche dieses zu tun, und Du kannst Dich darauf verlassen“[140].

The words in which we commonly make such a declaration ‹?are›[141] I promise to do so and so, you may depend upon it[142].

Die Worte, in denen wir gewöhnlicherweise eine solche Erklärung machen, sind, ich verspreche das und das zu tun und Du kannst Dich darauf verlassen.

Demnach vertrat Smith die Auffassung, eine Verpflichtung entstehe nur, wenn der Versprechende sich in einer solchen Weise erkläre, dass der Versprechensempfänger vernünftigerweise darauf vertrauen dürfe[143]. Er nahm an, der Ursprung des aus Vertrag entstandenen subjektiven Rechts liege in der Erwartung, die der Versprechensempfänger habe, dass das ihm Versprochene auch eingehalten werde[144].

---

136 HUGO GROTIUS, De iure belli ac pacis, Buch II, Amsterdam 1701, Kap. XI § IV.
137 SAMUEL PUFENDORF, Acht Bücher vom Natur- und Völkerrecht, Teil I, Hildesheim, Zürich, New York 1998, III. Buch, V. Kapitel, § 5 ff.
138 Siehe dazu oben S. 32.
139 SMITH, LJ(A) (wie Fn 1) ii. 43.
140 SMITH, LJ(A) (wie Fn 1) ii. 43.
141 Siehe dazu oben Fn 109.
142 SMITH, LJ(A) (wie Fn 1) ii. 43.
143 SMITH, LJ(A) (wie Fn 1) ii. 43 f.; LJ(B) 175.
144 SMITH, LJ(A) (wie Fn 1) i. 21.

1st Personell rights may proceed from contract. The origin of this right is the expectation raisen in him to whom the promise was made that the promiser will perform what he has undertaken[145].

Als erstes können persönliche Rechte aus Vertrag entstehen. Der Ursprung dieses Rechts ist die in dem, dem das Versprechen gemacht wurde, geweckte Erwartung, dass der Versprechende erfüllen wird, wozu er sich verpflichtet hat.

Es ist gerade dieses berechtigte Vertrauen, dass die Verpflichtung zur Versprechenserfüllung entstehen lässt:

That obligation to performance which arises from contract is founded on the reasonable expectation produced by a promise, which considerably differs from a mere declaration of intention[146].

Die Verpflichtung zur Erfüllung, die aus Vertrag entsteht, ist gegründet auf der vernünftigen Erwartung, die durch ein Versprechen entstanden ist, was sich beträchtlich von einer bloßen Absichtserklärung unterscheidet.

Smith nahm an, die Verpflichtung, sein Versprechen zu halten, entstehe gänzlich aus der Erwartung und dem Vertrauen, die bei dem Versprechensempfänger geweckt worden seien[147]. Es sei die Enttäuschung, die bei dem Versprechensempfänger im Falle der Nichterfüllung entstehe, die die Verpflichtung zur Erfüllung des Versprechens begründe[148].

Smith war in LJ(A) demnach der Ansicht, verwende man die Worte

I promise to do so and so, you may depend upon it[149]

Ich verspreche, das und das zu tun, und Du kannst Dich darauf verlassen

seien Erwartung und Vertrauen begründet:

---

145 SMITH, LJ(A) (wie Fn 1) i. 21.

146 SMITH, LJ(B) (wie Fn 1) 175.

147 SMITH, LJ(A) (wie Fn 1) ii. 56.

148 SMITH, LJ(A) (wie Fn 1) ii. 56. Vergleiche die englische Lehre vom „breach of contract“. Das Common Law sieht den Vertrag als Garantievertrag mit der Folge, dass derjenige, der den Erfolg garantiert, unabhängig von Schuldgesichtspunkten Schadensersatz zu leisten hat. Wird die versprochene Leistung nicht erbracht, handelt es sich um einen „breach of contract“, der zu einem Schadensersatz führt (KONRAD ZWEIGERT UND HEIN KÖTZ, Einführung in die Rechtsvergleichung auf dem Gebiete des Privatrechts, Tübingen 1996, S. 501).

149 SMITH, LJ(A) (wie Fn 1) ii. 43.

The expectation and dependance of the promittee that he shall obtain what was promised is hear altogether reasonable, and such as an impartial spectator would readily go along with, whereas in the former case the spectator could ‹?not›[150] readily go along with him if he formed any great expectation[151].

Die Erwartung und das Vertrauen des Versprechensempfängers, dass er erhalten wird, was versprochen war, ist hier ganz und gar begründet und solcher Art, dass ein *impartial spectator* leicht zustimmen würde, während im vorangegangenen Fall der *spectator* nicht leicht zustimmen könnte, wenn er eine große Erwartung gebildet hat.

c) Funktion des impartial spectator für den Vertragsschluss

Es ergeben sich zwei mögliche Wege, dieses Zitat zu verstehen. Zum einen könnte es lediglich zeigen, dass Versprechen dann vorliegen und bindend sind, wenn der Wille des Versprechenden zum Ausdruck kommt, er wolle, dass der Versprechensempfänger sich auf das Versprechen verlassen können soll. Die Rolle des *impartial spectator* könnte dann dabei lediglich darin bestehen, zu erläutern und für Smith's Zuhörer nachvollziehbar zu machen, warum wir Menschen mit einer solchen vertraglichen Bindung einverstanden sind, warum wir sie als fair empfinden. Es könnte die Absicht von Smith gewesen sein, seinen Studenten dieses zu zeigen und die Entstehung von Recht dadurch für sie nachvollziehbar zu machen.

Eine umgekehrte Interpretation ist ebenfalls möglich. Das Zitat lässt sich auch so verstehen, dass Smith seinen Studenten darlegen wollte, dass letztlich das Moralempfinden der Menschen (deutlich gemacht durch den *impartial spectator*) zu Vertragsbindungen führt. Damit hätte er dann eine Erklärung für die Entstehung von Rechtsregeln gegeben, während er mit der ersten Möglichkeit vertragliche Bindungen lediglich im Nachhinein gefühlsmäßig nachvollziehbar gemacht hätte.

Betrachtet man die Funktion des *impartial spectator* im Zusammenhang mit der Entstehung von Eigentumsrechten, so wird ganz deutlich, dass es sich um die zweite der aufgezeigten Möglichkeiten handeln muss: Smith nahm den *impartial spectator* zu Hilfe, um zu zeigen, wie das Moralempfinden der Menschen entsteht und zu allgemeinen Regelungen führt.

Um die Funktion des *spectators* in unserem Fragment zu klären, mag es nützlich sein, sie zunächst in einem anderen Zusammenhang zu betrachten. Smith verwandte den *impartial spectator* auch für die Erklärung, warum wir in einigen

---

[150] Siehe dazu oben Fn 109.

[151] SMITH, LJ(A) (wie Fn 1) ii. 43.

Situationen annehmen, dass Eigentum begründet wird. Wie könnte es sein, so fragte Smith, dass man bei einer Person, die einen Apfel pflücke, annehmen könne, dass sie ein Recht an diesem Apfel haben könne und die Macht, alle anderen auszuschließen[152]? Mit Vernunft sei diese Annahme nicht zu erklären, so Smith, sondern vielmehr mit der Überlegung, dass ein *impartial spectator* bei einem Eigentumserwerb durch Aneignung finden würde, dass dieses so richtig sei[153]. Der *impartial spectator* versetze sich in den Apfelpflücker hinein und könne die Erwartung des Apfelpflückers nachempfinden, den Apfel behalten zu dürfen[154]. Diese vernünftige Erwartung, die der erste Besitzer des Apfels habe, sei der Grund, weshalb ein Eigentumsrecht durch *occupation*, Aneignung, entstehe[155]. Im Weiteren behandelte Smith noch die Frage, wann die *occupation* gegeben sei, d.h. ob es schon genüge, dass wir das Objekt sehen oder ob wir es erst in Besitz nehmen müssten[156]. Auch mit der Frage, wann und unter welchen Umständen ein Eigentumsrecht andauert und wie es endet, setzte er sich auseinander[157]. Den von vielen anderen zuvor bereits diskutierten Fall, in dem jemand seine Hand nach einem Apfel ausstreckt und ein anderer kommt ihm zuvor, besprach Smith im Zusammenhang mit der Frage, wem hier ein Eigentumsrecht zusteht[158].

Mit Hilfe des *impartial spectator* wollte Smith zeigen, warum sich Eigentumsrechte und die Frage ihrer Entstehung im Laufe der gesellschaftlichen Entwicklung verändert haben[159]. Er ging davon aus, dass sich die Empfindungen des *impartial spectator* mit dem gesellschaftlichen Fortschritt ebenfalls gewandelt hätten[160]. Smith hat folglich Rechte als Objekte des natürlichen Fortschritts der menschlichen Gefühle gesehen[161]. Deutlich wird demnach, dass nach Ansicht von Smith ein Recht, z.B. Eigentum oder ein Anspruch aus einem Versprechen, entsteht, weil es den moralischen Empfindungen der Menschen, im konkreten Fall vertreten durch einen *impartial spectator*, entspricht. Ganz allgemein diente der *impartial spectator* der Erläuterung des Ursprungs von moralischen Urteilen[162].

---

152 SMITH, LJ(A) (wie Fn 1) i. 35.
153 SMITH, LJ(A) (wie Fn 1) i. 36 f.
154 SMITH, LJ(A) (wie Fn 1) i. 36 f.
155 SMITH, LJ(A) (wie Fn 1) i. 37.
156 SMITH, LJ(A) (wie Fn 1) i. 38 ff.
157 SMITH, LJ(A) (wie Fn 1) i. 40 ff.
158 SMITH, LJ(A) (wie Fn 1) i. 41 ff.
159 RICHARD F. TEICHGRAEBER, „Free Trade" and Moral Philosophy, Rethinking the Sources of Adam Smith's Wealth of Nations, Durham 1986, S. 142 ff.
160 RICHARD F. TEICHGRAEBER (wie Fn 159) S. 142 ff.
161 RICHARD F. TEICHGRAEBER (wie Fn 159) S. 144.
162 DAVID DAICHES RAPHAEL, Adam Smith, Frankfurt, New York 1991, S. 49.

Begründet und vernünftig sind die Erwartungen und das Vertrauen in die Erfüllung des Versprechens also dann, wenn ein *impartial spectator* sie für begründet und vernünftig hält[163]. Das gilt bei Erklärungen, die so eindeutig formuliert sind, wie in Smith's Beispiel „ich verspreche, dieses zu tun und Du kannst Dich darauf verlassen". Was ist aber in den Fällen, in denen der Versprechende eine Erklärung abgibt, bei der nicht eindeutig klar wird, ob sie lediglich eine Absichtserklärung oder ein bindendes Versprechen darstellt? Es kann davon ausgegangen werden, dass Smith auch in diesem Fall unter Zuhilfenahme des *impartial spectator* fragen würde, ob begründete Erwartungen beim Versprechensempfänger entstehen durften. Wenn er schon bei einer eindeutigen Aussage, wie „ich verspreche, etwas zu tun und Du kannst Dich darauf verlassen", den *impartial spectator* heranzog, dann wohl erst recht, wenn die Erklärung nicht so eindeutig war.

Für die Beurteilung der Frage, ob ein Versprechen oder lediglich eine nicht bindende Absichtserklärung vorliegt, zog Smith somit eine hochinteressante aber ebenso abstrakte wie auch komplizierte Figur hinzu, den so genannten *impartial spectator*. Die sehr viel knapperen Ausführungen zum Vertragsrecht in LJ(B), sprechen an dieser Stelle nicht von einem *impartial spectator*, unterscheiden jedoch auch zwischen einer Erfüllungsverpflichtung, die durch die geweckten Erwartungen entsteht, und der reinen Absichtserklärung[164].

Smith nannte in LJ(A) ein Beispiel, um die Rolle des *impartial spectator* zu verdeutlichen: A sage, dass er beabsichtige, dem B freiwillig am kommenden Neujahrstag 100 Pfund zu geben. Dabei gebe er diese Erklärung jedoch auf eine Weise ab, die deutlich mache, dass A nicht beabsichtige, dass B sich darauf verlassen solle, und ausdrücklich sage „Sie brauchen sich nicht darauf zu verlassen, aber dies ist meine derzeitige Absicht"[165]. In diesem Fall könne sich der *spectator* nicht vorstellen, dass der Empfänger eine vernünftige Erwartung haben könne. Von dieser wäre der *impartial spectator* aber wiederum ausgegangen, hätte A gesagt, der Versprechensempfänger könne sich darauf verlassen[166].

---

163 So auch KNUD HAAKONSSEN, The Science of a Legislator, The Natural Jurisprudence of David Hume and Adam Smith, London, New York, New Rochelle u.a. 1981, S. 113:

> "It only arises when the declaration of the promiser's will is such that the promisee can reasonably, i.e. by an impartial spectator, be said to depend upon the promise - or to have a reasonable ground of expectation."

164 SMITH, LJ(B) (wie Fn 1) 176.

165 "You need not depend upon it, but this is my present design." SMITH, LJ(A) (wie Fn 1) ii. 44.

166 SMITH, LJ(A) (wie Fn 1) ii. 44.

If I should say that I intend to give you voluntarily £100 next new years day, but make this declaration in such a manner, as plainly shews I don't intend you should depend upon it, and expressly say, 'You need not depend upon it, but this is my present design', the spectator could not here imagine that he to whom I made the promise would have any reasonable expectation; but this without doubt he would, if I should plainly declare that I meant that he should depend upon it[167].	Sollte ich sagen, dass ich beabsichtige, Dir freiwillig am nächsten Neujahrstag 100 Pfund zu geben, aber diese Erklärung in einer solchen Weise mache, die deutlich zeigt, dass ich nicht beabsichtige, dass Du Dich darauf verlässt und ausdrücklich sage „Du brauchst Dich nicht darauf zu verlassen, aber dieses ist meine gegenwärtige Absicht", könnte der spectator sich hier nicht vorstellen, dass der, dem das Versprechen gemacht wurde, irgendeine begründete Erwartung haben würde; aber dieses würde er ohne Zweifel, wenn ich deutlich erklären sollte, dass ich beabsichtige, dass er sich darauf verlassen sollte.

Smith machte damit deutlich, dass die Bindungswirkung von Versprechen letztlich von der Ernsthaftigkeit abhänge. Handele es sich um eine bloße Absichtserklärung, trete danach keine Bindungswirkung ein. Habe aber der Versprechende die Ernsthaftigkeit zum Ausdruck gebracht, indem er hinzufüge, der Empfänger könne sich darauf verlassen, liege die Bindungswirkung vor. Welche der beiden Möglichkeiten vorliegt, ist unter Zuhilfenahme der Figur des *impartial spectator* zu entscheiden.

d) Entstehung der Bindungswirkung

Wenn also der Versprechende zum Ausdruck bringe, dass er etwas verspreche und der andere sich darauf verlassen solle, dann, so Smith, würde ein *impartial spectator* finden, dass Erwartungen und Vertrauen beim Versprechensempfänger entstanden seien und der Versprechende daher erfüllen müsse. Eine Verpflichtung entstehe daher nur dann, wenn der Versprechende sich so ausdrücke, dass sich der Versprechensempfänger vernünftigerweise habe darauf verlassen dürfen und wann das der Fall sei, entscheide sich aus Sicht des *impartial spectator*[168]. Bei der reinen Absichtserklärung, etwas tun zu wollen, würde laut Smith der *impartial spectator* gerade nicht denken, dass große Erwartungen entstanden seien[169]. Wie oben bereits erwähnt, ist es nach Smith die berechtigte Erwartung,

---

167 SMITH, LJ(A) (wie Fn 1) ii. 44.

168 SMITH, LJ(A) (wie Fn 1) ii. 43. Das wird auch so verstanden von KNUD HAAKONSSEN, The Science of a Legislator, The Natural Jurisprudence of David Hume and Adam Smith, London, New York, New Rochelle u.a. 1981, S. 113.

169 SMITH, LJ(A) (wie Fn 1) ii. 43.

die ein Versprechen verpflichtend macht[170]. In diesem Fall stellt der Erklärungsinhalt nur ein bestimmtes Verhalten in Aussicht, soll aber keine Bindungswirkung erzeugen.

It is the disappointment of the person we promise to which occasions the obligation to perform it[171].	Es ist die Enttäuschung der Person, der wir etwas versprechen, die die Verpflichtung zur Erfüllung verursacht.

Haakonssen schließt daraus, man sei zur Erfüllung dessen verpflichtet, was der *impartial spectator* einem im Falle der Nichterfüllung übel nehmen würde. Das eigene Gefühl für die Verpflichtung zur Erfüllung bestehe darin, dieses Gefühl des Übelnehmens so zu verinnerlichen, dass man sich selbst eine Nichterfüllung des Versprochenen übel nehmen würde[172]. Haakonssen ist der Ansicht, dieser Gedanke zeige eine Besonderheit von Smith's Moralphilosophie, nämlich die Tatsache, dass es sich um die Beziehungen zwischen Menschen handele. Es gehe bei Smith gerade nicht um den isolierten Willen einer einzelnen Person, sondern im Mittelpunkt stehe eine Verbindung zwischen zwei Personen, die einem bestimmten, für den *impartial spectator* sichtbaren und beurteilbaren Muster folge[173].

Die Pflicht zur Erfüllung gegebener Versprechen ergibt sich nach Ansicht von Smith aus der Verpflichtung, die Erwartungen des Versprechensempfängers nicht verletzen zu dürfen. Da Smith umfassende Kenntnisse im römischen Recht hatte, ist es wahrscheinlich, dass er Ulpians dreiteiliges Gebot kannte, niemandem schaden zu dürfen:

Iuris praecepta sunt haec: honeste vivere, alterum non laedere, suum cuique tribuere[174].	Die Gebote des Rechts sind folgende: Ehrenhaft leben, niemanden verletzen, jedem das Seine gewähren[175].

Darauf könnte der Gedanke von Smith basieren, dass sich die Pflicht zur Erfüllung sich aus der Verpflichtung ergebe, niemanden schädigen zu dürfen.

---

170 SMITH, LJ(B) (wie Fn 1) 175.

171 SMITH, LJ(A) (wie Fn 1) ii. 56 f.

172 KNUD HAAKONSSEN, The Science of a Legislator, The Natural Jurisprudence of David Hume and Adam Smith, London, New York, New Rochelle u.a. 1981, S. 113. Haakonssen weist im Übrigen auf S. 32 u. 35 auf ähnliche Aussagen bei David Hume hin.

173 KNUD HAAKONSSEN, The Science of a Legislator, The Natural Jurisprudence of David Hume and Adam Smith, London, New York, New Rochelle u.a. 1981, S. 113.

174 ULPIAN, D. 1, 1, 10, 1.

175 Corpus Iuris Civilis II Digesten 1-10, übersetzt und hrsg. von Okko Behrends, Rolf Knütel, Berthold Kupisch, Hans Hermann Seiler, Heidelberg 1995.

Pufendorf war der Ansicht, dass Verträge eingehalten werden müssten, da ansonsten ein Großteil ihres Nutzens verloren ginge[176]. Für den Fall, dass Versprechen nicht erfüllt werden müssten, könne man sich nie darauf verlassen, dass der Versprechensgeber sein Versprechen halten werde[177]. Versprechen wären dann nutzlos. Ähnlich wie später bei Smith, hing bei Pufendorf die Begründung der Bindungswirkung von Versprechen eng mit den Erwartungen des Versprechensempfängers zusammen.

Anders stützte Grotius die Ansicht, dass Versprechen bindend seien, unter anderem darauf, dass man an sein Wort gebunden sei. So wie auch Gott gegen seine Natur handeln würde, würde er nicht das erfüllen, was er versprochen habe[178].

Offen blieb bei Smith die Frage, ob die Bindungswirkung auch eintreten kann, wenn sich der konkrete Versprechensempfänger gerade nicht auf das Versprechen verlassen hat. Dann wäre ein Versprechensbruch für den Versprechensempfänger keine Enttäuschung seiner Erwartungen, da er keine hatte. Entsteht in diesem Fall dennoch eine Verpflichtung, obwohl bei dem Versprechensempfänger gerade kein Vertrauen hervorgerufen wurde? Auf diese Frage gibt es bei Smith keine Antwort.

Für Smith spielte der *impartial spectator* eine zentrale Rolle im Vertragsrecht, so dass es unerlässlich ist, Figur, Charakteristika und Aufgaben des *impartial spectator* näher zu beleuchten.

e) Der impartial spectator

(1) Einleitung

Um die Voraussetzungen für eine Bindungswirkung von Versprechen nach Smith bestimmen zu können, muss man sich der Figur des *impartial spectator* zuwenden. Dabei sind die im Folgenden zu behandelnden Fragen nach Aufgaben, Konstruktion und Grenzen des *impartial spectator* für das Verständnis von Smith's Versprechenslehre von weit reichender Bedeutung, weil sie unmittel-

---

176 MALTE DIESSELHORST, Zum Vermögensrechtssystem Samuel Pufendorfs, Göttingen 1976, S. 54.

177 KLAUS LUIG, Von Pufendorf zu Thomasius, in: FIAMMETTA PALLADINI, GERALD HARTUNG (Hrsg.), Samuel Pufendorf und die europäische Frühaufklärung, Werk und Einfluß eines deutschen Bürgers der Gelehrtenrepublik nach 300 Jahren (1694-1994), Berlin 1996, S. 137-146 (141); MALTE DIESSELHORST, Zum Vermögensrechtssystem Samuel Pufendorfs, Göttingen 1976, S. 54.

178 HUGO GROTIUS, De iure belli ac pacis, Buch II, Amsterdam 1701, Kap. XI § IV Ziff. 1.

bare Auswirkung auf die Frage des Vorliegens einer Bindungswirkung von Versprechen in Smith's System haben.

Anhand einer Analyse vor allem der *Theory of Moral Sentiments* wird dargelegt, dass Smith der Ansicht war, alle Menschen wünschten sich Sympathie, Anerkennung und Liebenswürdigkeit und strebten daher eine Billigung des eigenen Verhaltens an. Billigung und Missbilligung des eigenen wie auch des fremden Verhaltens erfolge dann mit Hilfe des Sich-Hineinversetzens in einen *impartial spectator*. Jedoch wird auch gezeigt, dass Smith durchaus die Grenzen einer solchen Figur bewusst waren. Ebenfalls wird auf die umstrittene Frage der Konstruktion und der Eigenschaften des *impartial spectator* eingegangen. Diese ist sowohl für die Frage der Plausibilität des Systems als auch für die Frage der Anwendbarkeit des *impartial spectator* von entscheidender Bedeutung. Für ein besseres Verständnis wird der *impartial spectator* von der Lehre der Auslegung vom Empfängerhorizont und von *Paley's Rule*, sowie von der Tendenz in der kontinentaleuropäischen Auslegungslehre des 18. Jahrhunderts abgegrenzt.

(2) Sinn und Aufgaben des impartial spectator

Bereits Francis Hutcheson (1694-1746) und David Hume (1711-1776) bezogen sich im Zusammenhang mit moralischen Urteilen auf die Billigung eines Handelns durch einen Beobachter[179]. Wenn auch Hume noch nicht die Bezeichnung eines *impartial spectator* verwendete, so war die Idee jedenfalls vorhanden[180].

David Hume, ein guter Freund von Smith, erkannte die menschliche Neigung, mit anderen zu sympathisieren[181]. Der Begriff *sympathy* bedeutet bei Hume "die Fähigkeit, Gefühlszustände miteinander auszutauschen"[182]. Bereits Hume, wie auch später Smith, ging davon aus, dass der Vorgang des Sympathisierens in der Regel voraussetze, dass man sich in den anderen hineinversetze[183]. Dabei handelt es sich ebenso wie bei Smith um einen Perspektivenwechsel, zum einen sich selbst so zu betrachten wie andere einen sehen und zum anderen andere so be-

179 DAVID HUME, Eine Untersuchung über die Prinzipien der Moral, hrsg. von Manfred Kühn, 2003, S. 124 ff.; FRANCIS HUTCHESON, Eine Untersuchung über den Ursprung unserer Ideen von Schönheit und Tugend, Über moralisch Gutes und Schlechtes, übersetzt und hrsg. von Wolfgang Leidhold, 1986, z. B. S. 19 ff.

180 DAVID DAICHES RAPHAEL, The Impartial Spectator, in: ANDREW S. SKINNER/THOMAS WILSON, Essays on Adam Smith, Oxford 1975, S. 83-99 (87).

181 DAVID HUME, A Treatise of Human Nature, Buch II, hrsg. von T. H. Green/T. H. Grose, Aalen 1964, III. III. I., S. 334 ff.

182 GERHARD STREMINGER, David Hume, Sein Leben und sein Werk, Paderborn u.a.1994, S. 191.

183 GERHARD STREMINGER, David Hume, Sein Leben und sein Werk, Paderborn u.a.1994, S. 216.

trachten, wie sie sich selbst fühlen[184]. Dieses ist bei Hume die Fähigkeit zur *sympathy*, nämlich die Fähigkeit, die Perspektive zu wechseln und von dort aus ein moralisches Urteil zu fällen[185]. Auch wenn Hume nicht in der Weise einen konkreten *impartial spectator* benannte, so erscheint er bei ihm insofern, als dass er feststellte, wir Menschen seien in der Lage, Situationen aus einer relativ neutralen Perspektive aus zu beurteilen. Für diese moralischen Empfindungen müsste eine gewisse Unparteilichkeit vorliegen[186].

Francis Hutcheson, Smith's Lehrer und Vorvorgänger in Glasgow[187] ging ebenfalls davon aus, dass Menschen in der Lage seien, sich in andere hineinzuversetzen[188]. Er nahm an, wenn wir sagen würden, jemand sei zur Erfüllung einer Handlung verpflichtet, dann würden wir meinen, dass jeder Betrachter, oder man selbst nach Reflektion, dieses Handeln gutheißen müsse, und ein Nichthandeln missbilligen[189]. Für eine Art von Unparteilichkeit bedienen wir uns also auch nach Hutcheson einer Position eines Betrachters, aus dessen Sicht wir versuchen, die Situation zu beurteilen.

Neu bei Smith war die Entwicklung eines konkreten *impartial spectator*[190], d.h. eines wörtlich als solchen bezeichneten und nicht nur vorausgesetzten, der der Erklärung diente, wie ein Urteil des Gewissens des Handelnden über seine eigenen Handlungen entsteht. Hinter dieser Überlegung von Smith stand der Gedanke, dass das Gewissen, die Billigung und Missbilligung des eigenen Handelns, letztendlich eine Folge der durch die Beobachter gemachten Urteile sei. Smith war der Ansicht, wir seien alle sowohl Beobachter als auch Beobachtete. Wir würden somit ständig andere beurteilen und würden von diesen auch selbst bewertet[191].

---

184 GERHARD STREMINGER, David Hume, Sein Leben und sein Werk, Paderborn u.a.1994, S. 216.

185 JENS KULENKAMPFF, David Hume, München 1989, S. 117.

186 GERHARD STREMINGER, David Hume, Sein Leben und sein Werk, Paderborn u.a.1994, S. 217.

187 WOLFGANG LEIDHOLD, Francis Hutcheson, in: LOTHAR KREIMENDAHL (Hrsg.), Philosophen des 18. Jahrhunderts, Eine Einführung, S. 87-103 (100).

188 FRANCIS HUTCHESON, Eine Untersuchung über den Ursprung unserer Ideen von Schönheit und Tugend, Über moralisch Gutes und Schlechtes, übersetzt und hrsg. von Wolfgang Leidhold, Hamburg 1986, zum Beispiel S. 30.

189 FRANCIS HUTCHESON, Erläuterungen zum moralischen Sinn, übersetzt und hrsg. von Joachim Buhl, Stuttgart 1984, S. 25.

190 DAVID DAICHES RAPHAEL, The Impartial Spectator, in: ANDREW S. SKINNER/THOMAS WILSON, Essays on Adam Smith, Oxford 1975, S. 83-99 (87).

191 SMITH, Theorie der ethischen Gefühle (wie Fn 34) S. 166 f.; The Theory of Moral Sentiments (wie Fn 34) III.I., I, S. 109 f.

The all-wise Author of Nature has, in this manner, taught man to respect the sentiments and judgments of his brethren; to be more or less pleased when they approve of his conduct, and to be more or less hurt when they disapprove of it. He has made man, if I may say so, the immediate judge of mankind; and has, in this respect, as in many others, created him after his own image, and appointed him his vicegerent upon earth, to superintend the behaviour of his brethren[192].

Der allweise Schöpfer der Natur hat auf diese Weise den Menschen gelehrt, die Gefühle und Urteile seiner Brüder zu achten; sich mehr oder weniger zu freuen, wenn sie sein Betragen gutheißen, und sich mehr oder weniger verletzt fühlen, wenn sie es missbilligen. Er hat den Menschen, wenn ich so sagen darf, zum unmittelbaren Richter der Menschen gemacht und hat ihn auch in dieser wie in mancher anderen Beziehung nach seinem Bilde geschaffen und ihn zu seinem Statthalter auf Erden bestellt, damit er das Verhalten seiner Brüder beaufsichtige[193].

Smith nahm an, dass wir mit Hilfe eines *impartial spectator* sowohl unser eigenes Verhalten als auch die Handlungen anderer Menschen beurteilen würden. Die Billigung oder Missbilligung des Handelns der anderen erfolge dadurch, dass wir uns in diese hineinversetzen würden und wir dann entweder mit den Empfindungen und Beweggründen, die das Handeln leiteten, sympathisieren könnten oder nicht[194].

(a) Bedeutung der sympathy

Grundlegend für diesen Vorgang ist nach der Vorstellung von Smith demnach *sympathy*. Smith nahm an, entscheidend für die Billigung des Verhaltens des Handelnden sei, ob der *impartial spectator* damit sympathisieren könne. Das Sympathisieren und damit die Billigung des Verhaltens sei der vom *impartial spectator* durchgeführte zweite Schritt nach dem Hineinversetzen. Der Mensch sei jedoch nicht nur daran interessiert, Sympathie für seine Mitmenschen zu empfinden, sondern auch daran, selbst von diesen geliebt zu werden[195]. Smith ging davon aus, es entstehe daher bei uns selbst auch der Wunsch, das eigene Verhalten zu beurteilen[196]. Auch hier gehen wir in den zwei Schritten vor. In diesen Fällen, so nahm Smith an, würden wir uns vorstellen, wie ein anderer un-

---

192 SMITH, The Theory of Moral Sentiments (wie Fn 34) Part III.II.31, S. 128/ 130.

193 SMITH, Theorie der ethischen Gefühle (wie Fn 34) S. 193.

194 SMITH, Theorie der ethischen Gefühle (wie Fn 34) S. 166; The Theory of Moral Sentiments (wie Fn 34) III.I.2, S. 109.

195 GEORG JOHANNES ANDREE, Sympathie und Unparteilichkeit, Adam Smiths System der natürlichen Moralität, Paderborn 2003, S. 38.

196 SMITH, Theorie der ethischen Gefühle (wie Fn 34) S. 166 f.; The Theory of Moral Sentiments (wie Fn 34) III.I., S. 109 f.

ser Verhalten betrachten würde und würden versuchen, es mit seinen Augen zu sehen und zu beurteilen, ob wir aus seiner Sicht mit unseren Beweggründen sympathisieren könnten[197]. Man bemühe sich also, das eigene Verhalten so zu beurteilen, wie es ein *impartial spectator* täte[198]. Bei dem Vorgang der Prüfung des eigenen Verhaltens teilen wir uns folglich in zwei Personen, zum einen in den Handelnden mit den tatsächlichen Empfindungen und zum anderen in den Richter, der sich durch das Hineinversetzen unsere Empfindungen vorstellt. Smith war der Ansicht, dieses sei die einzige Möglichkeit, uns selbst betreffende Angelegenheiten aus der für eine Beurteilung richtigen Perspektive, der eines Außenstehenden, zu betrachten.

...and it is only by consulting this judge within, that we can ever see what relates to ourselves in its proper shape and dimensions; or that we can ever make any proper comparison between our own interests and those of other people[199].

...und nur, wenn wir diesen inneren Richter zu Rate ziehen, können wir jemals die Dinge, die uns selbst betreffen, in ihrer richtigen Gestalt und in ihren wahren Maßen erblicken oder können wir jemals einen richtigen Vergleich zwischen unseren eigenen Interessen und denen anderer Menschen ziehen[200].

Hinter all diesen Überlegungen von Smith zur Beurteilung des eigenen Verhaltens stand der Gedanke, dass der Mensch sich wünsche, nicht nur geliebt zu werden, sondern auch liebenswert zu sein[201]. Smith ging davon aus, daraus folge der Wunsch, so zu werden, wie die, deren Charakter und Verhalten wir bewunderten[202]. Das basiere auf dem Wunsch nach Lob und Achtungswürdigkeit:

We desire both to be respectable and to be respected. We dread both to be contemptible and to be contemned[203].

Wir wünschen uns sowohl achtungswürdig zu sein, als auch geachtet zu werden. Wir fürchten sowohl verachtenswert zu sein, als verachtet zu werden[204].

---

197 SMITH, Theorie der ethischen Gefühle (wie Fn 34) S. 167; The Theory of Moral Sentiments (wie Fn 34) III.I., S. 110.

198 SMITH, Theorie der ethischen Gefühle (wie Fn 34) S. 167; The Theory of Moral Sentiments (wie Fn 34) III.I., S. 110.

199 SMITH, The Theory of Moral Sentiments (wie Fn 34) III.3.1, S. 134.

200 SMITH, Theorie der ethischen Gefühle (wie Fn 34) S. 199 f.

201 SMITH, Theorie der ethischen Gefühle (wie Fn 34) S. 171 f.; The Theory of Moral Sentiments (wie Fn 34) III.2., S. 113 f.

202 SMITH, Theorie der ethischen Gefühle (wie Fn 34) S. 171 f.; The Theory of Moral Sentiments (wie Fn 34) Part III.2, S. 113 f.

203 SMITH, The Theory of Moral Sentiments (wie Fn 34) Part I. Chapter III.2, S. 62.

204 SMITH, Theorie der ethischen Gefühle (wie Fn 34) S. 87.

The love and admiration which we naturally conceive for those whose character and conduct we approve of, necessarily dispose us to desire to become ourselves the objects of the like agreeable sentiments, and to be as amiable and as admirable as those whom we love and admire the most[205].

Die Liebe und Bewunderung, die wir naturgemäß für diejenigen empfinden, deren Charakter und Verhalten wir billigen, erweckt mit Notwendigkeit in uns den Wunsch, selbst der Gegenstand der gleichen angenehmen Empfindungen zu werden und so liebenswert und bewundernswert wie diejenigen zu sein, die wir am meisten lieben und bewundern[206].

Ähnlich wie bereits bei Hume entstehen moralische Empfindungen nach Smith durch den Vorgang des Sympathisierens[207]. Den Begriff der *sympathy* verwandte Smith dabei unterschiedlich, so dass ihm mehrere Bedeutungen zukommen. Haakonssen hat die verschiedenen Verwendungsweisen herausgearbeitet und festgestellt, dass Smith den vorgestellten Situationswechsel mit *sympathy* bezeichne. Auch die Reaktion des *impartial spectator* werde *sympathy* genannt, ebenso wie der Vergleich der Empfindungen und das aus diesem Vergleich entspringende Gefühl der Billigung oder Missbilligung bei Smith *sympathy* heiße. Darüber hinaus verwende er diesen Begriff, wenn er damit den gesamten Prozess, also alle eben genannten Punkte, meine[208].

(b) Der Perspektivenwechsel

Smith nahm an, aus dem Wunsch nach Liebenswürdigkeit entstehe das Bedürfnis, das eigene Verhalten zu beurteilen. Die Folge davon sei, dass wir ständig andere beurteilten und selbst beurteilt würden, dass wir bei der Beurteilung unseres eigenen Handelns auf die Frage zurückgriffen, was ein *impartial spectator*

---

205 SMITH, The Theory of Moral Sentiments (wie Fn 34) III.2.3, S. 114.

206 SMITH, Theorie der ethischen Gefühle (wie Fn 34) S. 172.

207 GEORG JOHANNES ANDREE, Sympathie und Unparteilichkeit, Adam Smiths System der natürlichen Moralität, Paderborn 2003, S. 73.
Trotz der Parallelen in den Sympathieüberlegungen von Smith und Hume war Hume der Ansicht, es liege ein Widerspruch in der Konzeption von Smith vor. Diese Kritik legte er Smith in einem Brief vom 28. Juli 1759 dar. (Abgedruckt als Brief Nr. 36 in: The Glasgow Edition of the Works and Correspondence of Adam Smith VI: Correspondence of Adam Smith; hrsg. von Mossner und Ross). In der darauffolgenden Neuauflage von „The Theory of Moral Sentiments“ versuchte Smith diesen Einwand von Hume zu entkräften. Für Näheres zum Einwand von Hume siehe GEORG JOHANNES ANDREE, Sympathie und Unparteilichkeit, Adam Smiths System der natürlichen Moralität, Paderborn 2003, S. 67 ff.

208 KNUD HAAKONSSEN, The Science of a Legislator, The Natural Jurisprudence of David Hume and Adam Smith, London, New York, New Rochelle u.a. 1981, S. 51.

zu unserem Verhalten sagen, ob er es billigen oder missbilligen würde[209]. Dabei versetze sich der *impartial spectator* in den Handelnden hinein und überprüfe, ob er mit den Gefühlen und Beweggründen, die das Verhalten des Handelnden bestimmten, sympathisieren könne oder ob dieses gerade nicht der Fall sei[210].

Mit Veränderung der Sichtweise und des Sich-Hineinversetzens in eine andere Perspektive würden sich die Zusammenhänge und tatsächlichen Gegebenheiten verändern, wie Smith an einem Beispiel deutlich machte[211]: In der Situation, in der er sich befinde, schrieb Smith, scheine es so, als nehme die Landschaft, die er aus seinem Fenster aus betrachte, nicht mehr Platz ein als das kleine Fenster selbst, und sei sogar kleiner als die Stube, in der er sich aufhalte. Ein richtiger Vergleich der Objekte sei ihm nur möglich, wenn er die Verhältnisse gedanklich von einem anderen Standpunkt aus betrachte. Er habe sich so an ein solches Verhalten gewöhnt, dass er dieses schon fast unmerklich tue[212]. Es werde dem Menschen mit der Zeit zur Gewohnheit, die Perspektive eines *impartial spectator* einzunehmen[213]. Anhand dieses Beispiels machte Smith deutlich, wie selbstverständlich und unmerklich der Mensch Perspektivenwechsel vornimmt. Gewohnheit und Erfahrung ermöglichen uns den Perspektivenwechsel, den wir nicht nur benötigen, um einen fairen Vergleich zwischen Objekten, wie in Smith's Beispiel, vorzunehmen, sondern auch, um uns selbst mit anderen Menschen zu vergleichen.

Haakonssen beschäftigte sich in diesem Zusammenhang mit der für die Frage der Plausibilität von Smith's System notwendigen Frage, ob sich beim Perspektivenwechsel die Person oder die Situation ändert. Er vertritt die Ansicht, dieses sei von verschiedenen Faktoren abhängig. Von Bedeutung seien die Persönlichkeit sowohl des Betrachters als auch des Handelnden, ihre wechselseitige Beziehung, die Natur der Situation und die betroffenen Gefühle. Vor allem sei, und darin ist Haakonssen zuzustimmen, weil es bei Smith deutlich wird, die Persönlichkeit des Handelnden entscheidend. Je besser es dem Beobachtenden mit Hilfe seiner Vorstellungskraft gelänge, sich in einen anderen hinein zu verset-

---

209 SMITH, Theorie der ethischen Gefühle (wie Fn 34) S. 166 f.; The Theory of Moral Sentiments (wie Fn 34) III.I., S. 109 f.

210 SMITH, Theorie der ethischen Gefühle (wie Fn 34) S. 166; The Theory of Moral Sentiments (wie Fn 34) III.I., S. 109.

211 SMITH, Theorie der ethischen Gefühle (wie Fn 34) S. 200; The Theory of Moral Sentiments (wie Fn 34) III.3., S. 135.

212 SMITH, Theorie der ethischen Gefühle (wie Fn 34) S. 200; The Theory of Moral Sentiments (wie Fn 34) III.3., S. 135.

213 SMITH, Theorie der ethischen Gefühle (wie Fn 34) z. B. S. 221; The Theory of Moral Sentiments (wie Fn 34) III.3., S. 148.

zen, desto besser sei sein Verständnis von der Situation und daher desto genauer seine mitfühlenden Empfindungen[214].

Smith war davon überzeugt, dass, würden die Menschen diesen Perspektivenwechsel nicht vornehmen, uns auch nur der kleinste Verlust eines eigenen Vorteils als von wesentlich größerer Bedeutung erschiene als eine schwerwiegende Angelegenheit eines Mitmenschen, zu dem wir keine besondere Verbindung hätten. Dieses sei eine Folge der egoistischen Affekte der Menschen. Ein gerechter Vergleich sei daher ohne Wechsel des Standortes nicht möglich[215]. Ohne einen solchen Wechsel würde ein human gesinnter Europäer durch einen erdbebenbedingten Untergang des chinesischen Reiches, zu dem er keine Verbindung habe, weniger berührt und beunruhigt werden als von dem kleinsten Unfall, der ihm selbst widerfahren könnte[216].

The all-wise Author of Nature has, in this manner, taught man to respect the sentiments and judgments of his brethren; to be more or less pleased when they approve of his conduct, and to be more or less hurt when they disapprove of it. He has made man, if I may say so, the immediate judge of mankind; and has, in this respect, as in many others, created him after his own image, and appointed him his vicegerent upon earth, to superintend the behaviour of his brethren[217].	Der allweise Schöpfer der Natur hat auf diese Weise den Menschen gelehrt, die Gefühle und Urteile seiner Brüder zu achten; sich mehr oder weniger zu freuen, wenn sie sein Betragen gutheißen, und sich mehr oder weniger verletzt fühlen, wenn sie es missbilligen. Er hat den Menschen, wenn ich so sagen darf, zum unmittelbaren Richter der Menschen gemacht und hat ihn auch in dieser wie in mancher anderen Beziehung nach seinem Bilde geschaffen und ihn zu seinem Statthalter auf Erden bestellt, damit er das Verhalten seiner Brüder beaufsichtige[218].

---

214 KNUD HAAKONSSEN, The Science of a Legislator, The Natural Jurisprudence of David Hume and Adam Smith, London, New York, New Rochelle u.a. 1981, S. 48.

215 SMITH, Theorie der ethischen Gefühle (wie Fn 34) S. 200; The Theory of Moral Sentiments (wie Fn 34) III.3., S. 135.

216 SMITH, Theorie der ethischen Gefühle (wie Fn 34) S. 201 f.; The Theory of Moral Sentiments (wie Fn 34) III.3., S. 136.

217 SMITH, The Theory of Moral Sentiments (wie Fn 34) Part III.II.31, S. 128/ 130.

218 SMITH, Theorie der ethischen Gefühle (wie Fn 34) S. 193.

If he was to lose his little finger to-morrow, he would not sleep to-night; but provided he never saw them, he will snore with the most profound security over the ruin of a hundred millions of his brethren, and the destruction of that immense multitude seems plainly an object less interesting to him, than this paltry misfortune of his own[219].	Das Bewusstsein, dass er morgen seinen kleinen Finger verlieren müsste, würde ihn schon heute nachts nicht schlafen lassen; dagegen wird er bei dem Untergang von hundert Millionen seiner Brüder mit der tiefsten Seelenruhe schnarchen – vorausgesetzt, dass er diese niemals gesehen hätte – und die Vernichtung jener ungeheuren Menschenmenge scheint offenbar eine Sache zu sein, die ihn weit weniger berührt, als dieses erbärmliche Missgeschick, das ihn selber angeht[220].

Smith fragte anschließend, wie es denn sein könne, dass, obwohl „unsere passiven Gefühle fast immer so gemein“ seien, wir dennoch häufig nach edelmütigen Grundsätzen handelten[221]. Grund dafür, dass uns dieses gelänge sei der *impartial spectator*:

It is from him only that we learn the real littleness of ourselves, and of whatever relates to ourselves, and the natural misrepresentations of self-love can be corrected only by the eye of this impartial	Dieser unparteiische Zuschauer allein lehrt uns die wirkliche Geringfügigkeit unseres eigenen Selbst und alles dessen, was uns angeht, erkennen und nur durch das Auge dieses unparteiischen Zuschau-

219 SMITH, The Theory of Moral Sentiments (wie Fn 34) III.3., S. 136 f.
Dieser Vergleich erscheint in ähnlicher Form auch schon bei DAVID HUME, Ein Traktat über die menschliche Natur, Band II: Über die Affekte, Über Moral, übersetzt von Theodor Lipps, Hamburg 1978, S. 154; A Treatise of human Nature, hrsg. von L. A. Selby-Bigge, Oxford 1951, II.iii.3, S. 416:

> „Tis not contrary to reason to prefer the destruction of the world to the scratching of my finger.”

Bereits bei Platon ist das Beispiel mit dem Finger zu finden. Er verwandte es im Zusammenhang mit der Erläuterung der Kennzeichen des besten Staates. PLATON, Sämtliche Dialoge Band V Der Staat, hrsg. von Otto Appelt, Hamburg 1988, Fünftes Buch, S. 196:

> „Wenn z.B. einer von uns am Finger verwundet worden ist, so teilt sich die Wahrnehmung dessen der ganzen Gemeinschaft mit, die sich vom Leibe zur Seele erstreckt und von dem herrschenden Teil in ihr zur Einheit zusammengeordnet wird, so dass der gesamte Organismus mitleidet, wenn ein Teil von Schmerz heimgesucht ist; und so kommt es denn, dass wir sagen: „Der Mensch hat Schmerz am Finger“.“

220 SMITH, Theorie der ethischen Gefühle (wie Fn 34) S. 202.

221 SMITH, Theorie der ethischen Gefühle (wie Fn 34) S. 202; The Theory of Moral Sentiments (wie Fn 34) III.3., S. 137.

spectator. It is he who shows us the propriety of generosity and the deformity of injustice; the propriety of resigning the greatest interests of our own, for the yet greater interests of others, and the deformity of doing the smallest injury to another, in order to obtain greatest benefit to ourselves[222].

ers können die natürlichen Täuschungen der Selbstliebe richtiggestellt werden. Er zeigt uns die Schönheit des Edelmuts und die Hässlichkeit der Ungerechtigkeit; er zeigt uns, wie schön es ist, auf den größten eigenen Vorteil zu verzichten und ihn dem noch größeren Interesse anderer Menschen aufzuopfern, und wie hässlich es ist, einem anderen auch nur das geringste Unrecht zuzufügen, um dadurch für uns selbst einen Vorteil zu erlangen, und wäre dieser auch noch so groß[223].

(c) Gründe für den Einsatz des impartial spectator

Warum aber machen wir Menschen vom *impartial spectator* Gebrauch? Das wird in der Literatur unterschiedlich begründet. Otteson erläutert diese Überlegungen Smith's damit, dass Neigungen und Vorurteile die Urteile anderer Menschen über uns zu unserem Nachteil färben würden. Diese hätten aber ebenso gut vorteilhaft sein können, wenn das Urteil objektiv gebildet worden wäre. Weiter ist er der Ansicht, wir könnten alle aufgrund eigener Erfahrung leicht das Ärgernis nachempfinden, wenn uns andere erzählten, sie seien falsch dargestellt oder missverstanden worden[224]. Daraus folgere Smith, dass wir mit der Zeit eine Angewohnheit entwickelten, uns bei der Beurteilung anderer den Standpunkt eines unparteiischen Dritten anzueignen. Von anderen würden wir dasselbe für uns selbst erwarten. Dadurch werde, so Otteson, die anfängliche Ausgangsebene unserer moralischen Urteile über andere umgeformt, so dass wir einzuschätzen lernten, was ein *impartial spectator* von ihren Beweggründen und Handlungen denken würde. Otteson kommt zu dem Ergebnis, der *impartial spectator* von Smith sei eine Metapher. Er sei eine philosophische Konstruktion, mit deren Hilfe erklärt werde, wie Menschen tatsächlich moralische Urteile fällen[225].

Young ist der Ansicht, die Lehre vom *impartial spectator* werde angewendet, um eine erlernbare objektive Perspektive zu begründen, die auch für die Mäßigung der eigenen Neigung zu egoistischem und unsozialem Verhalten verwen-

---

222 SMITH, The Theory of Moral Sentiments (wie Fn 34) III.3., S. 137.
223 SMITH, Theorie der ethischen Gefühle (wie Fn 34) S. 203.
224 JAMES R. OTTESON, Adam Smith's Marketplace of Life, Cambridge 2002, S. 45.
225 JAMES R. OTTESON, Adam Smith's Marketplace of Life, Cambridge 2002, S. 46.

det werden könne[226]. Durch die andauernden Beobachtungen und Beurteilungen anderer entstünden unmerklich gewisse Regeln darüber, was billig sei[227].

Während also für Young die Anwendung der Lehre vom *impartial spectator* zur Entstehung von Regeln führen kann, erklärt sie für Otteson die Art und Weise, wie moralische Urteile gefällt werden. Letztendlich vertreten damit beide die nachvollziehbare Ansicht, der *impartial spectator* diene dem Menschen dazu, seine eigenen Handlungen möglichst auch aus Sicht eines Außenstehenden zu betrachten.

Smith schrieb nicht nur der Beobachtung unseres Verhaltens durch andere Bedeutung zu, sondern nahm an, ein Gewissen entstehe auch durch unsere Beobachtung anderer.

Our continual observations upon the conduct of others, insensibly lead us to form to ourselves certain general rules concerning what is fit and proper either to be done or to be avoided[228].

Die fortgesetzten Beobachtungen, die wir über das Verhalten anderer Menschen machen, bringen uns unmerklich dazu, dass wir gewisse allgemeine Regeln darüber bilden, was zu tun oder zu meiden schicklich und angemessen ist[229].

Insofern war Smith der Ansicht, man benötige die Gesellschaft, um sein eigenes Verhalten beurteilen zu können, so dass einem die Schicklichkeit oder Unschicklichkeit des eigenen Verhaltens bewusst gemacht werde. Er ging davon aus, dass eine Person, die ohne ihre Mitmenschen aufwachse, nicht imstande sei, ihr eigenes Verhalten zu beurteilen:

Were it possible that a human creature could grow up to manhood in some solitary place, without any communication with his own species, he could no more think of his own character, of the propriety or demerit of his own sentiments and conduct, of the beauty or de-

Wäre es möglich, daß ein menschliches Wesen an einem einsamen Ort bis zum Mannesalter heranwachsen könnte ohne jede Gemeinschaft und Verbindung mit Angehörigen seiner Gattung, dann könnte es sich ebenso wenig über seinen Charakter, über die Schicklichkeit oder

226 JEFFREY T. YOUNG, The impartial spectator and natural jurisprudence: an interpretation of Adam Smith's theory of the natural price, in: History of Political Economy Volume 18, 1986, S. 365-382 (366).

227 FRANZ VORLÄNDER, Geschichte der philosophischen Moral, Rechts- und Staatslehre der Engländer und Franzosen mit Einschluss Machiavellis und einer kurzen Übersicht der moralischen und sozialen Lehren der neueren Zeit überhaupt, Aalen 1964, Neudruck der Ausgabe Marburg an der Lahn 1855, S. 503.

228 SMITH, The Theory of Moral Sentiments (wie Fn 34) III.IV.7, S. 159.

229 SMITH, Theorie der ethischen Gefühle (wie Fn 34) S. 238.

formity of his own mind, than of the beauty or deformity of his own face. All these are objects which he cannot easily see, which naturally he does not look at, and with regard to which he is provided with no mirror which can present them to his view. Bring him into society, and he is immediately provided with the mirror which he wanted before. It is placed in the countenance and behaviour of those he lives with, which always mark when they enter into, and when they disapprove of his sentiments; and it is here that he first views the propriety and impropriety of his own passions, the beauty and deformity of his own mind[230].

Verwerflichkeit seiner Empfindungen und seines Verhaltens Gedanken machen, als über die Schönheit oder Hässlichkeit seines eigenen Gesichts. All das sind Gegenstände, die es nicht leicht erblicken kann, auf die es natürlicherweise nicht achtet, und für die es doch auch nicht mit einem Spiegel ausgerüstet ist, der sie seinem Blicke darbieten könnte. Bringe jenen Menschen in Gesellschaft anderer, und er ist sogleich mit dem Spiegel ausgerüstet, dessen er vorher entbehrte. Dieser Spiegel liegt in den Mienen und in dem Betragen derjenigen, mit denen er zusammenlebt, die es ihm stets zu erkennen geben, wenn sie seine Empfindungen teilen, und wenn sie sie missbilligen; hier erst erblickt er zum erstenmal die Schicklichkeit und Unschicklichkeit seiner eigenen Affekte, die Schönheit und Hässlichkeit seines eigenen Herzens[231].

Der Mensch, so Smith, lerne mit Hilfe dieses Spiegels, sein eigenes Verhalten zu beurteilen:

We suppose ourselves the spectators of our own behaviour, and endeavour to imagine what effect it would, in this light, produce upon us. This is the only looking-glass by which we can, in some measure, with the eyes of other people, scrutinize the propriety of our own conduct[232].

Wir stellen uns selbst als die Zuschauer unseres eigenen Verhaltens vor und trachten nun, uns auszudenken, welche Wirkung es in diesem Lichte auf uns machen würde. Dies ist der einzige Spiegel, der es uns ermöglicht, die Schicklichkeit unseres eigenen Verhaltens einigermaßen mit den Augen anderer Leute zu untersuchen[233].

Smith ging also davon aus, das Miteinander in der Gesellschaft schaffe erst die Notwendigkeit, das eigene Verhalten mit anderen Augen zu betrachten[234].

---

230 SMITH, The Theory of Moral Sentiments (wie Fn 34) III.I.3, S. 110.
231 SMITH, Theorie der ethischen Gefühle (wie Fn 34) S. 167 f.
232 SMITH, The Theory of Moral Sentiments (wie Fn 34) III. I.5, S. 112.
233 SMITH, Theorie der ethischen Gefühle (wie Fn 34) S. 170.
234 MANFRED TRAPP, Adam Smith – politische Philosophie und politische Ökonomie, Göttingen 1987, S. 90.

Würde ein Mensch außerhalb der Gesellschaft aufwachsen, sei kein Erfordernis für eine Überprüfung des eigenen Verhaltens und somit letztlich für die Bildung eines Gewissens vonnöten[235]. Allerdings war Smith sich darüber im Klaren, dass die Urteile der anderen Menschen durch eigene Interessen oder Umstände beeinflusst werden können und daher nicht objektiv sind. Da ein tatsächlicher Beobachter nicht unbedingt unparteiisch ist, unterschied Smith diesen von einem *impartial spectator*[236]:

The propriety of our moral sentiments is never so apt to be corrupted, as when the indulgent and partial spectator is at hand, while the indifferent and impartial one is at a great distance[237].

Niemals ist die Richtigkeit euerer sittlichen Gefühle so sehr in Gefahr, verdorben zu werden, als wenn der nachsichtige und parteiische Zuschauer zur Hand ist, während sich der unvoreingenommene und unparteiische in weiter Ferne befindet[238].

Smith unterschied zwischen dem *partial spectator*, der nicht hinreichend losgelöst von eigenen Motiven und Empfindungen die jeweilige Situation beurteilt und nicht nüchtern und unabhängig funktioniert und dem *impartial spectator*, mit dessen Hilfe wir unser eigenes Verhalten wie das unserer Mitmenschen unparteiisch und unabhängig von eigenen Interessen und Gefühlen beurteilen.

(d) Grenzen des impartial spectator

Allerdings war Smith sich durchaus darüber im Klaren, dass es einem nicht immer gelingen würde, das eigene Verhalten stets aus der Betrachtungsweise des *impartial spectator* zu beurteilen[239]. Er nahm an, dieses könne uns auch dann misslingen, wenn er zwar eigentlich gegenwärtig sei, jedoch aufgrund bestimmter Umstände keinen Einfluss auf uns haben könne. Obwohl wir also unser Verhalten einer Prüfung unterziehen wollten und der *impartial spectator* daher im Grunde „gegenwärtig" sei, sei es uns manchmal dennoch nicht möglich, unser eigenes Handeln unparteiisch zu betrachten. Smith nannte zwei Situationen, in denen man sein eigenes Verhalten einer Prüfung unterziehe und sich bemühe, es aus der Sicht eines *impartial spectator* zu beurteilen: zum einen bevor wir handeln und zum anderen nach unserer Handlung. Obwohl wir möglicherweise

---

235 MANFRED TRAPP, Adam Smith – politische Philosophie und politische Ökonomie, Göttingen 1987, S. 90.

236 MANFRED TRAPP, Adam Smith – politische Philosophie und politische Ökonomie, Göttingen 1987, S. 83.

237 SMITH, The Theory of Moral Sentiments (wie Fn 34) III.3.41, S. 154.

238 SMITH, Theorie der ethischen Gefühle (wie Fn 34) S. 231.

239 SMITH, Theorie der ethischen Gefühle (wie Fn 34) S. 235; The Theory of Moral Sentiments (wie Fn 34) III.4., S. 157.

wirklich bemüht seien, vor unserer Handlung diese aus Sicht eines *impartial spectator* zu bewerten, gelinge uns das nur selten, da „heftige Gemütsbewegungen“ uns so sehr beeinflussen würden, dass uns eine Änderung der Betrachtungsweise nur selten möglich sei[240].

The violent emotions which at that time agitate us, discolour our views of things; even when we are endeavouring to place ourselves in the situation of another, and to regard the objects that interest us in the light in which they will naturally appear to him, the fury of our own passions constantly calls us back to our own place, where every thing appears magnified and misrepresented by self-love[241].

Die heftigen Gemütsbewegungen, die uns in diesem Augenblick durchströmen, verfärben unser Bild von den wirklichen Verhältnissen sogar dann, wenn wir bemüht sind, uns in die Lage eines anderen zu versetzen und die Gegenstände, die uns angehen, in dem Lichte zu betrachten, in welchem sie ihm natürlicherweise sich darstellen müssen. Die Wut unsrer Affekte ruft uns immer wieder auf unseren eigenen Standort zurück, von dem aus alles durch die Selbstliebe vergrößert und verzerrt erscheint[242].

Smith war der Ansicht, in diesen Fällen sei es nicht möglich, unser beabsichtigtes Verhalten unparteiisch aus der Sicht eines neutralen Richters zu betrachten. Nach Beendigung der eigenen Handlung und nachdem sich die eigenen Gefühle, die uns zur Handlung angetrieben hätten, gelegt hätten, sei es uns leichter möglich, uns in den *impartial spectator* hineinzuversetzen. Aber auch bei Beurteilung des eigenen Verhaltens nach dessen Abschluss falle das eigene Urteil selten ganz unparteiisch aus, da es so unangenehm sei, schlecht von sich selbst zu denken[243].

240 SMITH, Theorie der ethischen Gefühle (wie Fn 34) S. 235; The Theory of Moral Sentiments (wie Fn 34) III.4., S. 157.

241 SMITH, The Theory of Moral Sentiments (wie Fn 34) III.4., S. 157.

242 SMITH, Theorie der ethischen Gefühle (wie Fn 34) S. 235.

243 SMITH, Theorie der ethischen Gefühle (wie Fn 34) S. 236 f; The Theory of Moral Sentiments (wie Fn 34) III.4., S. 157.

So partial are the views of mankind with regard to the propriety of their own conduct, both at the time of action and after it; and so difficult is it for them to view it in the light in which any indifferent spectator would consider it[244].

So parteiisch ist die Art, wie die Menschen, nicht nur im Zeitpunkt der Handlung, sondern auch nachher noch die Schicklichkeit ihres Betragens beurteilen; und so schwer fällt es ihnen, dieses Verhalten in dem Lichte zu sehen, in welchem ein unbeteiligter Zuschauer es betrachten würde[245].

Smith erkannte den Wunsch der Menschen, ihr eigenes Verhalten mit den Augen anderer zu betrachten und es zu beurteilen, um nach Möglichkeit so zu handeln, dass die Mitmenschen uns liebenswert finden. Ihm war dabei jedoch durchaus bewusst, dass gerade die Beurteilung des eigenen Verhaltens aus Sicht eines *impartial spectator* große Schwierigkeiten aufweist, so dass die Trennung des tatsächlichen Ichs und des gedachten *impartial spectator* kaum möglich ist, weil man in seinen eigenen Empfindungen zu sehr gefangen ist. Ihm war bewusst, dass das eigene Verhalten nie ganz objektiv von einem *impartial spectator* beurteilt werden kann, da man selbst immer der Bezugspunkt bleibt und sich das Ich nicht wegdefinieren lässt. Smith war realistisch genug, diese Schwäche des *impartial spectator* zu erkennen.

Dennoch sollte jeder sich bemühen, aus dessen Sicht Urteile zu fällen:

...we must change our position. We must view them, neither from our own place nor yet from his, neither with our eyes nor yet with his, but from the place and with the eyes of a third person, who has no particular connexion with either, and who judges with impartiality between us[246].

...müssen wir unseren Standpunkt verändern. Wir dürfen sie weder von unserem, noch auch von seinem Platze aus betrachten, weder mit unseren eigenen Augen, noch mit den seinigen, sondern wir müssen sie von dem Platze und mit den Augen einer dritten Person ansehen, die in keiner näheren Beziehung zu einem von uns beiden steht und die mit Unparteilichkeit zwischen uns richtet[247].

Da wir versuchen, uns so zu sehen, wie andere Betrachter uns sehen würden, müssen wir gleichzeitig sowohl Handelnde, als auch Betrachter und Richter über

244 SMITH, The Theory of Moral Sentiments (wie Fn 34) III.4.5, S. 158.
245 SMITH, Theorie der ethischen Gefühle (wie Fn 34) S. 237.
246 SMITH, The Theory of Moral Sentiments (wie Fn 34) III.3.3, S. 135.
247 SMITH, Theorie der ethischen Gefühle (wie Fn 34) S. 170.

unser eigenes Verhalten sein[248]. Dabei ist der *impartial spectator* kein wirklich existenter Betrachter, sondern ein Produkt unserer Vorstellungskraft[249].

When I endeavour to examine my own conduct, when I endeavour to pass sentence upon it, and either to approve or condemn it, it is evident that, in all such cases, I divide myself, as it were, into two persons; and that I, the examiner and judge, represent a different character from that other I, the person whose conduct is examined into and judged of. The first is the spectator... The second is the agent...[250].

Wenn ich mich bemühe, mein eigenes Verhalten zu prüfen, wenn ich mich bemühe, über dasselbe ein Urteil zu fällen und es entweder zu billigen oder zu verurteilen, dann teile ich mich offenbar in all diesen Fällen gleichsam in zwei Personen. Es ist einleuchtend, dass ich, der Prüfer und Richter, eine Rolle spiele, die verschieden ist von jedem anderen Ich, nämlich von der Person, deren Verhalten geprüft und beurteilt wird. Die erste Person ist der Zuschauer... Die zweite Person ist der Handelnde...[251].

(3) Wesen und Konstruktion des impartial spectator

Offen bleibt nach Behandlung von Hintergrund und Einsatzmöglichkeiten des *impartial spectator* die Erläuterung des Wesens, der Konstruktion und Ausgestaltung. Was genau war für Adam Smith der *impartial spectator*?

Smith beschrieb den *impartial spectator* als einen „supposed impartial and well-informed spectator“, einen „man within the breast” und „great judge and arbiter of their conduct” [252]. Der *impartial spectator* ist also sowohl „impartial“[253] als auch „indifferent“[254]. Auf der einen Seite nannte Smith ihn einen „demigod“[255],

248 KNUD HAAKONSSEN, The Science of a Legislator, The Natural Jurisprudence of David Hume and Adam Smith, London, New York, New Rochelle u.a. 1981, S. 53.

249 DAVID DAICHES RAPHAEL, The Impartial Spectator, in: ANDREW S. SKINNER/THOMAS WILSON, Essays on Adam Smith, Oxford 1975, S. 83-99 (90).

250 SMITH, The Theory of Moral Sentiments (wie Fn 34) III. I.6, S. 113.

251 SMITH, Theorie der ethischen Gefühle (wie Fn 34) S. 170.

252 SMITH, The Theory of Moral Sentiments (wie Fn 34) III.2.32, S. 130. Dieses wird in der Ausgabe von Eckstein (wie Fn 34) S. 194 folgendermaßen übersetzt:

> „vorgestellter unparteiischer und wohlunterrichteter Zuschauer; Innerer Mensch; Großer Richter und Schiedsherr über ihr Verhalten.“

253 SMITH, The Theory of Moral Sentiments (wie Fn 34) III.3.28 S. 148; III.3.41 S. 154, unparteiisch.

254 SMITH, The Theory of Moral Sentiments (wie Fn 34) III.3.41 S. 154, unbeteiligt/ unvoreingenommen.

255 SMITH, The Theory of Moral Sentiments (wie Fn 34) VI. iii 25, S. 247; Halbgott.

auf der anderen Seite wiederum beschrieb er den *impartial spectator* als „every human heart“, „every reasonable man“ und „every body“[256].

Diese Bezeichnungen für den *impartial spectator*, wie „wohlunterrichteter Zuschauer“, „Großer Richter“, „Halbgott“ und „unbeteiligt“ lassen darauf schließen, dass er als ein unbeteiligter, gut informierter, Dritter gedacht ist, der weder nur die Interessen des einen noch des anderen vertritt. In einen solchen versetzt man sich nach Smith hinein. Nicht ganz deutlich wird bei Smith, ob sein *impartial spectator* ein vollkommener und optimaler Beobachter ist oder ob er nur eine informierte, aber unbeteiligte Person darstellt. Beide Ansichten werden vertreten.

(a) Vollkommener Beobachter

Theodore Jouffroy verglich den *impartial spectator* Smith's mit einem *ideal observer*[257]. Auch Roderick Firth entwarf das seiner Ansicht nach auf Smith gestützte Konstrukt eines *ideal observer*, einen vollkommenen Beobachter, jemanden, der mit bestimmten idealisierten und für Menschen möglicherweise unerreichbaren Charaktereigenschaften ausgestattet ist[258]. Firth beschreibt den *ideal observer* als „omniscient with respect to non-ethical facts”[259], „omnipercipient”[260], „disinterested”[261], „dispassionate”[262], „consistent”[263] und „in other respects he is normal”[264]. Firth geht demnach davon aus, der *ideal observer* habe eine umfassende Kenntnis in Bezug auf alle den Fall betreffenden Tatsachen[265] und er habe eine solch lebendige Vorstellungskraft, dass er sich die wichtigen Tatsachen vorstellen könne[266]. Außerdem lasse er sich weder von bestimmten Interessen[267] noch von bestimmten Gefühlen beeinflussen[268]. Weiterhin sei der

---

256 SMITH, The Theory of Moral Sentiments (wie Fn 34) II. i.2.3. S. 69 f. jedes menschliche Herz; jeder vernünftige Mensch; jeder.

257 THEODORE JOUFFROY, (Auszug aus) Introduction to Ethics, including a Critical Survey of Moral Systems, in: JOHN REEDER (Hrsg.), On Moral Sentiments, Contemporary Responses to Adam Smith, Bristol u.a. 1997, S. 167-216 (190 f.).

258 RODERICK FIRTH, Ethical Absolutism and the Ideal Observer, in: Philosophy and Phenomenological Research, vol. XII No. 3, (1952) S. 317-345.

259 RODERICK FIRTH (wie Fn 258) S. 333; allwissend hinsichtlich nicht-moralischer Tatsachen.

260 RODERICK FIRTH (wie Fn 258) S. 335; alles wahrnehmend.

261 RODERICK FIRTH (wie Fn 258) S. 335 ff.; unparteiisch.

262 RODERICK FIRTH (wie Fn 258) S. 340 f.; leidenschaftslos.

263 RODERICK FIRTH (wie Fn 258) S. 341 ff.; konsequent/ beständig/ einheitlich.

264 RODERICK FIRTH (wie Fn 258) S. 344 f.; in anderen Beziehungen ist er normal.

265 RODERICK FIRTH (wie Fn 258) S. 333.

266 RODERICK FIRTH (wie Fn 258) S. 335.

267 RODERICK FIRTH (wie Fn 258) S. 335 ff.

268 RODERICK FIRTH (wie Fn 258) S. 340 f.

ideal observer jemand, dessen moralisch maßgebliche Reaktionen einheitlich seien[269] und der im Übrigen aber ein Mensch sei[270].

Richard B. Brandt und Shelly Kagan beziehen sich ebenfalls bei ihren Theorien eines *ideal-observer* auf den *impartial spectator* von Smith[271]. Shelly Kagan ist der Ansicht, dass die genaue Charakterisierung des *ideal observer* auch bei den Vertretern dieser Theorie nicht klar sei. Während wohl weitgehende Einigkeit bestehe, dass der *ideal observer* ganz und gar rational („perfectly rational") und im Besitze aller relevanten situationsspezifischen Informationen sein sollte, sei weniger klar, ob auch weitere, allein die Wahrnehmung betreffende Eigenschaften, vorliegen müssten. So fragt Shelly Kagan zum Beispiel, ob verlangt werden sollte, dass dem *ideal observer* alle Informationen gleichermaßen vor dem inneren Auge präsent seien und ob er alle Fakten plastisch vor Augen haben müsse. Noch mehr Unklarheiten und Uneinigkeiten bestünden jedoch bei der Frage nach den Beweggründen des *ideal observer*[272].

(b) Durchschnittlicher Mensch

Campbell ist der Ansicht, für Smith repräsentiere der *impartial spectator* einen durchschnittlichen oder normalen Menschen[273]. Als Beleg für diese Annahme führt Campbell eine Reihe von Begriffen an, die Smith als Synonyme für den *impartial spectator* verwandte[274]. Campbell nimmt an, entscheidender Unterschied zwischen dem *impartial spectator* und jedem anderen seien nicht etwa besondere Eigenschaften oder Charaktermerkmale, sondern lediglich seine bestimmte Sichtweise. Er verkörpere die Reaktionen eines normalen Menschen, der sich in einer Position befinde, in der er nur betrachtet und nicht selbst unmittelbar von den Handlungen der Akteure betroffen sei. Auch in Bezug auf die Emotionen, die in der jeweiligen betrachteten Situation entstünden, sei der Betrachter Außenstehender, sie beträfen ihn nicht und auch das mache ihn „impartial". „Impartial" sei er auch dadurch, dass er zwischen den zwei involvierten Personen stehe und selbst keinen besonderen Grund habe, den einen gegenüber dem anderen zu bevorzugen. Es liege eine Art Gleichgültigkeit vor, die darauf basiere, dass er selbst von den Folgen der Handlungen der Akteure nicht betrof-

269 RODERICK FIRTH (wie Fn 258) S. 341 ff.

270 RODERICK FIRTH (wie Fn 258) S. 344 f.

271 RICHARD B. BRANDT, Ethical Theory: The Problems of Normative and Critical Ethics, Englewood Cliffs 1959, S. 173; SHELLY KAGAN, Normative Ethics, Boulder, Oxford 1998, S. 271 ff. Shelly Kagan betont sogar ausdrücklich auf S. 320: "The classical statement of an ideal observer is Smith, The Theory of Moral Sentiments".

272 SHELLY KAGAN, Normative Ethics, Boulder, Oxford 1998, S. 273.

273 THOMAS DOUGLAS CAMPBELL, Adam Smith's Science of Morals, London 1971, S. 134.

274 THOMAS DOUGLAS CAMPBELL (wie Fn 273) S. 134 f.

fen sei[275]. Diese Gleichgültigkeit beruhe jedoch nicht darauf, dass der *impartial spectator* generell keine Empfindungen habe, er habe hingegen alle für Menschen normalen Gefühle[276]. Auch Otteson, der zwar einräumt, es gebe Textstellen, die das Gegenteil nahe legen würden, folgt der Ansicht Campbells[277]. Daneben schließt sich auch D. D. Raphael dieser Meinung an[278].

Raphael kritisiert die Methode von Smith zur Differenzierung zwischen richtig und falsch, indem er feststellt, es gebe auch unvollkommene Menschen, die solche moralischen Entscheidungen treffen müssten. Es könnten bei diesen Entscheidungen praktische Probleme auftauchen, wie die Entscheidung zwischen gleichwertigen guten und auch schlechten Handlungsweisen. In solchen Fällen funktioniere das System der vorgestellten Billigung der eigenen Handlungen gerade nicht[279]. Des Weiteren merkt Raphael an, es werde nicht zwischen moralischen und anderen Formen von Billigung unterschieden, wenn Smith feststellte, dass die Billigung des *impartial spectator* „das Ergebnis einer Überlegung sei, dass dieser die Gefühle des Handelnden teilen würde, wenn er sich in dessen Lage befände“[280]. Nach Ansicht Raphaels bleibe es ungeklärt, was darüber entscheide, ob das Urteil ein moralisches oder beispielsweise ein verstandesmäßiges sei[281].

Da das System von Smith auf Sympathie basiert, bezweifelt Stephen einen verlässlichen Maßstab für Moral darin. So fragt er, ob denn die Unparteilichkeit die einzig notwendige Bedingung für ein einwandfreies moralisches Urteil sein könne[282].

T. D. Campbell ist demnach der Ansicht, der *impartial spectator* sei ein völlig durchschnittlicher Mitmensch, der mit der fraglichen Situation vertraut sei[283]. Auch Otteson stimmt letzterer Ansicht zu, obwohl er feststellt, es gebe bei Smith Ausführungen, die erstere Ansicht zu unterstützen schienen[284]. Ebenso wie Campbell wendet sich Glenn R. Morrow gegen den Vergleich von Smith's *impartial spectator* mit einer *ideal-observer*-Konzeption und sieht den *impartial*

---

275 THOMAS DOUGLAS CAMPBELL (wie Fn 273) S. 135.
276 THOMAS DOUGLAS CAMPBELL (wie Fn 273) S. 136.
277 JAMES R. OTTESON, Adam Smith's Marketplace of Life, Cambridge 2002, S. 58.
278 DAVID DAICHES RAPHAEL, The Impartial Spectator, in: ANDREW S. SKINNER/THOMAS WILSON, Essays on Adam Smith, Oxford 1975, S. 83-99 (95).
279 DAVID DAICHES RAPHAEL, Adam Smith, Frankfurt, New York 1991, S. 51.
280 DAVID DAICHES RAPHAEL, Adam Smith, Frankfurt, New York 1991, S. 52.
281 DAVID DAICHES RAPHAEL, Adam Smith, Frankfurt, New York 1991, S. 53.
282 SIR LESLIE STEPHEN, History of English Thought in the eighteenth century, Vol. II, third edition, London 1902, S. 75.
283 THOMAS DOUGLAS CAMPBELL (wie Fn 273) S. 127 ff.
284 JAMES R. OTTESON, Adam Smith's Marketplace of Life, Cambridge 2002, S. 58.

spectator als „guardian of social welfare“[285]. Die durch die scheinbar sich widersprechenden Charaktermerkmale des *impartial spectator* entstehende Schwierigkeit in der Festlegung des Wesens des *impartial spectator* führt bei Athol Fitzgibbons zu der Ansicht, es liege in *The Theory of Moral Sentiments* eine schrittweise fortschreitende Entwicklung der *impartial spectator*-Idee vor. Dabei handele es sich um eine Entwicklung von einem *impartial spectator*, der lediglich als Gewissen einer hypothetischen gewöhnlichen Person („conscience of a hypothetical ordinary person“) erscheine, hin zu einem allgemeinen guten Bürger, der möglicherweise göttliche Eigenschaften und reine Objektivität annehme („eventually would take on more characteristics of pure impartiality and God“)[286].

(c) Relevanz der Diskussion

Die Frage, ob der *impartial spectator* als durchschnittlicher Mensch oder vollkommener Beobachter gedacht ist, ist bedeutsam für das Verständnis des Systems von Smith. Ist er ein perfekter, übermenschlicher Zuschauer, dann erscheint es allen unmöglich, sich in einen solchen hineinzuversetzen. Wie soll man sich solch ein Wesen vorstellen und aus dessen Sicht beispielsweise das eigene Verhalten beurteilen? Das erscheint fast unmöglich und erschwert es den Menschen noch mehr, diesen aus Smith's Sicht notwendigen Schritt für eine faire Beurteilung zu gehen. Diese Unterscheidung ist folglich bedeutsam, denn schließlich dient der *impartial spectator* auch der Frage, wann eine vertragliche Bindung entstanden ist. Ist er als perfekter Zuschauer gedacht, dessen sich die Menschen bedienen, um beispielsweise über die Bindungswirkung eines Vertrages zu entscheiden, wird das einem Durchschnittsmenschen nur schwer nahe zu legen sein. Es wäre dann nicht nachvollziehbar, wie sich ein Durchschnittsmensch in einen perfekten *impartial spectator* hineinversetzen soll, um mit dessen Hilfe über einen Vertragsschluss zu entscheiden.

Auch Otteson weist darauf hin, es werde für Smith, sollte es sich beim *impartial spectator* um einen vollkommenen Beobachter handeln, viel schwerer zu behaupten, dass die Perspektive eines objektiven Beobachters diejenige ist, die die Menschen übernehmen, wenn sie moralische Urteile fällen[287]. Sollte sich herausstellen, dass jeder gewöhnliche Mensch die Rolle eines *impartial spectator* übernehmen könne, dann hätte, so Otteson, diese *impartial spectator*-Methode

[285] GLENN R. MORROW, The Ethical and Economic Theories of Adam Smith (1923), Clifton 1973, S. 37 f.; Hüter des sozialen/ öffentlichen Wohls.

[286] ATHOL FITZGIBBONS, Adam Smith's System of Liberty, Wealth and Virtue, The Moral and Political Foundations of The Wealth of Nations, Oxford 1995, S. 64 f.

[287] JAMES R. OTTESON, Adam Smith's Marketplace of Life, Cambridge 2002, S. 58.

wenigstens eine größere prima facie Glaubwürdigkeit[288]. Bedeutet der *impartial spectator* von Smith ein perfektes, von Menschen unerreichbares Wesen, dann wird Smith's Annahme unglaubwürdig, dass sich jeder Mensch eines *impartial spectator* bediene, indem er sich in einen solchen hineinversetze. Das hätte wiederum Auswirkungen auf die Plausibilität seiner Versprechenslehre, die den *impartial spectator* für die Frage einsetzte, ob eine Bindungswirkung entstanden ist. Wie also hatte sich Smith den *impartial spectator* gedacht?

(d) Diskussion der Ansichten

Die beiden Hauptansichten zum *impartial spectator*, zum einen die des *ideal observer* und zum anderen die des durchschnittlichen Betrachters, unterscheiden sich in den Charaktereigenschaften, die sie dem *spectator* zuschreiben. Unklar bleibt dabei bei letzterer Ansicht, worauf sich die Durchschnittlichkeit bezieht. Ist er durchschnittlich in Bezug auf seinen Wissenstand, seine Intelligenz oder seine Unparteilichkeit? Auch bei den Vertretern der *ideal observer*-Theorie bleiben Fragen, wie die nach den genauen Charaktermerkmalen, offen[289].

Betrachtet man einige Textstellen aus *The Theory of Moral Sentiments*, finden sich tatsächlich sowohl solche, mit denen sich die Theorie des *ideal observer* belegen ließe, als auch solche, die die Theorie des durchschnittlichen Betrachters unterstützen. Für die Ansicht des *ideal observer* könnte folgende Textpassage sprechen:

In all such cases, that there may be some correspondence of sentiments between the spectator and the person principally concerned, the spectator must, first of all, endeavour, as much as he can, to put himself in the situation of the other, and to bring home to himself every little circumstance of distress which can possibly occur to the sufferer. He must adopt the whole case of his companion with all its minutest incidents; and strive to render as perfect as possible, that imaginary change of situation upon which his sympathy is founded[290].

Damit eine gewisse Übereinstimmung der Empfindungen zwischen dem Zuschauer und dem zunächst Betroffenen zustande komme, muß der Zuschauer in allen derartigen Fällen vor allem sich bemühen, so sehr er kann, sich in die Lage des anderen zu versetzen und jeden noch so geringfügigen Umstand des Unglückes nachzufühlen, der möglicherweise jenem begegnen kann. Er muß die ganze Angelegenheit seines Gefährten mit allen ihren noch so unbedeutenden Zwischenfällen gleichsam zu seiner eigenen machen und trachten, jenen in der Phantasie vollzogenen Wechsel der Situation, auf welchen sich seine Sympathie

---

288 JAMES R. OTTESON, Adam Smith's Marketplace of Life, Cambridge 2002, S. 58.
289 SHELLY KAGAN, Normative Ethics, Boulder, Oxford 1998, S. 273.
290 SMITH, The Theory of Moral Sentiments (wie Fn 34) I.i.4.6, S. 21.

> gründet, so vollständig als möglich zu gestalten[291].

Diese Textpassage kann so verstanden werden, dass der Betrachter nicht einfach nur ein gewöhnlicher Außenstehender sein kann, sondern sich vollständig in den Handelnden und dessen Situation hineinversetzen muss. Smith verwandte auch einige Bezeichnungen für den *impartial spectator*, die den Schluss nahe legen könnten, es handele sich um einen vollkommenen Betrachter. So bezeichnete er ihn als: „divine", „demigod within the breast", „...partly of immortal extraction"[292]. Weiterhin nannte er ihn auch des Schöpfers „viceregent upon earth, to superintend the behaviour of his brethren"[293].

Andererseits finden sich bei Smith auch Textpassagen, die möglicherweise auf einen bloß durchschnittlichen Beobachter hindeuten. Folgende Textpassagen könnten dafür sprechen, dass jeder nicht emotional involvierte, außenstehende Mensch es, ohne besondere Eigenschaften aufzuweisen, anstreben kann, sich in Smith's *impartial spectator* hineinzuversetzen. Er benötigt hiernach keine bestimmten übermenschlichen Eigenschaften.

We conceive ourselves acting in the presence of a person quite candid and equitable, of one who has no particular relation either to ourselves, or to those whose interests are affected by our conduct, who is neither father, nor brother, nor friend either to them or to us, but is merely a man in general, an impartial spectator who considers our conduct with the same indifference with which we regard that of other people[294].

Wir verstehen uns selbst als handelnd in Gegenwart einer sehr aufrichtigen und gerechten Person, einer, die keine besondere Beziehung weder zu uns selbst noch zu denen hat, deren Interessen durch unser Verhalten betroffen sind, der weder für sie noch für uns Vater, noch Bruder, noch Freund, sondern bloß ein gewöhnlicher Mensch ist, ein impartial spectator, der unser Verhalten mit der gleichen Indifferenz betrachtet, wie wir das anderer Leute betrachten[295].

---

291 SMITH, Theorie der ethischen Gefühle (wie Fn 34) S. 23.

292 SMITH, The Theory of Moral Sentiments (wie Fn 34) III.2.32, S. 131. Dieses wird in der Ausgabe von Eckstein (wie Fn 34) S. 195 folgendermaßen übersetzt:
„göttlich, Halbgott in unserer Brust, ...teilweise von unsterblicher Abkunft."

293 SMITH, The Theory of Moral Sentiments (wie Fn 34) III.2.31, S. 130. Dieses wird in der Ausgabe von Eckstein (wie Fn 34) S. 193 folgendermaßen übersetzt:
„seinem Statthalter auf Erden..., damit er das Verhalten seiner Brüder beaufsichtige."

294 SMITH, The Theory of Moral Sentiments (wie Fn 34) III.2.31, S. 129.

295 Eigene Übersetzung.

There exists in the mind of every man, an idea of this kind, gradually formed from his observations upon the character and conduct both of himself and of other people[296].	In dem Geiste eines jeden Menschen gibt es eine derartige Vorstellung, die sich nach und nach aus seinen Beobachtungen über seinen eigenen Charakter und sein Verhalten sowie über diejenigen anderer Personen gebildet hat[297].

In diesen Zitaten wird der *impartial spectator* beschrieben als eine sich im Laufe der Zeit bei jedem Menschen herausgebildete Vorstellung. Gleichzeitig wird er charakterisiert als sowohl gerecht, ohne persönliche Beziehung zu den Akteuren und als gewöhnlicher Mensch. Gerade Letzteres weist deutlich auf die Annahme eines bloß durchschnittlichen Betrachters hin.

Auch obiges Zitat „In all such cases…“[298] könnte ebenso für einen durchschnittlichen Betrachter sprechen und gerade nicht für einen vollkommenen Beobachter. Es könnte möglicherweise auch nur aussagen, dass sich der Zuschauer bemühen soll, sich in die Situation des Handelnden hineinzuversetzen. Dafür sprechen vor allem Formulierungen wie „…sich bemühen, so sehr er kann, sich in die Lage des anderen zu versetzen…“ und „…jenen in der Phantasie vollzogenen Wechsel der Situation, auf welchen sich seine Sympathie gründet, so vollständig als möglich zu gestalten“[299].

Otteson hält es für möglich, dass die Ansicht, es handele sich bei Smith's *impartial spectator* um ein unerreichbares Ideal, aus dem Grund von einigen vertreten werde, weil die von Smith vollzogene Unterscheidung zur Verwirrung geführt haben könnte. Smith gehe bei Anwendung der *impartial spectator*-Methode davon aus, man teile sich in zwei Personen, wobei die eine Person das eigentliche, tatsächliche Ich sei und die andere Person die, die sich vorstelle, wie unsere Empfindungen aussähen, wären wir ein außen stehender Beobachter. Letztere Person stelle, so Otteson, tatsächlich eine ideale und vollkommene Person dar, da er die vorgestellte Perspektive repräsentiere. Das bedeute jedoch nicht, dass sich nicht eine reale Person mittels der Phantasie in die imaginäre Person hineinversetzen könne. Insofern gibt Otteson T. D. Campbell darin Recht, dass es sich bei Smith's Konzept vom *impartial spectator* um ein „empirisches Ideal“ handele. Dabei meine empirisch, dass es eine reale Person darstelle und Ideal bedeute, dass es dieselbe zufällige wirkliche Person darstelle, sobald sie von den jeweiligen Neigungen und Interessen getrennt worden sei. Es werde sich, so Otteson, in tatsächlichen Fällen dann herausstellen, dass es man-

---

296 SMITH, The Theory of Moral Sentiments (wie Fn 34) VI.iii.25, S. 247.
297 SMITH, Theorie der ethischen Gefühle (wie Fn 34) S. 417 f.
298 Bei Fn 290.
299 Siehe Fn 290.

chen Menschen besser gelinge, sich von ihren Neigungen und Interessen zu lösen als anderen. Smith entsprechend heiße dieses, manche Menschen seien besser darin, die Stimme des *impartial spectator* zu hören als andere. Je nachdem, ob sie in der Lage gewesen seien, die unbeteiligte Stimme zu hören, würden die jeweiligen Urteile die Genauigkeit oder Ungenauigkeit widerspiegeln. Otteson kommt zu dem Schluss, dass die Richtigkeit unseres Urteils durch unsere Natur beschränkt werde. Dennoch habe Smith behauptet, die Perspektive des *impartial spectator* sei erreichbar, obwohl dies möglicherweise nur mit großen Schwierigkeiten und jahrelanger Übung der Fall sei. Otteson ist daher der Ansicht, Smith's *impartial spectator*-Methode sei zum einen die tatsächliche Grundlage der täglich von den Menschen gefällten moralischen Urteile und zum anderen ein Werkzeug, das den Menschen ermögliche, über sich selbst und andere unparteiisch zu urteilen[300].

Möglich ist es, noch weiter zu gehen als Otteson, indem man annimmt, dass sich die Ansicht vom *impartial spectator* als vollkommener Beobachter und die Ansicht vom *impartial spectator* als durchschnittlicher Betrachter gar nicht widersprechen. Es erscheint sogar denkbar, beide Ansichten zu vereinbaren. Die Überlegung, dass der *impartial spectator* zwar schon als ein vollkommener Betrachter, wie bei Firth, konstruiert und beabsichtigt war, aber gleichzeitig nicht zwingend davon ausgegangen wird, dass jeder ein solcher werden kann und wird (Argument der Gegenmeinung, das spreche gegen den vollkommenen Beobachter, dass das für Menschen unerreichbar sei), scheint durchaus möglich, weil Smith, und das führt gerade zu den beiden Ansichten, den *impartial spectator* entweder als vollkommenen oder als durchschnittlichen Zuschauer zu verstehen, dem *impartial spectator* beide Charaktereigenschaften zuwies und diesen, wie es zunächst scheint, Widerspruch nirgends aufgelöst hat. Dann gäbe es den *ideal observer* als Idealvorstellung, als Abstraktum, wirklich als etwas Übernatürliches, eine vom Individuum unabhängige Instanz, die nur die Wenigsten, wenn überhaupt jemand, erreichen würden. Es geht aber auch nicht darum, ein absoluter *ideal observer* zu werden, da auch Smith bewusst war, dass dieses nicht möglich ist, sondern nur jeder nach seinem Können möglichst nah an diesen herankommen sollte. Das gelingt, wie sich gleich zeigen wird, den Menschen nach Ansicht von Smith in einem unterschiedlichen Maße.

Die Tatsache, dass es die beiden Ansichten zu der Frage des Wesens des *impartial spectator* überhaupt gibt, lässt sich wohl auf den Versuch zurückführen, den *impartial spectator* klar zu fassen, ihn entweder als ideal oder als durchschnittlich zu bezeichnen. Die Schwierigkeit und Besonderheit des *impartial spectator* ist aber, dass er zwar als Ideal gedacht ist, es aber in der Realität nur selten sein

---

300 JAMES R. OTTESON, Adam Smith's Marketplace of Life, Cambridge 2002, S. 62.

kann. Der tatsächliche *impartial spectator* ist in der Regel gerade kein idealer, perfekter Beobachter. Die Idee des *impartial spectator* an sich ist zwar unparteiisch, ideal, perfekt und übermenschlich, ohne jegliche subjektive Färbung, aber weil er nur in unserer Vorstellung konstruiert wird und nur durch uns und in uns entsteht, wird er von dem jeweiligen Menschen beeinflusst, der sich seiner bedient. In der Regel schafft es dieser nicht, sich ohne jegliche subjektive Färbung einen *impartial spectator* vorzustellen. Das macht ihn bei Smith so schwer verständlich und erklärt auch, warum er sowohl fehlerbehaftet und unvollkommen als auch übermenschlich und perfekt scheint. In Smith's Konzeption ist der *impartial spectator* ideal. In der Realität kann er es jedoch, und das war Smith durchaus bewusst, wohl nur selten sein. Folgendes Zitat zeigt, dass dem tatsächlichen, also dem von der jeweiligen Person vorgestellten, *impartial spectator* beides, sowohl das Göttliche als auch das Menschliche anhaften kann. Dieses ist jeweils abhängig von dem Menschen, in dessen Vorstellungskraft er existiert:

...this demigod within the breast appears, like the demigods of the poets, though partly of immortal, yet partly too of mortal extraction. When his judgements are steadily and firmly directed by the sense of praiseworthiness and blameworthiness, he seems to act suitably to his divine extraction: But when he suffers himself to be astonished and confounded by the judgements of ignorant and weak man, he discovers his connexion with mortality; and appears to act suitably, rather to the human, than to the divine, part of his origin[301].

...scheint dieser Halbgott in unserer Brust wie die Halbgötter der Dichter teilweise zwar von unsterblicher Abkunft, teilweise jedoch auch von sterblicher Abstammung zu sein. Solange seine Urteilssprüche sich fest und beständig durch das Gefühl für das Lobenswerte leiten lassen, scheint er seiner göttlichen Herkunft entsprechend zu handeln; sobald er sich jedoch durch die Urteile unwissender und schwacher Menschen in Erstaunen und Verwirrung setzen läßt, dann enthüllt er seine Verbindung mit der Sterblichkeit und scheint eher der menschlichen als der göttlichen Seite seiner Abstammung entsprechend vorzugehen[302].

Diese Aussage von Smith deutet darauf hin, dass nach seiner Ansicht der *impartial spectator* sowohl menschliche als auch göttliche Verhaltensweisen aufzeigt. Das wiederum erinnert an Platons „daimon", der zwar weder göttlich noch

301 SMITH, The Theory of Moral Sentiments (wie Fn 34) III.2.32, S. 131.
302 SMITH, Theorie der ethischen Gefühle (wie Fn 34) S. 195.

vollkommen war, jedoch „ein Mittleres zwischen Gott und Mensch“ und nach Vollkommenheit drängte[303].

Dass Smith den *impartial spectator* sowohl für die Beurteilung eigenen wie auch fremden Verhaltens konzipierte, macht eine vollständige Objektivität dieses Konstrukts noch schwerer vorstellbar, auch für Smith selbst. Grundsätzlich erscheint die Erreichbarkeit einer vollständigen Unparteilichkeit und einer Entscheidung unabhängig von eigenen Moralvorstellungen zweifelhaft. Da der *impartial spectator* eine von einem Menschen erdachte Gestalt ist, wird er vielleicht nie wirklich objektiv und unabhängig von dem Menschen, der sich des *impartial spectator* bedient, urteilen können. Der *impartial spectator*, der letztlich nur in der eigenen Vorstellung existiert, verkörpert wohl immer auch einen Teil der eigenen Person, der eigenen Erfahrungen und Moralvorstellungen. Er ist trotz intensiver Bemühungen sich vorzustellen, wie ein Unbeteiligter empfinden würde, nicht vollständig loszulösen von den eigenen Beurteilungen. Das scheint auch Smith bewusst gewesen zu sein.

Es ist daher davon auszugehen, dass Smith annahm, die Menschen verwendeten den *impartial spectator*, wenn sie entweder ihr eigenes Verhalten oder das anderer möglichst losgelöst vom eigenen Empfinden beurteilen wollen[304]. Smith meinte, dieses Bedürfnis entstehe wiederum aus dem Wunsch, möglichst liebenswert und achtenswert zu sein[305], so dass der Mensch von sich aus den *impartial spectator* einsetze. Aber es erscheint durchaus logisch und nachvollziehbar, dass sich der Mensch in der Regel bemüht, einen möglichst idealen *impartial spectator* zu verwenden.

(4) Kontinentaleuropäische Auslegungslehre des 18. Jahrhunderts

Smith verwandte den *impartial spectator* für die Beurteilung der Frage, wann ein Versprechen vorliegt. Dies ist letztlich eine Frage der Auslegung der Erklärung. Daher ist für eine bessere Einordnung des *impartial spectator* interessant, welche Auslegungslehren in Kontinentaleuropa zu Zeiten von Smith vorherrschten. Löste man dort dieses Problem auf eine mit Smith vergleichbare Weise? Beispielhaft werden Christian Thomasius und Christian Wolff herausgegriffen, die sich zur Frage der Auslegung äußerten.

---

303 PLATON, Platons Dialoge, Das Gastmahl, in: Sämtliche Dialoge Band III: Euthydemos – Hippias – Ion - Alkibiades – Gastmahl – Charmides – Lysis – Menexenos, hrsg. von Otto Appelt, Hamburg 1988, S. 46 f.

304 SMITH, Theorie der ethischen Gefühle (wie Fn 34) S. 166 ff.; The Theory of Moral Sentiments (wie Fn 34) III.I, S. 109 ff.

305 SMITH, Theorie der ethischen Gefühle (wie Fn 34) S. 171 ff.; The Theory of Moral Sentiments (wie Fn 34) III.2, S. 113 ff.

(a) Thomasius und Wolff

Christian Thomasius (1655-1728) hat vor allem deshalb einen erheblichen Beitrag zur Weiterentwicklung der juristischen Interpretationslehre geleistet, weil er als Erster „eine allgemeine Lehre von den Hilfsmitteln der Sinnermittlung" entwickelte und die Auslegung in neue Gruppierungen, die grammatische und die logische ordnete[306]. Bei ersterer ging es um „die Erforschung des reinen Wortsinns", bei letzterer um die „Erforschung des vom Autor beabsichtigten Sinnes"[307].

Thomasius vertrat eine rein subjektive Auslegungslehre, die sich auch auf die Gesetzesauslegung bezog. Auslegung war seiner Ansicht nach „nichts anderes als eine deutliche und in wahrscheinlichen Muthmassungen gegründete Erklährung desjenigen, was ein anderer in seinen Schrifften hat verstehen wollen, und welches zu verstehen etwas schwerer oder dunckel ist[308]". Er war der Ansicht, dass das Ziel der Auslegung sei, Gedanken und Meinung eines Menschen zu erforschen[309] und nicht was objektiv betrachtet die verwendeten Worte sagten[310]. Thomasius war aber bewusst, dass sich die wahre Meinung über das Gesagte für uns auch nur über das erschließen lasse, was uns über die Gedanken des Erklärenden anhand seiner Zeichen mitgeteilt werde[311]. Es könne letztlich also keine Sicherheit in Bezug auf das Gesagte geben. Es gehe nur um das Verständnis der Worte, die sich möglicherweise mit der wahren Meinung des Erklärenden deckten[312]. Damit folgte Thomasius Grotius und Pufendorf, die im 17. Jahrhundert erstmals die Auslegung von Versprechen „gegenüber der Gesetzesauslegung in den Vordergrund" gerückt hatten[313]. Bei beiden waren Auslegung von

---

306 JAN SCHRÖDER, Recht als Wissenschaft, Geschichte der juristischen Methode vom Humanismus bis zur historischen Schule (1500-1850), München 2001, S. 134.

307 JAN SCHRÖDER, Recht als Wissenschaft, Geschichte der juristischen Methode vom Humanismus bis zur historischen Schule (1500-1850), München 2001, S. 134.

308 CHRISTIAN THOMASIUS, Ausübung der Vernunftlehre, hrsg. von Werner Schneiders, Hildesheim u.a. 1998, 3. Hauptstück § 25, S. 163 f.

309 CHRISTIAN THOMASIUS, Ausübung der Vernunftlehre, hrsg. von Werner Schneiders, Hildesheim u.a. 1998, 3. Hauptstück § 33 f., S. 166.

310 KLAUS LUIG, Die Auslegung von Willenserklärungen im Naturrecht von Grotius bis Wolff, in: JAN SCHRÖDER (Hrsg.), Theorie der Interpretation vom Humanismus bis zur Romantik – Rechtswissenschaft, Philosophie, Theologie, Stuttgart 2001, S. 133-154 (146).

311 CHRISTIAN THOMASIUS, Ausübung der Vernunftlehre, hrsg. von Werner Schneiders, Hildesheim u.a. 1998, 3. Hauptstück § 33 f., S. 166.

312 CHRISTIAN THOMASIUS, Ausübung der Vernunftlehre, hrsg. von Werner Schneiders, Hildesheim u.a. 1998, 3. Hauptstück § 57, S. 175.

313 STEFAN VOGENAUER, §§ 133, 157, Rn 9, in: Mathias Schmoeckel, Joachim Rückert, Reinhard Zimmermann (Hrsg.), Historisch-kritischer Kommentar zum BGB, Band I Allgemeiner Teil §§ 1- 240, Tübingen 2003. Vgl. HUGO GROTIUS, De iure belli ac pacis,

Gesetzen und Verträgen unter einer Überschrift gemeinsam behandelt worden[314]. Dabei hatte Pufendorf Ansichten von Grotius übernommen[315]. Bei Grotius war Ziel der Auslegung die Ermittlung des Willens des Erklärenden, der hinter den Worten steht[316]. Allerdings machte er deutlich, dass man den inneren Vorgang nicht sehen könne. Daher stellte Grotius bei der Ermittlung des Willens auf die Zeichen, d. h. Worte und Umstände ab[317].

Ebenso wie mit Thomasius verhält es sich bei dem Vergleich mit Christian Wolff (1679-1754). Er ging ebenfalls davon aus, dass eine Auslegung notwendig sei, um zu ermitteln, was der Erklärende tatsächlich habe zum Ausdruck bringen wollen[318]. Auch bei ihm bedeutete Auslegung „die Erforschung der Gedanken, welche durch Wort und andere Zeichen angedeutet worden"[319]. Wolff änderte also durch seine Äußerungen nichts an der Vorgehensweise bei der Auslegung[320].

Amsterdam 1701, Buch II Kap. XVI, SAMUEL VON PUFENDORF, Über die Pflicht des Menschen und des Bürgers nach dem Gesetz der Natur, hrsg. und übersetzt von Klaus Luig, Frankfurt a. M., Leipzig 1994, 1. Buch, Kap. 17, S. 134 ff.

314 STEFAN VOGENAUER, Die Auslegung von Gesetzen in England und auf dem Kontinent, Eine vergleichende Untersuchung der Rechtsprechung und ihrer historischen Grundlagen, Band I, Tübingen 2001, S. 436.
Siehe HUGO GROTIUS, De iure belli ac pacis, Amsterdam 1701, Buch II, Kap. XVI; SAMUEL VON PUFENDORF, Über die Pflicht des Menschen und des Bürgers nach dem Gesetz der Natur, hrsg. und übersetzt von Klaus Luig, Frankfurt a. M., Leipzig 1994, 1. Buch, Kap. 17, S. 134 ff.

315 JAN SCHRÖDER, Recht als Wissenschaft, Geschichte der juristischen Methode vom Humanismus bis zur historischen Schule (1500-1850), München 2001, S. 132; STEFAN VOGENAUER (wie Fn 314) S. 436.
Vgl. SAMUEL VON PUFENDORF, Über die Pflicht des Menschen und des Bürgers nach dem Gesetz der Natur, hrsg. und übersetzt von Klaus Luig, Frankfurt a. M., Leipzig 1994, 1. Buch, Kap. 17, S. 134 ff., HUGO GROTIUS, De iure belli ac pacis, Amsterdam 1701, Buch II Kap. XVI.

316 KLAUS LUIG, Die Auslegung von Willenserklärungen im Naturrecht von Grotius bis Wolff, in: JAN SCHRÖDER (Hrsg.), Theorie der Interpretation vom Humanismus bis zur Romantik – Rechtswissenschaft, Philosophie, Theologie, Stuttgart 2001, S. 133-154 (133).

317 HUGO GROTIUS, De iure belli ac pacis, Amsterdam 1701, Buch II, Kap. XVI, § 1.

318 CHRISTIAN WOLFF, Grundsätze des Natur- und Völckerrechts, hrsg. von Marcel Thomann, Hildesheim u.a. 1980, § 794, S. 587 f.

319 CHRISTIAN WOLFF, Grundsätze des Natur- und Völckerrechts, hrsg. von Marcel Thomann, Hildesheim u.a. 1980, § 794, S. 588.

320 KLAUS LUIG, Die Auslegung von Willenserklärungen im Naturrecht von Grotius bis Wolff, in: JAN SCHRÖDER (Hrsg.), Theorie der Interpretation vom Humanismus bis zur Romantik – Rechtswissenschaft, Philosophie, Theologie, Stuttgart 2001, S. 133-154 (154).

Letztlich ging es Thomasius und Wolff, wie zuvor Grotius und Pufendorf, um die Ermittlung des wirklichen Willens, also eine grundsätzlich subjektive Herangehensweise bei der Auslegung. Die Subjektivität der Auslegung wird dadurch eingeschränkt, dass Anknüpfungspunkt für die Auslegung die Zeichen des Willens, nämlich vor allem Worte, aber auch die Umstände sind. Auch Smith stellte letztlich auf die Worte des Erklärenden ab, jedoch nicht, um dessen Willen zu ermitteln, sondern um festzustellen, ob ein *impartial spectator* die Worte so verstehen würde, dass der Erklärende Erwartungen und somit eine Bindungswirkung hervorrufen wollte. Er bezog sich damit gerade nicht auf den Willen des Erklärenden, sondern den aus verobjektivierter Sicht zu beurteilenden Erklärungsinhalt. Anders als Grotius, Pufendorf, Thomasius und Wolff lehnte Smith ausdrücklich ab, dass es auf den Willen des Erklärenden ankomme[321].

(b) Die weitere Entwicklung der Auslegungslehre

Hatte man zuvor einen solchen Gegensatz „zwischen „subjektiver" und „objektiver" Auslegungstheorie" nicht gekannt, so wurde seit dem späten 19. Jahrhundert die Frage diskutiert, ob es bei der Auslegung darum geht, den subjektiven Willen des Erklärenden oder die objektive Bedeutung des Gesagten zu erforschen[322]. Es handelt sich also dabei um die Diskussion der unter den Begriffen „Willenstheorie" und „Erklärungstheorie" bekannten Ansichten[323]. Bei der Erklärungstheorie wird nicht danach gefragt, wie der Empfänger die Erklärung tatsächlich verstanden hat, sondern entscheidend ist der Sinn, den der Erklärung „ein vernünftiger Mensch in der Lage des Erklärungsempfängers nach den Umständen beilegen musste"[324]. Diese Theorie hatte Ende des 19. Jahrhunderts die Oberhand gewonnen. Sie legt den Schwerpunkt auf die Pflichten des Einzelnen und schützt dabei denjenigen, „der berechtigterweise auf eine Erklärung vertraut"[325].

---

321 SMITH, LJ(A) (wie Fn 1) ii. 58.

322 STEFAN VOGENAUER, §§ 133, 157, Rn 34, in: Mathias Schmoeckel, Joachim Rückert, Reinhard Zimmermann (Hrsg.), Historisch-kritischer Kommentar zum BGB, Band I, Allgemeiner Teil §§ 1-240, Tübingen 2003.

323 STEFAN VOGENAUER, §§ 133, 157, Rn 35, in: Mathias Schmoeckel, Joachim Rückert, Reinhard Zimmermann (Hrsg.), Historisch-kritischer Kommentar zum BGB, Band I, Allgemeiner Teil §§ 1-240, Tübingen 2003.

324 STEFAN VOGENAUER, §§ 133, 157, Rn 35, in: Mathias Schmoeckel, Joachim Rückert, Reinhard Zimmermann (Hrsg.), Historisch-kritischer Kommentar zum BGB, Band I, Allgemeiner Teil §§ 1-240, Tübingen 2003.

325 STEFAN VOGENAUER, §§ 133, 157, Rn 36, in: Mathias Schmoeckel, Joachim Rückert, Reinhard Zimmermann (Hrsg.), Historisch-kritischer Kommentar zum BGB, Band I, Allgemeiner Teil §§ 1-240, Tübingen 2003.

Damit hatte es einen Umschwung gegeben von der Betrachtungsweise, bei der lediglich auf den Willen des Erklärenden abgestellt wird, zu einer Beachtung der Folgen eines solchen Verhaltens für andere[326]. Das Abstellen auf die begründeten Erwartungen beim Empfänger und nicht nur auf das erklärende Individuum war genau die Grundlage für das System der Auslegung von Smith. Genau darauf kam es ihm an. Es ging ihm gerade nicht darum, was der Erklärende tatsächlich wollte, sondern ob er damit begründete Erwartungen geweckt hat. War Smith also seiner Zeit voraus? Betrachtete er, während man in Kontinentaleuropa noch auf den Willen des Erklärenden abstellte, schon die Gesamtheit des Vorganges mit all seinen Konsequenzen für beide beteiligten Seiten? Eine abschließende Beantwortung dieser Frage würde eine sehr viel tiefergehende Analyse der Entwicklung der Auslegungslehre Kontinentaleuropas erfordern, die den Rahmen dieser Arbeit sprengen würde. Es kann jedoch gesagt werden, dass es zunächst den Anschein erweckt und sich zumindest nicht gleich ausschließen lässt, dass Smith in dieser Hinsicht seiner Zeit voraus war.

(5) Abgrenzung zur Lehre vom Empfängerhorizont

Im Gegensatz zur Suche nach dem wahren Willen, der wahren Absicht des Erklärenden, so wie es die subjektiven Auslegungslehren tun, meint man heute im deutschen Recht mit einer scheinbar objektiveren Form der Auslegung das Problem in den Griff zu bekommen.

Zum besseren Verständnis des *impartial spectator* wird dieser daher abgegrenzt von der „Lehre vom Empfängerhorizont“. Der Vergleich beschränkt sich dabei vor allem auf die Frage, ob im heutigen deutschen Recht das Problem bekannt ist, das Smith mit dem *impartial spectator* im Zusammenhang mit Vertragsentstehung zu lösen suchte. Es gab immer schon und wird immer Erklärungen geben, die den Willen des Erklärenden nicht eindeutig erkennen lassen. Für die Frage, ob und mit welchem Inhalt ein Vertrag zustande gekommen ist, benötigen wir die Auslegung. Während Smith das Problem mit Hilfe des *impartial spectator* löste, wird im heutigen deutschen Recht versucht, es mit einem Rückgriff auf den Empfängerhorizont zu lösen. Offenkundig ist, dass das zu regelnde Problem bei beiden Methoden das Gleiche ist. Ihre Funktion ist vergleichbar. Beide Methoden wollen einen zusätzlichen Anknüpfungspunkt, eine Absicherung bieten, damit nicht lediglich der Wille einer Partei, subjektiv über den Inhalt der Erklärung entscheidet.

326 REINHARD ZIMMERMANN, The Law of Obligations, Roman Foundations of the Civilian Tradition, Oxford 1996, S. 636 f.

Die Auslegung vom Empfängerhorizont besagt, dass eine empfangsbedürftige Willenserklärung so gilt, wie der Adressat sie verstehen durfte[327]. Entscheidend dabei ist jedoch, dass nicht darauf abgestellt wird, wie *jedermann* die Erklärung „objektiv" verstehen würde. Die Verständnismöglichkeit beschränkt sich auf den Horizont des Empfängers[328]. So lautet nach dieser Auffassung die Regel: „Bei der Auslegung einer Willenserklärung ist darauf abzustellen, wie der Erklärungsempfänger die Erklärung nach Treu und Glauben und mit Rücksicht auf die Verkehrssitte verstehen musste."[329]. Es handelt sich demnach nicht um eine objektive Bestimmung des Sinns der Äußerung. Ein Betrachter versetzt sich in den Empfänger hinein und überlegt mit Rücksicht auf die Umstände des Falles und das Wissen des Empfängers, wie dieser die Erklärung verstehen durfte. Der Betrachter ist nicht objektiv, da er das Sonderwissen des Empfängers hat.

Der *impartial spectator* von Smith hat verschiedene Aufgaben, eine davon ähnelt der des Betrachters bei der „Lehre vom Empfängerhorizont". Auch der *impartial spectator* soll beurteilen, wie ein Versprechen gemeint war, ob zum Ausdruck gebracht wird, dass sich der Empfänger auf das Versprechen verlassen können soll. Bei der Theorie vom Empfängerhorizont wird nicht wirklich auf einen Außenstehenden abgestellt, der völlig unabhängig von Situation, Umständen und Kenntnis des Empfängers entscheidet, sondern die Beurteilung erfolgt gerade in Abhängigkeit vom Wissen des Empfängers und den Umständen des Falles. Der *impartial spectator* von Smith ist hingegen gerade nicht als von der Person abhängig gedacht, die ihn sich vorstellt. Vielmehr ist er in den Grundzügen als unabhängig konstruiert. Insofern ist zwar die Aufgabe, die dem *impartial spectator* beziehungsweise der Lehre vom Empfängerhorizont zukommt, eine Vergleichbare, die jeweiligen Konstruktionen jedoch sind in ihren Grundgedanken verschieden.

(6) Abgrenzung zu „Paley's Rule"

Auch der Theologe William Paley (1743-1805) schrieb 1785, dass ein Versprechen deshalb verpflichte, weil Erwartungen entstanden seien und es aus diesem Grund auf den tatsächlichen Willen nicht ankommen könne[330]. Paley wollte diese Methode nur dann anwenden, wenn „die Worte des Versprechens mehr als

---

[327] DIETER MEDICUS, Allgemeiner Teil des BGB, Heidelberg 1997, 7. Auflage, S. 123.

[328] THEO MAYER-MALY in: Münchner Kommentar Band 1, München 1978, §133 Rn 10, mit Verweis auf: RGZ 119, 21 (25); BGHZ 36, 30 (33); BGHZ 47, 75 (78).

[329] BGHZ 36, 30 (33); 47, 75 (78); BGH NJW 90, 3206; 92, 1446 (1447).

[330] WILLIAM PALEY, The Principles of moral and political Philosophy (1785), New York, London 1978, S. 106 f. Dazu ALEXANDER LÜDERITZ, Auslegung von Rechtsgeschäften, Vergleichende Untersuchung anglo-amerikanischen und deutschen Rechts, Karlsruhe 1966, S. 265.

eine Auslegung“ zulassen[331]. Er nahm an, es müsse der Sinn gelten, von dem der Versprechensgeber ausgegangen sei, dass der Versprechensempfänger ihn verstanden habe[332]. Auch Paley sah demnach, ähnlich wie Smith, die Verpflichtung zur Versprechenstreue nicht im Willen der Parteien begründet, sondern in den beim Versprechensnehmer geweckten Erwartungen. Allerdings liegt ein entscheidender Unterschied darin, dass Paley davon ausging, es müsse das gelten, was der Versprechensempfänger nach der Vorstellung des Versprechenden verstanden habe[333].

It is not the sense in which the promiser actually intended it, that always governs the interpretation of an æquivocal promise; for, at that rate, you might excite expectations, which you never meant, nor would be obliged, to satisfy. Much less is it the sense, in which the promisee actually received the promise; according to that rule, you might be drawn into engagements which you never designed to undertake. It must therefore be the sense (for there is no other remaining) in which the promiser believed that the promisee accepted his promise[334].

Es ist nicht der Sinn, den der Versprechende tatsächlich beabsichtigte, der die Auslegung eines zweideutigen Versprechens bestimmt. Denn auf solche Weise könntest Du Erwartungen hervorrufen, die Du nie beabsichtigtest und die Du deshalb auch nicht zu erfüllen verpflichtet wärest. Noch weniger ist es der Sinn, den der Versprechensempfänger dem Versprechen tatsächlich beimaß. Dieser Regel entsprechend könntest Du in Verpflichtungen hineingezogen werden, die Du zu übernehmen nie plantest. Es muss daher der Sinn gelten (da kein anderer mehr übrig ist), von welchem der Versprechende glaubte, dass der Versprechensempfänger ihn seinen Worten beilegte.

Entscheidend ist also die Kenntnis des Versprechenden davon, wie der Empfänger die Erklärung verstanden hat, wobei die Kenntnis aus den Umständen hervorgehen oder sich aus vorhergegangenen Erklärungen ergeben kann[335]. Die Erklärung hat den Inhalt, von dem der Erklärende, der sich in den Empfänger hineinversetzt, glaubt, dass ihn der Erklärungsempfänger versteht, so dass eine

---

331 WILLIAM PALEY, The Principles of moral and political Philosophy (1785), New York, London 1978, S. 107.

332 WILLIAM PALEY, The Principles of moral and political Philosophy (1785), New York, London 1978, S. 107.

333 WILLIAM PALEY, The Principles of moral and political Philosophy (1785), New York, London 1978, S. 107.

334 WILLIAM PALEY, The Principles of moral and political Philosophy (1785), New York, London 1978, S. 107.

335 ALEXANDER LÜDERITZ, Auslegung von Rechtsgeschäften, Vergleichende Untersuchung anglo-amerikanischen und deutschen Rechts, Karlsruhe 1966, S. 267.

Rückbindung des Erklärungssinnes an die Vorstellungen des Erklärenden davon, wie der Empfänger die Erklärung versteht, gegeben ist[336]. Es geht darum, was der Versprechensgeber im konkreten Fall tatsächlich gewusst oder geglaubt hat und nicht was er glauben durfte. Insofern handelt es sich um eine subjektive Beurteilung dessen, was der Versprechensempfänger aus Sicht des Versprechenden verstanden hat und nicht um eine objektive Beurteilung, nämlich die Frage, wie er es verstehen durfte. Das ist der Unterschied von Paley's System im Vergleich zu dem von Smith. Inhalt des Versprechens war nach Smith gerade nicht das, wovon der Versprechende weiß, dass der Empfänger denkt es sei der Inhalt. Während bei Smith der *impartial spectator* und damit eine verobjektivierte Instanz entscheidet, ob das Versprechen so formuliert war, dass der Versprechende zum Ausdruck bringt, dass er Erwartungen und Vertrauen beim Versprechensempfänger wecken wollte, ist bei Paley die Vorstellung des Versprechenden entscheidend. Bei Paley kommt es letztlich auf den Versprechenden an, während bei Smith ein *impartial spectator* entscheidet, ob eine Bindungswirkung eingetreten ist. Aber bei Paley geht es, wie auch bei der Lehre vom Empfängerhorizont und dem *impartial spectator* von Smith um eine Absicherung, damit nicht ausschließlich der Wille einer Partei über den Inhalt der Erklärung entscheidet.

f) Zwischenergebnis

In den Vorlesungsmitschriften Smith's zum Vertragsrecht finden sich häufige Vergleiche mit dem schottischen und englischen Recht seiner Zeit. Auch die durch unterschiedliche Einflüsse und Geschichte bedingten Unterschiede zwischen letzteren Systemen zeigte Smith an einigen Stellen auf. Die bedeutendste Rolle für Smith's System von Verträgen und Versprechen spielt der *impartial spectator*, dem bei Smith auch viele andere Aufgaben zukommen. Im Vertragsrecht richtet sich die Frage der Entstehung einer Bindungswirkung nach Ansicht von Smith danach, wie ein *impartial spectator* die Situation beurteilen würde. Entscheidend für die Bindungswirkung eines Versprechens war nach Ansicht von Smith, dass der Erklärende zum Ausdruck bringe, er wünsche, dass der Erklärungsempfänger sich auf sein Versprechen verlassen können solle[337]. In welchen Fällen ein solcher Wunsch tatsächlich so verstanden werden kann, entscheidet der *impartial spectator*. Würde ein *impartial spectator* empfinden, dass bei dem Versprechenden der Wunsch zum Ausdruck gekommen ist, dass sich der Versprechensnehmer auf sein Versprechen verlassen können soll? Das ist nur ein Beispiel für den Einsatz dieser Figur. Umstritten ist dabei die Frage nach der genauen Ausgestaltung des *impartial spectator*, jedoch erscheint es passend,

---

336 KLAUS LUIG, Paley's Rule und die Auslegung von Rechtsgeschäften, in: NORBERT HORN, MANFRED LIEB, KLAUS LUIG u.a. (Hrsg.), Gedächtnisschrift für Alexander Lüderitz, München 2000, S. 471-486 (473).

337 SMITH, LJ(A) (wie Fn 1) ii. 43.

ihn als ideal gedachte Konstruktion zu verstehen, die sich in der Realität, also bei Verwendung durch den Einzelnen, diesem Optimum nur annähern kann. Smith nahm dabei an, man wechsele die Perspektive, den Blickwinkel, um entweder das eigene Verhalten oder das der Mitmenschen zu beurteilen. Dieses wiederum basiere auf dem Wunsch nicht nur geliebt zu werden, sondern auch liebenswert zu sein. Durch diesen Wunsch und den damit verbundenen Perspektivenwechsel reguliere sich dann unser Verhalten. Der *impartial spectator* ist für Smith folglich Maßstab für ein moralisch vertretbares Handeln und letztlich unser Gewissen.

3. Irrelevanz der Pflicht zur Wahrhaftigkeit

Im Vertragsrecht von Smith spielte demnach der *impartial spectator* eine zentrale Rolle für die Frage der Bindungswirkung. Smith beschränkte sich jedoch nicht darauf, seinen Studenten nur seine Ansicht bezüglich der Frage zu vermitteln, warum Versprechen zu halten seien. Vielmehr griff er auch die Ansichten anderer auf, um diese sodann zu diskutieren.

So führte er aus, es gebe Autoren[338] des Naturrechts, die den Grund für die Verbindlichkeit eines Versprechens in der Verpflichtung zur Wahrhaftigkeit sähen. Darin liege aber gerade nicht der Grund, so Smith, weil sich die Pflicht zur Wahrhaftigkeit lediglich auf die Vergangenheit und die Gegenwart erstrecken könne. Da sich die Kenntnis nicht auf Zukünftiges erstrecken könne, könne sich auch die Wahrheitspflicht nicht auf die Zukunft beziehen[339]. Haakonssen hält dieses für ein sehr zweifelhaftes Argument, weil es beinhalte, dass Aussagen bezüglich der Zukunft keinen Wahrheitswert haben könnten[340]. Er ist der Ansicht, wenn Aussagen bezüglich der Zukunft keinen Wahrheitswert haben könnten, setze das voraus, dass wir Erklärungen der Art „ich verspreche etwas zu tun" eher als Beschreibungen der zukünftigen Situation verstünden, denn als Erklärungen von gegenwärtiger Absicht[341]. Offenbar stimmt Haakonssen im Prinzip diesen Ausführungen Smith's zu. Haakonssen scheint zu meinen, dass zwar tatsächlich Aussagen in Bezug auf die Zukunft keinen Wahrheitswert haben könnten. Bei einem Versprechen gehe es aber gerade nicht um die Zukunft,

---

338 So zum Beispiel RICHARD PRICE, A Review of the Principal Questions in Morals, hrsg. von D. D. Raphael, Oxford 1974 (Wiedergabe der dritten Ausgabe von 1787). Dort führte er auf S. 156 aus:

> "...the obligation to keep a promise is the same with the obligation to regard truth..."

339 SMITH, LJ(A) (wie Fn 1) ii. 59.

340 KNUD HAAKONSSEN, The Science of a Legislator, The Natural Jurisprudence of David Hume and Adam Smith, London, New York, New Rochelle u.a. 1981, 112 f.

341 KNUD HAAKONSSEN, The Science of a Legislator, The Natural Jurisprudence of David Hume and Adam Smith, London, New York, New Rochelle u.a. 1981, 112 f.

sondern es handele sich lediglich um eine Beschreibung des gegenwärtigen Willenszustandes. Insofern käme es dann auf die Überlegungen von Smith zum Wahrheitswert von Zukünftigem gar nicht an.

Generell scheint es nicht ausgeschlossen, in Bezug auf manch Zukünftiges die Wahrheit zu sagen. Jedoch scheint das wiederum davon abhängig zu sein, wie man den Begriff Wahrheit definiert, ob er eine hundert prozentige Wahrscheinlichkeit in Bezug auf den Eintritt voraussetzt oder lediglich eine sehr hohe. Das kann jedoch hier dahingestellt bleiben, da Smith sich bei dieser Feststellung vermutlich vor allem auf Versprechen, also auf die nicht bestehende Möglichkeit in Bezug auf Versprechen bezog, Aussagen mit Wahrheitswert für die Zukunft zu machen. Darin ist Smith wiederum zuzustimmen. Aussagen über die Zukunft, die im Zusammenhang mit Versprechen stehen, haben keinen Wahrheitswert, denn das menschliche Gemüt ist wankelmütig und auch äußere Umstände können die Erfüllung des Versprechens verhindern. Haakonssens Ansicht, es gehe im Falle eines Versprechens gerade nicht um die Zukunft, sondern um eine Beschreibung des gegenwärtigen Willenszustandes, kann nur bedingt zugestimmt werden. Für den Versprechenden selbst handelt es sich tatsächlich nur um eine aktuelle Willensbekundung, aber der Wille bezieht sich auf die Zukunft. Der gegenwärtige Sinneszustand des Versprechenden bedeutet für den Versprechensempfänger weit mehr als das, nämlich Erwartungen für die Zukunft. Das ist genau der Punkt, auf den es für Smith ankam, weil er stets auf den begründeten, d.h. in den Augen eines *impartial spectator* vernünftigen, Erwartungshorizont des Versprechensempfängers abstellte. Insofern kann sowohl Smith als auch Haakonssen bedingt zugestimmt werden. Smith hatte Recht, wenn er annahm, in Bezug auf Versprechen könnten Aussagen für die Zukunft keinen Wahrheitswert haben. Hingegen kann auch Haakonssen zugestimmt werden, sofern man lediglich auf den Versprechenden abstellt, wenn Haakonssen meint, es käme auf die Überlegungen zum Wahrheitswert von Zukünftigem gar nicht an. Anders ist dieses für den Versprechensempfänger. Für diesen ist die Beschreibung des gegenwärtigen Willenszustandes des Versprechenden auch immer mit der Entstehung von Erwartungen für die Zukunft verbunden.

4. Wille und Bindungswirkung

Smith lehnte es ab, den Grund für die Entstehung der Verbindlichkeit von Versprechen im Willen des Erklärenden zu sehen[342]. Er erwähnte ausdrücklich, es gebe Autoren mit anderer Meinung[343]. Auch wenn Smith an dieser Stelle nicht explizit Namen nannte, so zählen hierzu beispielsweise Grotius und Pufendorf.

342 SMITH, LJ(A) (wie Fn 1) ii. 58.
343 SMITH, LJ(A) (wie Fn 1) ii. 58.

We may observe here that the obligation to perform a promise can not proceed from the will of the person to be obliged, as some authors imagine[344].

Wir können hier feststellen, dass die Verpflichtung zur Erfüllung des Versprechens nicht, wie manche Autoren sich das vorstellen, aus dem Willen der verpflichteten Person hervorgehen kann.

Für Hugo Grotius wurde die Auseinandersetzung mit den Ansichten des französischen Juristen Franciscus Connanus (1508-1551) zum Ausgangspunkt seiner Versprechenslehre[345]. Sowohl Grotius als auch Pufendorf kritisierten die Meinungen von Connanus[346]. Grotius widerlegte die Überlegung von Connanus, dass einseitige Versprechen nicht bindend seien[347]. Diese Ansicht stützte er unter anderem darauf, dass man an sein Wort gebunden sei, so wie auch Gott gegen seine Natur handeln würde, wenn er nicht das erfüllte, was er versprochen habe[348].

Grundsätzlich unterschied Grotius zwischen dem inneren Willen und der Äußerung dieses Willens[349]. Dann erklärte er, wie oben bereits dargelegt[350], es gebe drei verschiedene Fälle, in denen die Folgen jeweils unterschiedlich seien[351]. Für Grotius beruhte die Wirksamkeit von Versprechen auf dem geäußerten Willen des Verpflichteten[352]. Er war der Ansicht, dabei dürfe der Wille nicht ein rein innerer Faktor bleiben, sondern müsse dem Erklärungsgegner erkennbar werden. Im Falle des Fehlens des Willens könne keine Verbindlichkeit angenommen werden[353]. Bei Grotius kam dem Willen des Erklärenden folglich, anders als bei Smith, für die Entstehung der Bindungswirkung von Versprechen eine grundlegende Bedeutung zu.

---

344 SMITH, LJ(A) (wie Fn 1) ii. 58.

345 KLAUS-PETER NANZ, Die Entstehung des allgemeinen Vertragsbegriffs im 16. bis 18. Jahrhundert, München 1985, S. 66.

346 FRANCISCUS CONNANUS, Commentatorium juris civilis libri decem, Basileae MDLXVII. Siehe zu seiner Versprechenslehre z.B. 5. Buch.

347 Siehe oben bei B. I. 2. a) Das Versprechenssystem von Grotius und Pufendorf S. 33.

348 HUGO GROTIUS, De iure belli ac pacis, Buch II, Amsterdam 1701, Kap. XI § IV Ziff. 1.

349 HELMUT COING, Europäisches Privatrecht Bd. I, Älteres Gemeines Recht (1500 bis 1800), München 1985, S. 406.

350 Siehe oben bei B. I. 2. a) Das Versprechenssystem von Grotius und Pufendorf S.33.

351 Zu den drei Versprechensstufen siehe oben bei B. I. 2. a) Versprechenssystem von Grotius und Pufendorf S. 33.

352 HUGO GROTIUS, De iure belli ac pacis, Buch II, Amsterdam 1701, ergibt sich aus Kap. XI. § I Ziff. 3 und § IV Ziff. 1.

353 HUGO GROTIUS, De iure belli ac pacis, Buch II, Amsterdam 1701, Kap. XI § IV Ziff. 3. "Quod autem fit animo non deliberato, id nos quoque ad vim obligandi non credimus pertinere;..."

Samuel von Pufendorf war der Ansicht, dass Voraussetzung für die Bindungswirkung von Verträgen und Versprechen die freiwillige Zustimmung sei[354], so dass im Falle eines Irrtums die Zustimmung unwirksam sei[355]. Wie bereits erwähnt[356], war Pufendorf der Ansicht, dass Verträge eingehalten werden müssten, da ansonsten ein Großteil ihres Nutzens verloren gehe[357]. Müssten Versprechen nicht erfüllt werden, so könne man nie seine Vorhaben mit Gewissheit darauf gründen, der Versprechensgeber werde sein Versprechen halten[358]. Auch David Hume nahm an, dass der Ausdruck des Willens der wichtigste Bestandteil des Versprechens sei[359].

Thomas Hobbes definierte einen Vertrag als die gegenseitige Übertragung von Rechten[360]. Er ging davon aus, dass es für die Übertragung eines Rechts nicht lediglich des Willens des Übertragenden bedürfe, sondern ebenfalls des Willens des Annehmenden[361]. Konsequenterweise führte seiner Ansicht nach der fehlende Wille, gleich ob auf Seiten des Übertragenden oder Annehmenden, dazu, dass das Recht unverändert bleibe[362]. Aus dem Erfordernis der Annahme des übertragenen Rechts folgerte Hobbes, dass ein Vertrag mit jemandem, der diese Annahme nicht erkläre, nicht geschlossen werden könne[363].

Smith jedoch stellte sich ausdrücklich gegen diese Überlegungen. Seiner Ansicht nach könne der Wille für die Begründung einer Verbindlichkeit nicht ent-

---

354 SAMUEL VON PUFENDORF, Über die Pflicht des Menschen und des Bürgers nach dem Gesetz der Natur, hrsg. und übersetzt von Klaus Luig, Frankfurt a. M, Leipzig 1994, Kapitel 9 § 8, S. 88 f.

355 SAMUEL VON PUFENDORF, Über die Pflicht des Menschen und des Bürgers nach dem Gesetz der Natur, hrsg. und übersetzt von Klaus Luig, Frankfurt a. M, Leipzig 1994, Kapitel 9 § 12, S. 90.

356 Siehe oben bei B. I. 2. d) Entstehung der Bindungswirkung S.39.

357 MALTE DIESSELHORST, Zum Vermögensrechtssystem Samuel Pufendorfs, Göttingen 1976, S. 54.

358 KLAUS LUIG, Von Pufendorf zu Thomasius, in: FIAMMETTA PALLADINI, GERALD HARTUNG (Hrsg.) Samuel Pufendorf und die europäische Frühaufklärung, Werk und Einfluß eines deutschen Bürgers der Gelehrtenrepublik nach 300 Jahren (1694-1994), Berlin 1996, S. 137-146 (141); MALTE DIESSELHORST, Zum Vermögensrechtssystems Samuel Pufendorfs, Göttingen 1976, S. 54.

359 DAVID HUME, Eine Untersuchung über die Prinzipien der Moral, hrsg. von Manfred Kühn, 2003, S. 35.

360 THOMAS HOBBES, Leviathan, hrsg. von Hermann Klenner, Hamburg 1996, S. 111.

361 THOMAS HOBBES, Vom Bürger, Elemente der Philosophie II/III, hrsg. von Günther Gawlick, Hamburg 1994, S. 88.

362 THOMAS HOBBES, Vom Bürger, Elemente der Philosophie II/III, hrsg. von Günther Gawlick, Hamburg 1994, S. 88.

363 THOMAS HOBBES, Vom Bürger, Elemente der Philosophie II/III, hrsg. von Günther Gawlick, Hamburg 1994, S. 91 f.

scheidend sein, denn wäre der Wille entscheidend, wären Versprechen, die ohne die Absicht abgegeben wurden, sie jemals zu erfüllen nicht bindend[364]. Ein unaufrichtiges Versprechen wäre nicht bindend. An dieser Stelle führte er ein Beispiel an:

If I promised you to pay £10 tomorrow, but had no intention of performing, this promise according to the doctrine abovementioned would be noways binding, as the promisor did not will that he should be under an obligation[365].

Verspräche ich Ihnen, morgen £10 zu zahlen, hätte jedoch keine Absicht, mich daran zu halten, wäre dieses Versprechen entsprechend oben genannter Lehrmeinung keineswegs bindend, da der Versprechende keine Verpflichtung eingehen wollte.

Smith war aber der Ansicht, auch solche Versprechen seien bindend, weil sich der Versprechensempfänger auf diese Versprechen gleichermaßen verlasse und daher ein Bruch des Versprechens eine ebenso große Enttäuschung herbeiführe, wie Versprechen mit Erfüllungsabsicht[366].

Er nahm an, dass das verpflichtende Element bei Versprechen nicht der Wille sei. Offen bleibt bei Smith, ob der Wille dennoch eine notwendige, aber eben nicht allein ausreichende Bedingung für ein verpflichtendes Versprechen war. Auswirkung hätte diese Frage auf die bei Smith ebenfalls ungeklärte Handhabung von Willensmängeln. Würde der Wille bei Smith gar keine Rolle für die Entstehung von Versprechen spielen, bliebe auch ein Willensmangel ohne Konsequenz.

Smith lehnte insofern die heute Willenstheorie genannte Ansicht ab, nach der es bei der Frage der Auslegung einer Willenserklärung auf den Willen des Erklärenden ankommt[367]. Grundsätzlich gibt es bei der Auslegung einer Willenserklärung die Möglichkeit, auf den tatsächlichen Willen des Erklärenden abzustellen oder aber darauf abzustellen, wie die Erklärung unabhängig vom Willen des Erklärenden verstanden worden ist[368]. Natürlich gibt es daneben auch andere Lösungsmöglichkeiten wie beispielsweise diejenige von Paley. Wichtig erscheint dabei, dass dieser Streit, die Frage der Gewichtung zwischen Wille und Wort (*voluntas* oder *verba*), bereits im römischen Recht bestand[369]. Während im älte-

---

364 SMITH, LJ(A) (wie Fn 1) ii. 58.

365 SMITH, LJ(A) (wie Fn 1) ii. 59.

366 SMITH, LJ(A) (wie Fn 1) ii. 59.

367 Siehe zu Willenstheorie und Erklärungstheorie auch oben S. 69 f.

368 HEIN KÖTZ, Vertragsauslegung, Eine rechtsvergleichende Skizze, in: Karl August Bettermann, Manfred Löwisch, Hansjörg Otto und Karsten Schmidt (Hrsg.), Festschrift für Albrecht Zeuner zum siebzigsten Geburtstag, Tübingen 1994, S. 219-241 (221).

369 HEIN KÖTZ (wie Fn 368) S. 221.

ren römischen Recht eine rechtliche Bindungswirkung lediglich dann entstand, wenn bestimmte Handlungen vorgenommen wurden und damit die Vorstellungen der Vertragspartner gerade nicht entscheidend sein konnten[370], änderte sich dieses im Laufe der Zeit. Im klassischen Recht war für jeden Vertrag, und zwar auch für die förmlich geschlossenen Verträge, das Vorliegen einer Willenseinigung notwendig[371]. Im Laufe der Zeit wurde folglich der Formalismus aufgeweicht, der der „Auslegung von Rechtsgeschäften Schranken" gezogen hatte[372]. In der spätrömischen Zeit verlor die streng auf das Äußere bezogene Auslegung demnach an Bedeutung und machte Platz für die Bedeutung des Willens[373]. Dabei kam es jedoch nur auf eine „Übereinstimmung im Willen" an und nicht auf die Erklärung des Willens[374]. Die Auslegung bezog sich nur auf Verträge[375]. Die mangelnde Übereinstimmung des Willens der Parteien ließ den Vertrag scheitern[376].

Die Naturrechtler verlangten dann eine nach außen erkennbare Manifestation des Bindungswillens[377]. Das Schwanken zwischen diesen beiden Auslegungsarten, die wir heute Willens- und Erklärungstheorie nennen, lasse sich, so Kötz, durch die „gesamte europäische Rechtsgeschichte hindurch verfolgen"[378]. Jedoch überwog bis Ende des 19. Jahrhunderts in den juristischen Schriften eine eher subjektive Auslegung[379]. Insofern war letztlich die von Smith gewählte, vom Willen losgelöste und damit objektive Auslegung, nicht völlig neuartig.

---

370 REINHARD ZIMMERMANN (wie Fn 326) S. 622.

371 MARTIN JOSEF SCHERMAIER, §§ 116-124, Rn 2, in: Mathias Schmoeckel, Joachim Rückert, Reinhard Zimmermann (Hrsg.), Historisch-kritischer Kommentar zum BGB, Band I, Allgemeiner Teil §§ 1-240, Tübingen 2003.

372 MAX KASER, Das römische Privatrecht, Erster Abschnitt, Das altrömische, das vorklassische und klassische Recht, 2. Auflage, München 1971, S. 234.

373 HEIN KÖTZ (wie Fn 368) S. 221.
So PAPINIAN in D. 50, 16, 219. Dort brachte er zum Ausdruck, dass es eher auf den Willen als auf die Worte der Parteien ankomme.

374 MARTIN JOSEF SCHERMAIER, §§ 116-124, Rn 2, in: Mathias Schmoeckel, Joachim Rückert, Reinhard Zimmermann, Historisch-kritischer Kommentar zum BGB, Band I, Allgemeiner Teil §§ 1-240.

375 MARTIN JOSEF SCHERMAIER, §§ 116-124, Rn 2, in: Mathias Schmoeckel, Joachim Rückert, Reinhard Zimmermann, Historisch-kritischer Kommentar zum BGB, Band I, Allgemeiner Teil §§ 1-240.

376 MAX KASER, Das römische Privatrecht, Erster Abschnitt, Das altrömische, das vorklassische und klassische Recht, 2. Auflage, München 1971, S. 235.

377 REINHARD ZIMMERMANN (wie Fn 326) S. 637.

378 HEIN KÖTZ (wie Fn 368) S. 222.

379 HELMUT COING, Europäisches Privatrecht Bd. I, Älteres Gemeines Recht (1500 bis 1800), München 1985, S. 411; REINHARD ZIMMERMANN (wie Fn 326) S. 635 f.

a) Bindungswirkung von durch Drohung entstandenen Versprechen

Die Überlegung, ob ein Versprechen, das aufgrund einer Drohung gegeben wird, bindend sein kann, behandelte Smith in *The Theory of Moral Sentiments* anhand eines Beispiels. Darin wird ein Reisender von einem Straßenräuber unter Todesdrohungen zu einem Versprechen über die Zahlung einer gewissen Summe gezwungen. Smith führte aus, es handele sich um ein erpresstes Versprechen und es sei vielfach erörtert worden, ob ein solches Versprechen bindende Wirkung entfalte[380]. Im Folgenden unterschied Smith zwei verschiedene Betrachtungsweisen. Aus rechtlicher Sicht sei die Entscheidung der Frage nach der bindenden Wirkung des Versprechens zweifelsfrei[381]. Es sei eine Untat[382], Versprechen zu erpressen und daher könne man nicht annehmen, der Straßenräuber könne sich der Gewalt bedienen, um andere zur Erfüllung zu zwingen. Betrachte man diesen Fall jedoch als Frage der Kasuistik, sei die Entscheidung nicht so leicht zu fällen[383]. Hier spiele möglicherweise eine Rolle, dass der Versprechende auch in dem Fall, in dem sein Versprechen die Folge einer Erpressung gewesen sei, auf seine eigene Würde und Ehre zu achten habe[384]. Dieses sei jedoch umstritten. Die eine Ansicht gehe davon aus, dass ein solches Versprechen keinesfalls bindend sei und daher nicht beachtet werden müsse. Smith führte mit Recht aus, diese Ansicht hätten folgende Autoren vertreten: Cicero, Pufendorf, Pufendorfs Kommentator Barbeyrac und Hutcheson[385].

One Party, with whom we may count Cicero among the ancients, among the moderns, Puffendorf, Barbeyrac his commentator, and above all the late Dr. Hutcheson, one who in most cases was by no means a loose casuist, determine, without any hesitation, that no sort of regard is due to any such a promise, and that to think otherwise is mere weakness and superstition[386].

Die eine Partei, zu der wir von den Alten Cicero, von den Modernen Pufendorf, seinen Kommentator Barbeyrac und vor allem den kürzlich verstorbenen Dr. Hutcheson rechnen dürfen – einen Mann, der sich in der Mehrzahl der Fälle durchaus nicht als ein leichtfertiger Kasuist gezeigt hat – entscheidet, ohne im mindesten zu zögern, die Frage dahin, dass einem derartigen Versprechen keine

380 SMITH, Theorie der ethischen Gefühle (wie Fn 34) S. 551; The Theory of Moral Sentiments (wie Fn 34) VII.iv.9, S. 330.

381 SMITH, Theorie der ethischen Gefühle (wie Fn 34) S. 551; The Theory of Moral Sentiments (wie Fn 34) VII.iv.10, S. 330.

382 Smith verwandte den Begriff „Crime“.

383 SMITH, Theorie der ethischen Gefühle (wie Fn 34) S. 551; The Theory of Moral Sentiments (wie Fn 34) Part VII.iv.11, S. 330.

384 SMITH, Theorie der ethischen Gefühle (wie Fn 34) S. 551; The Theory of Moral Sentiments (wie Fn 34) Part VII.iv.11, S. 330 f.

385 SMITH, Theorie der ethischen Gefühle (wie Fn 34) S. 552; The Theory of Moral Sentiments (wie Fn 34) VII.iv.11, S. 331.

386 SMITH, The Theory of Moral Sentiments (wie Fn 34) VII.iv.11, S. 331.

> Achtung zu zollen ist, und dass es nichts als Schwäche und Aberglauben ist, wenn man darüber anders denkt[387].

Smith führte weiter aus, auf der anderen Seite stünden einige alte Kirchenväter und einige andere, die der Ansicht gewesen seien, all solche Versprechen seien bindend[388].

(1) Die Ansichten anderer Autoren

Cicero hatte sich gegen die Bindungswirkung von erpressten Versprechen ausgesprochen[389]. Für ihn schien diese Lösung unzweifelhaft, denn anstatt einer Begründung formulierte er „...wer sieht nicht ein..."[390]. Pufendorf hielt solche Verträge für unwirksam, die rechtswidrig durch Gewalt erzwungen wurden[391]. Er begründete diese Ansicht damit, dass man aus dem widerrechtlich zugefügten Unrecht kein Recht erwerben könne[392]. Der Pufendorf-Übersetzer Jean Barbeyrac folgte der Ansicht Pufendorfs[393]. Francis Hutcheson differenzierte bei der Lösung dieses Problems. Für ihn war entscheidend, ob das von der Gegenpartei angedrohte Übel auf einer Art Recht basiere oder ob es völlig unrechtmäßig sei. Im ersten Fall könne derjenige, der sich einer solchen Gewalt bediene, kein Recht erlangen, das er mit gutem Gewissen verwenden könne, aber unter bestimmten Umständen könne er eine Art *external right* erhalten, dem nachzukommen die andere Partei verpflichtet sein könnte. Die Bedeutung dieses Rechts erläuterte er im Zusammenhang mit kriegsbeendenden Verträgen, die nur dann ihren Zweck erfüllten, wenn man sie für gültig erkläre. Daher müsse für sie eine Ausnahme gemacht werden[394]. Für den Fall jedoch, in dem Gewalt verwendet

---

387 SMITH, Theorie der ethischen Gefühle (wie Fn 34) S. 552.

388 SMITH, Theorie der ethischen Gefühle (wie Fn 34) S. 552; The Theory of Moral Sentiments (wie Fn 34) VII.iv.11, S. 331.

389 MARCUS TULLIUS CICERO, De officiis, Vom pflichtgemäßen Handeln, übersetzt, kommentiert und hrsg. von Heinz Gunermann, Stuttgart 2003, 1. Buch (32).

390 MARCUS TULLIUS CICERO, De officiis, Vom pflichtgemäßen Handeln, übersetzt, kommentiert und hrsg. von Heinz Gunermann, Stuttgart 2003, 1. Buch (32):

> „Iam illis promissis standum non esse quis non videt, quae coactus quis metu, quae deceptus dolo promiserit?"

391 SAMUEL VON PUFENDORF, Über die Pflicht des Menschen und des Bürgers nach dem Gesetz der Natur, hrsg. und übersetzt von Klaus Luig, 1994, Kapitel 9 § 15.

392 SAMUEL VON PUFENDORF, Über die Pflicht des Menschen und des Bürgers nach dem Gesetz der Natur, hrsg. und übersetzt von Klaus Luig, 1994, Kapitel 9 § 15.

393 BARBEYRAC in der französischen Ausgabe von Pufendorfs „Jus naturae et gentium", zitiert nach Eckstein (Hrsg. von Smith's „Theorie der ethischen Gefühle") Anmerkung 104, Seite 595.

394 FRANCIS HUTCHESON, A Short Introduction to Moral Philosophy, Hildesheim 1969, Buch II. Kapitel 9 IX., S. 189.

oder angedroht werde, um von einem anderen ein Versprechen oder einen Vertrag zu erpressen, ohne dass dem ein solches Recht zugrunde liege, könnten diese nicht verpflichtend sein[395].

Der in diesem Zusammenhang von Smith zwar nicht zitierte, aber dennoch zu nennende Thomas Hobbes hingegen kam zu dem Ergebnis, dass Verträge, die der Erpresste aus Furcht abschließe, dann verpflichtend seien, wenn das Versprochene nicht durch das bürgerliche Gesetz verboten sei[396]. Aus dem *Leviathan* ergibt sich die Begründung dafür. Er versuchte mit einem vertraglichen und nicht wie Smith mit einem moralischen Argument zu überzeugen. Er war der Ansicht, solange das staatliche Gesetz einen nicht von der Verpflichtung entbinde, müsse man dem Räuber das versprochene Geld zahlen[397]. Was man rechtmäßig ohne Verpflichtung tun dürfe, dürfe man rechtmäßig aus Furcht vereinbaren und was rechtmäßig vereinbart worden sei, könne man nicht rechtmäßig brechen[398].

(2) Die Ansicht von Smith

(a) Relevanz der Höhe des versprochenen Betrages

Auch wenn Smith geäußert hat, es sei aus rechtlicher Sicht zweifelsfrei eine Untat, Versprechen zu erpressen[399], vertrat er die Ansicht, auch den durch Drohung entstandenen Versprechen gebühre eine gewisse Achtung, es sei jedoch schwierig, das Maß der Achtung allgemein festzulegen. Damit kann er nur eine moralische Achtung gemeint haben, auch wenn nicht deutlich wird, wozu diese Differenzierung bei ihm führt, was also ihre Folge ist. In diesem Zusammenhang kam er sodann auf die Höhe des jeweils versprochenen Betrages zu sprechen. Er befand, bei einem Versprechen von fünf Pfund an einen Straßenräuber sei es tadelhaft, dieses nicht zu erfüllen[400].

---

395 FRANCIS HUTCHESON, A Short Introduction to Moral Philosophy, Hildesheim 1969, Buch II. Kapitel 9 IX., S. 190.

396 THOMAS HOBBES, Vom Bürger, Elemente der Philosophie II/III, hrsg. von Günter Gawlick, Hamburg 1994, S. 94.

397 THOMAS HOBBES, Leviathan, hrsg. von Hermann Klenner, Hamburg 1996, S. 116.

398 THOMAS HOBBES, Leviathan, hrsg. von Hermann Klenner, Hamburg 1996, S. 116 f.

399 Siehe oben S. 80.

400 SMITH, Theorie der ethischen Gefühle (wie Fn 34) S. 552; The Theory of Moral Sentiments (wie Fn 34) VII.iv.12, S. 331.

A gentleman who should promise a highwayman five pounds and not perform, would incur some blame[401].

Ein Mann von Stand, der einem Straßenräuber fünf Pfund verspricht und sein Versprechen nicht erfüllt, würde sich dadurch einen gewissen Tadel zuziehen[402].

Verspreche jemand jedoch eine so hohe Summe, dass die Familie des Versprechenden in Existenznöte gerate, dann sei es „beinahe verbrecherisch" das Geld in die Hände des Erpressers zu übergeben[403]. Es sei in diesem Fall nicht verständlich, wie ein Mann seine ganze Familie in Gefahr bringe, nur um sein Ehrenwort zu halten. Smith sprach in diesem Fall sogar von Verschwendung[404].

If the sum promised, however, was very great, it might be more doubtful, what was proper to be done. If it was such, for example, that the payment of it would entirely ruin the family of the promiser, if it was so great as to be sufficient for promoting the most useful purposes, it would appear in some measure criminal, at least extremely improper, to throw it, for the sake of a punctilio, into such worthless hands. The man who should beggar himself, or who should throw away an hundred thousand pounds, though he could afford that vast sum, for the sake of observing such a parole with a thief, would appear to the common sense of mankind, absurd and extravagant in the highest degree. Such profusion would seem inconsistent with his duty, with what he owed both to himself and others, and what, therefore, regard to a promise extorted in this manner, could by no means authorise[405].

Wenn indessen die versprochene Summe sehr groß ist, kann es zweifelhafter sein, was man richtigerweise tun soll. Wenn sie z.B. so groß wäre, dass ihre Bezahlung die ganze Familie des Versprechenden zugrunde richten würde, wenn sie so groß wäre, dass sie hinreichte, um die nützlichsten Zwecke zu fördern, dann würde es beinahe als verbrecherisch, zumindesten aber als vom sittlichen Standpunkt aus unrichtig erscheinen, sie bloß um einer übertriebenen Feinfühligkeit willen in so unwürdige Hände wegzuwerfen. Ein Mann, der sich selbst zum Bettler machen wollte, oder der hunderttausend Pfund verschleudern würde, bloß um ein Ehrenwort zu halten, das er einem Dieb gegeben hat, würde, auch wenn es ihm leicht fiele, eine so große Summe aufzubringen, dem gesunden Menschenverstand unverständig und im höchsten Grade überspannt vorkommen. Eine solche Verschwendung würde mit seinen Pflichten und mit dem, was er sich und anderen schuldig ist, unvereinbar scheinen und keine Achtung auf ein

401 SMITH, The Theory of Moral Sentiments (wie Fn 34) VII.iv.12, S. 331.
402 SMITH, Theorie der ethischen Gefühle (wie Fn 34) S. 552.
403 SMITH, Theorie der ethischen Gefühle (wie Fn 34) S. 553; The Theory of Moral Sentiments (wie Fn 34) VII.iv.12, S. 331.
404 SMITH, Theorie der ethischen Gefühle (wie Fn 34) S. 553; The Theory of Moral Sentiments (wie Fn 34) VII.iv.12, S. 332.
405 SMITH, The Theory of Moral Sentiments (wie Fn 34) VII.iv.12, S. 331 f.

unter solchen Umständen erpresstes Versprechen wäre imstande, sie zu rechtfertigen[406].

Demnach schien ein Hauptgrund für die Erfüllung solcher Versprechen nach Ansicht von Smith in dem Wunsch des Verpflichteten zur Ehrbewahrung zu liegen, der jedoch offensichtlich durch die Frage der Verhältnismäßigkeit seine Grenzen haben musste. Wo diese Grenze erreicht ist, was also der höchste zu zahlende Betrag wäre und welche Achtung das jeweilige erpresste Versprechen verdient, konnte Smith nicht beantworten:

To fix, however, by any precise rule, what degree of regard ought to be paid to it, or what might bet the greatest sum which could be due from it, is evidently impossible[407].

Es ist jedoch offenbar unmöglich, durch eine genau formulierte Regel festzustellen, welches Maß von Achtung diesem Versprechen gezollt werden soll, oder welches die höchste Summe wäre, die man auf Grund dieses Versprechens zu zahlen hätte[408].

(b) Die Schande bei Versprechensbrüchen

Zur Verdeutlichung nannte er zwei Beispiele mit einem sehr niedrigen und einem sehr hohen Betrag. Dadurch wurde die unterschiedliche Beurteilung der Fälle für Smith vergleichsweise einfach und er brauchte sich nicht mit der Frage auseinander zusetzen, bei welchem Betrag die Grenze erreicht sei. Dennoch bemerkte auch Smith, dass sich eine allgemeine Regel für die Lösung dieser Fälle nicht aufstellen lasse. Weder könne man verbindlich festlegen, welches Maß an Achtung einem bestimmten Versprechen entgegen gebracht werden müsse, noch wo die Grenze in Bezug auf die Summe liege. Dieses sei von verschiedenen Faktoren im Einzelfall abhängig, wie zum Beispiel dem Charakter der Beteiligten und Feierlichkeit und Ernsthaftigkeit des Versprechens[409]. Jedenfalls bleibe doch immer an dem Versprechenden eine gewisse Schande haften, auch wenn er die besten Gründe dafür habe, Versprechen zu brechen. Sein „fault" liege darin, das Versprechen überhaupt gegeben zu haben[410].

---

406 SMITH, Theorie der ethischen Gefühle (wie Fn 34) S. 552.

407 SMITH, The Theory of Moral Sentiments (wie Fn 34) VII.iv.12, S. 332.

408 SMITH, Theorie der ethischen Gefühle (wie Fn 34) S. 553.

409 SMITH, Theorie der ethischen Gefühle (wie Fn 34) S. 553; The Theory of Moral Sentiments (wie Fn 34) VII.iv.12, S. 332.

410 SMITH, Theorie der ethischen Gefühle (wie Fn 34) S. 554; The Theory of Moral Sentiments (wie Fn 34) VII.iv.13, S. 332.

It is to be observed, however, that whenever such promises are violated, though for the most necessary reasons, it is always with some degree of dishonour to the person who made them. After they are made, we may be convinced of the impropriety of observing them. But still there is some fault in having made them[411].

Es ist jedoch bemerkenswert, dass immer, wenn derartige Versprechen – und sei es auch aus den zwingendsten Gründen – gebrochen werden, dies für denjenigen, der sie geleistet hat, eine gewisse Schande mit sich bringt. Nachdem das Versprechen gegeben wurde, sind wir vielleicht überzeugt, dass es unrichtig wäre es zu halten. Aber es liegt doch immer ein gewisses Verschulden darin, dass er es überhaupt gegeben hat[412].

Man muß indessen bemerken, dass wenn solche Zusagen auch aus den notwendigsten Gründen gebrochen werden, abermahl eine Art von Unehre auf den zurückfällt, der sie gegeben hat. Wir können von der Unschicklichkeit, sie zu halten, überzeugt werden, nachdem wir unser Wort von uns gegeben. Es ist aber doch allemahl ein Fehler, daß wir es gegeben[413].

Der Begriff *fault* wird in der Ausgabe der *Theory of Moral Sentiments* von Eckstein mit dem Begriff „Verschulden" übersetzt[414]. Eine wesentlich ältere Übersetzung verwendet den Begriff „Fehler"[415]. Beide Übersetzungen sind für *fault* möglich. Sollte Smith tatsächlich Verschulden gemeint haben, dann hätte das viel weiter reichende Folgen als lediglich festzustellen, es sei ein Fehler gewesen, das Versprechen gegeben zu haben. Bezeichnet man dieses Verhalten als Verschulden des Versprechensgebers, dann würde diese Wertung auch haftungsrechtliche Folgen für den Versprechensgeber, der sein zunächst gegebenes Versprechen später nicht hält, beinhalten. Ein Verschulden in diesem Fall würden wir heute wohl verneinen. Ob aber Smith tatsächlich so weit ging und in einem so hohen Maße das Geben von Versprechen, die nicht gehalten werden können, sanktionierte, scheint zweifelhaft.

But still there is some fault in having made them[416].

---

411 SMITH, The Theory of Moral Sentiments (wie Fn 34) VII.iv.13, S. 332.
412 SMITH, Theorie der ethischen Gefühle (wie Fn 34) S. 554.
413 Übersetzung in SMITH „Theorie der moralischen Empfindungen", Braunschweig 1770, S. 558.
414 SMITH, Theorie der ethischen Gefühle (wie Fn 34) S. 554.
415 SMITH, Theorie der moralischen Empfindungen, nach der dritten englischen Ausgabe übersetzt, Braunschweig 1770, S. 558.
416 SMITH, The Theory of Moral Sentiments (wie Fn 34) VII.iv.13, S. 332. Bereits oben zitiert und übersetzt bei Fn 412 f.

Dieser Satz deutet für sich allein nicht hinreichend darauf hin, dass es sich um das eine Haftung des Versprechensgebers auslösende Verhalten handelt. Auch aus dem Zusammenhang, in dem Smith diesen Satz schrieb, ist eine solche Bedeutung nicht ersichtlich. Vielmehr äußerte er sich im Folgenden zu der Schande und der Schmach von Versprechensbrüchen. Dabei handelt es sich jedoch nicht um mögliche rechtliche Folgen für den Geschädigten, sondern um eine moralische Beurteilung des Handelns des Versprechensgebers. Smith verurteilte Versprechensbrüche offenbar so sehr, dass er sogar ausführte:

It is at least a departure from the highest and noblest maxims of magnanimity and honour. A brave man ought to die, rather than make a promise which he can neither keep without folly, nor violate without ignominy[417].	Es ist zumindesten ein Abweichen von den höchsten und edelsten Grundsätzen der Seelengröße und der Ehre. Ein rechtschaffener Mann sollte eher sterben wollen, als ein Versprechen leisten, das er ohne Torheit nicht halten und ohne Schande nicht brechen kann[418].

Smith ging demnach davon aus, dass grundsätzlich aus moralischer Sicht auch durch Drohung entstandene Versprechen erfüllt werden müssten, auch wenn er eine Bindungswirkung solcher Versprechen aus rechtlicher Sicht ablehnte[419]. Die Nichteinhaltung eines Versprechens sei zwar eine Schande, die am Versprechenden haften bleibe, jedoch handele es sich um eine Einzelfallentscheidung und sei von den Umständen, z.B. der Höhe des Betrages, abhängig, wobei eine feste Grenze nicht gezogen werden könne. Offen bleibt, wozu diese Differenzierung bei Smith führte.

b) Andere Willensmängel

Auf andere Willensmängel ging Smith nicht ein. Wie oben bereits festgestellt[420], nahm er an, dass das verpflichtende Element bei Versprechen nicht der Wille sei. Es bleibt offen, ob der Wille nach Smith dennoch eine notwendige, aber eben nicht allein ausreichende Bedingung für ein verpflichtendes Versprechen war. Es ist offensichtlich, dass die Bedeutung des Willens für die Frage nach der Bindungswirkung eines Versprechens auf die Handhabung von Willensmängeln Auswirkungen hat. Sollte der Wille bei Smith für die Entstehung von rechtlich bindenden Versprechen keine Rolle spielen, so bliebe auch ein Willensmangel ohne Konsequenz.

---

417 SMITH, The Theory of Moral Sentiments (wie Fn 34) VII.iv.13, S. 332.
418 SMITH, Theórie der ethischen Gefühle (wie Fn 34) S. 554.
419 Siehe oben S. 80.
420 Siehe oben S. 75.

(1) Rückschlüsse auf die Behandlung anderer Willensmängel

Möglicherweise lassen jedoch die Aussagen von Smith zu den durch Drohung erlangten Versprechen Rückschlüsse darauf zu, wie er Fälle mit anderen Willensmängeln rechtlich gelöst hätte. Seine Überlegungen zur moralischen Verpflichtung, Versprechen trotz mangelnder rechtlicher Verpflichtung im Einzelfall zu erfüllen, bleiben dabei im Folgenden unbeachtet.

Smith hatte, wie oben bereits dargelegt[421], folgendermaßen begründet, weshalb der Wille nicht das für die Bindungswirkung entscheidende Element sei. Seiner Ansicht nach könne der Wille für die Begründung einer Verbindlichkeit nicht entscheidend sein, denn wäre der Wille entscheidend, wären Versprechen, die ohne die Absicht abgegeben wurden, sie jemals zu erfüllen, nicht bindend[422]. Smith war aber der Ansicht, auch solche Versprechen seien bindend, weil sich der Versprechensempfänger auf diese Versprechen gleichermaßen verlasse und daher ein Bruch des Versprechens eine ebenso große Enttäuschung herbeiführe, wie Versprechen mit Erfüllungsabsicht[423].

Angesichts dieser Argumentation scheint es möglich zu sein, dass Smith die durch Drohung entstandenen Versprechen deshalb aus rechtlicher Sicht nicht für bindend hielt, weil sich der Versprechensempfänger, der Drohende also, aus Sicht eines *impartial spectator* gerade nicht auf das unter diesen Umständen abgegebene Versprechen verlassen durfte. Würde man diese Überlegung auf andere Willensmängel übertragen, ergäbe sich folgendes: Wäre der Willensmangel einem *impartial spectator* offensichtlich, dann entstünde nach Smith vermutlich keine Bindungswirkung. Denn eine Verpflichtung entsteht nach Smith nur dann, wenn der Versprechende sich so ausdrücke, dass sich der Versprechensempfänger vernünftigerweise habe darauf verlassen dürfen und wann das der Fall ist, entscheide sich aus Sicht des *impartial spectator*. Es ist also die berechtigte Erwartung, die ein Versprechen verpflichtend macht. Bei einem dem *impartial spectator* offensichtlichen Willensmangel kann solch eine berechtigte Erwartung aber wohl nicht vorliegen.

Wie verhielte sich eine solche Annahme zu der Entwicklung der Irrtumslehre? Wäre ein solches Ergebnis zu Zeiten von Smith ungewöhnlich gewesen oder hätte es dem Stand der Entwicklung der Irrtumslehre zu seinen Lebzeiten entsprochen? Für die Beantwortung dieser Fragen soll kurz die Entwicklung der Irrtumslehre dargestellt werden.

---

421 Siehe oben S. 75 f.
422 SMITH, LJ(A) (wie Fn 1) ii. 58.
423 SMITH, LJ(A) (wie Fn 1) ii. 59.

(2) *Die Entwicklung der Irrtumslehre*

Relativ spät - Schermaier vermutet im 2. Jahrhundert nach Christus - wurde bemerkt, dass Irrtümer den Vertragsschluss zu stören vermögen[424]. Aber auch schon im römischen Recht war klar, dass nicht jeder Irrtum Beachtung finden konnte[425]. Die Frage seiner Beachtlichkeit machte das römische Recht an äußeren Kriterien fest und grenzte die Beachtlichkeit durch Bildung von Fallgruppen ein[426].

Im frühen Naturrecht wurde der Irrtum nicht mehr mit dem Vertragsschluss, sondern mit der Abgabe des Versprechens in Verbindung gebracht und später dann auf die Willenserklärung bezogen[427]. Nachdem im Laufe der Entwicklung der Versuch, die Irrtümer in Fallgruppen zu unterteilen immer weiter fortgeführt worden war, sollte bei den Humanisten, den Scholastikern und den Naturrechtlern jeder kausale Irrtum Beachtung finden, d.h. der Vertrag beziehungsweise das Versprechen sollte unwirksam sein, wenn der Erklärende die Erklärung nicht abgegeben hätte, wenn er von den wahren Umständen gewusst hätte[428]. So kritisierte beispielsweise Grotius die Lösung des römischen Rechts mit ihrer Einteilung in beachtliche und unbeachtliche Irrtümer und kam letztlich zu dem Ergebnis, alle kausalen Irrtümer beachten zu wollen[429]. Es handelte sich also um eine sehr subjektive Lösung, die den Erklärungsempfänger nicht mit einbezog. Pufendorf hingegen stellte darauf ab, ob der Erklärungsempfänger den Willensmangel erkennen konnte, wobei es ihm darauf ankam, ob dem Erklärungsempfänger die Kausalität zwischen dem fälschlicherweise zugrundegelegten Umstand und dem Willensentschluss erkennbar war[430].

---

424 MARTIN JOSEF SCHERMAIER, §§ 116-124, Rn 52, in: Mathias Schmoeckel, Joachim Rückert, Reinhard Zimmermann (Hrsg.), Historisch-kritischer Kommentar zum BGB, Band I, Allgemeiner Teil §§ 1-240, Tübingen 2003.
Schermaier führt hierfür als „wichtigstes Zeugnis" an: Ulpian D. 18,1,9; 11 und 14.

425 MARTIN JOSEF SCHERMAIER, Die Bestimmung des wesentlichen Irrtums von den Glossatoren bis zum BGB, Wien u.a. 2000, S. 701 f.

426 MARTIN JOSEF SCHERMAIER, Die Bestimmung des wesentlichen Irrtums von den Glossatoren bis zum BGB, Wien u.a. 2000, S. 702.

427 MARTIN JOSEF SCHERMAIER, §§ 116-124, Rn 53, in: Mathias Schmoeckel, Joachim Rückert, Reinhard Zimmermann (Hrsg.), Historisch-kritischer Kommentar zum BGB, Band I, Allgemeiner Teil §§ 1-240, Tübingen 2003.

428 MARTIN JOSEF SCHERMAIER, §§ 116-124, Rn 54, in: Mathias Schmoeckel, Joachim Rückert, Reinhard Zimmermann (Hrsg.), Historisch-kritischer Kommentar zum BGB, Band I, Allgemeiner Teil §§ 1-240, Tübingen 2003.

429 HUGO GROTIUS, De iure belli ac pacis, Buch II, Amsterdam 1701, Kap. XI. § VI.

430 SAMUEL VON PUFENDORF, Über die Pflicht des Menschen und des Bürgers nach dem Gesetz der Natur, hrsg. und übersetzt von Klaus Luig, Frankfurt am Main, Leipzig 1994, Kapitel 9 § 12.

Letztlich vertrat sowohl Pufendorf als auch Grotius eine Lösung, die erheblich auf die Interessen des Irrenden Rücksicht nahm[431]. Während es für Pufendorf reichte, dass der Erklärungsempfänger erkennen konnte, was die Vorstellungen des Erklärenden waren, ging Thomasius weiter und verlangte für die Berücksichtigung der jeweiligen Vorstellungen, dass diese explizit als Bedingung Bestandteil des Vertrages geworden seien[432]. Letztlich lag dem System von Thomasius der Gedanke zugrunde, jeder müsse die Konsequenzen seines Irrtums selbst tragen[433].

Letztlich handelte es sich demnach um zwei Ansätze, wobei der eine sich nur auf den Irrenden und dessen Irrtum bezog, der andere hingegen die Konsequenzen des Irrtums für das Rechtsverhältnis beachtete, um einen Interessenausgleich bemüht war und auf das Geäußerte abstellte und nicht auf nicht geäußerte innere Vorstellungen des Erklärenden[434].

Die oben dargelegte mögliche Ansicht von Smith zu den anderen Willensmängeln gleicht jedenfalls nicht der Ansicht, alle kausalen Irrtümer seien beachtlich. Vielmehr wäre die Lösung über den *impartial spectator* eine Art Zwischenlösung, um nicht subjektiv nur auf den Erklärenden oder nur auf den Erklärungsempfänger abzustellen. Sie würde darauf abstellen, ob der Willensmangel aus Sicht eines *impartial spectator* erkennbar geworden ist und die entstandenen Erwartungen demnach begründet sind oder nicht. Damit würde die mögliche Lösung nach Smith gerade nicht nur auf den Irrenden abstellen, sondern auch die Konsequenzen des Irrtums für den Erklärungsempfänger mit beachten und den Versuch unternehmen, einen gerechten Ausgleich zu schaffen, indem die Willensmängel, die einem *impartial spectator* offensichtlich wären, das Versprechen unwirksam werden ließen, und damit den Irrenden schützten. Hier wäre der Irrende auch schutzwürdiger als der Erklärungsempfänger, dem der Irrtum aus Sicht des *impartial spectator* klar sein müsste. Wäre der Willensmangel aus Sicht eines *impartial spectator* nicht erkennbar, böte eine solche Lösung wiederum dem Erklärungsempfänger den entsprechenden Schutz, indem das Erklärte trotz des Willensmangels wirksam wäre, weil sich der Erklärungsempfänger auf das Erklärte verlassen können durfte.

---

431 GUNTER WESENER, Neuere deutsche Privatrechtsgeschichte, 4. Auflage, Wien u.a. 1985, S. 146.

432 CHRISTIAN THOMASIUS, Institutiones jurisprudentiae divinae, Neudruck der 7. Auflage Halle 1730, Buch II, Kapitel VII, § 41.

433 MARTIN JOSEF SCHERMAIER, Die Bestimmung des wesentlichen Irrtums von den Glossatoren bis zum BGB, Wien u.a. 2000, S. 233.

434 MARTIN JOSEF SCHERMAIER, Die Bestimmung des wesentlichen Irrtums von den Glossatoren bis zum BGB, Wien u.a. 2000, S. 701.

Ähnlich wie der Ansatz, der gerade auf die Konsequenzen für das Rechtsverhältnis und auf die geäußerten Vorstellungen des Erklärenden abstellte und nicht nur auf die inneren Vorstellungen des Irrenden, würde die mögliche Lösung nach Smith sowohl den Erklärenden als auch den Erklärungsempfänger mit einbeziehen und bei der Interessengewichtung letztlich auf die Frage der Erkennbarkeit des Willensmangels abstellen. Eine Besonderheit nicht nur gegenüber des Ansatzes von Pufendorf wäre jedoch, dass bei der Erkennbarkeit nicht auf den Erklärungsempfänger abgestellt werden würde, sondern auf die Erkennbarkeit für einen *impartial spectator* und damit losgelöst von den tatsächlich Handelnden. Ein solcher Ansatz wäre zu Zeiten von Smith wohl recht neu gewesen.

In Ermangelung entsprechender Äußerungen bei Smith, muss letztlich offen bleiben, ob er bei durch Drohung entstandenen Versprechen aus rechtlicher Sicht solche Versprechen nicht für bindend hielt, weil ein *impartial spectator* denken würde, der Drohende dürfe sich nicht auf ein solches Versprechen verlassen. Die existierenden Aussagen von Smith zu den durch Drohung entstandenen Versprechen lassen daher keinen sicheren Rückschluss darauf zu, welche Ansichten er bezüglich anderer Willensmängel vertreten hätte. Mangels hinreichender Anhaltspunkte kann Smith anhand seiner Aussagen zu durch Drohung entstandenen Versprechen nicht abschließend in die Entwicklung der Irrtumslehre eingeordnet werden.

c) Zwischenergebnis

Smith lehnte es also eindeutig ab, den Grund für die Entstehung der Verbindlichkeit von Versprechen im Willen des Erklärenden zu sehen[435] und entschied sich damit anders als viele seiner Vorgänger. Sein Hauptargument war, dass wenn der Wille entscheidend wäre, Versprechen, die ohne Erfüllungsabsicht abgegeben wurden, nicht bindend wären[436].

Smith hielt zwar aus rechtlicher Sicht erpresste Versprechen nicht für bindend, jedoch ging er davon aus, dass grundsätzlich auch durch Drohung entstandene Versprechen aus moralischer Sicht erfüllt werden müssten. Die Nichteinhaltung eines Versprechens sei eine Schande, die am Versprechenden haften bleibe. Dennoch gab es für Smith offenbar Fälle, in denen ein erpresstes Versprechen nicht eingehalten zu werden brauchte. Es handelte sich seiner Ansicht nach dabei um eine Einzelfallentscheidung, abhängig von Umständen wie zum Beispiel der Höhe des Betrages. Dabei schien es Smith nicht möglich, eine feste Grenze in Bezug auf die Höhe zu ziehen.

---

[435] SMITH, LJ(A) (wie Fn 1) ii. 58.
[436] SMITH, LJ(A) (wie Fn 1) ii. 58.

5. Vergleich mit anderen Smith bekannten Vertragslehren

In den folgenden drei Unterkapiteln soll die Lehre von Smith in Bezug auf die Entstehung der vertraglichen Bindung mit den Smith bekannten Vertragslehren des römischen, englischen und schottischen Rechts verglichen werden, um möglicherweise Aufschluss über die Wurzeln der Vorstellungen von Smith zu erhalten.

a) Vergleich mit dem römischen Recht

Im antiken römischen Recht war die Idee eines Vertrages im Allgemeinen, so wie er uns heute bekannt ist, noch nicht vorhanden[437]. In einem Jahrhunderte langen Prozess waren bestimmte Vertragsarten in verschiedene Kategorien unterteilt worden, abhängig vom jeweiligen Geschäft, mit dem man sich befasste[438]. Es gab insofern keinen einheitlichen Schuldvertrag, sondern eine Vielzahl von Vertragstypen[439], die unterschiedlicher Voraussetzungen bedurften, um bindende Wirkung zu entfalten[440]. Es existierte keine einheitliche Definition für Vertrag, vielmehr wurden die Begriffe *contractus*, *pactum* und *conventio* verwendet[441].

Smith berichtete zwar viel über das römische Recht, sein eigenes Vertragsrechtssystem weist jedoch keine Parallelen dazu auf, sondern ist gerade unabhängig von der Einhaltung je nach Vertragsart vorgeschriebener Voraussetzungen.

b) Vergleich mit dem englischen Recht

Offen bleibt die Frage, wie das Vertragsdenken von Smith in das Recht Englands seiner Zeit einzuordnen ist. Gibt es Parallelen oder setzen sich die Ansichten Smith's deutlich von dem Stand in England ab?

---

437 HELMUT COING, Europäisches Privatrecht, Band I Älteres gemeines Recht (1500 bis 1800), München 1985, S. 398.

438 NORBERT TOSCH, Entwicklung und Auflösung der Lehre vom Vertrag, Marburg 1980, S. 5.

439 KLAUS-PETER NANZ, Die Entstehung des allgemeinen Vertragsbegriffs im 16. bis 18. Jahrhundert, München 1985, S. 5.

440 JAMES GORDLEY, Natural Law Origins of the Common Law of Contract, in: JOHN BARTON (Hrsg.), Towards a general Law of Contract, Berlin 1990, S. 367-465 (371).

441 NORBERT TOSCH, Entwicklung und Auflösung der Lehre vom Vertrag, Marburg 1980, S. 5.

In England verbreitete sich im 18. Jahrhundert nur langsam die Ansicht, dass ein bloßes Versprechen von Natur aus bindend sei[442]. Es war für englische Juristen schwer verständlich, wie ein Versprechen bindend sein sollte, wenn es keine *consideration*, keinen Grund für das Versprechen gab[443]. Die anhand der *action of assumpsit* entstandene Erweiterung der Klagbarkeit von formlosen Versprechen wurde durch die Voraussetzung einer *consideration* in den sechziger Jahren des 16. Jahrhunderts[444] wieder eingeschränkt[445]. Die Gerichte forderten mit der *consideration* einen Grund oder eine Motivation, auf dem der Vertrag basierte[446]. Für die Definition der *consideration* wird häufig diejenige von J. Lush im Fall *Currie v. Misa* (1875), L.R. 10 Ex. 153 zitiert:

A valuable consideration in the sense of law may consist either in some right, interest, profit or benefit accruing to one party, or some forbearance, detriment, loss, or responsibility given, suffered or undertaken by the other.

Eine wertvolle *consideration* im Sinne des Rechts kann entweder aus einem Recht, einem Interesse, einem Gewinn oder Vorteil, welcher beziehungsweise welches einer Partei erwächst, bestehen oder in einer Unterlassung, einem Schaden, einem Verlust oder einer Verantwortlichkeit zugelassen oder unternommen vom anderen.

Notwendig ist also entweder ein durch den Vertrag erlangter Vorteil auf Seiten des Beklagten oder eine Einbuße auf Seiten des Klägers[447]. Die *consideration* drückte letztlich das Bestehen einer Gegenseitigkeit zwischen den Parteien aus[448] und war von nun an für alle unförmlichen Verträge eine Voraussetzung[449]. Die Notwendigkeit der *consideration*-Doktrin verdeutlicht, dass man nicht annahm, ein Versprechen allein genüge für die Entstehung einer rechtlichen Ver-

---

442 PATRICK SELIM ATIYAH, An Introduction to the Law of Contract, Oxford, New York 1995, S. 195.

443 PATRICK SELIM ATIYAH, An Introduction to the Law of Contract, Oxford, New York 1995, S. 195.

444 GERHARD KEGEL, Vertrag und Delikt, Köln, Bonn, Berlin u.a. 2002, S. 68.

445 REINHARD ZIMMERMANN, Das römisch-katholische ius commune als Grundlage europäischer Rechtseinheit, in: Juristenzeitung 1992, S. 8-20 (17).

446 RAYMOND J. FRIEL, The Law of Contract, Dublin u.a. 1995, S. 5.

447 DIETER HENRICH/PETER HUBER, Einführung in das englische Privatrecht, Darmstadt 2003, S. 47.

448 DAVID J. IBBETSON, Consideration and the Theory of Contract in Sixteenth Century Common Law, in: JOHN BARTON (Hrsg.), Towards a general Law of Contract, Berlin 1990, S. 101.

449 RAYMOND J. FRIEL, The Law of Contract, Dublin u.a. 1995, S. 5.

pflichtung[450]. Ein Versprechen war mithin nicht automatisch rechtlich bindend[451]. Es musste im Gegenzug für das Versprechen etwas gegeben worden sein[452].

Der Umbruch im Denken der englischen Juristen unter Abkehr von dem strengen Aktionensystem begann in England erst im späten 18. Jahrhundert. Die uns über die *Lectures on Jurisprudence* zugänglichen Gedanken von Adam Smith sind jedoch bereits auf den Anfang der sechziger Jahre des 18. Jahrhunderts datiert worden. Folglich hatte der Umbruch im Denken der englischen Juristen und damit letztlich auch im Recht Englands noch nicht stattgefunden, sondern befand sich allenfalls in seinen Anfängen. Erst im 19. Jahrhundert wurde in England anerkannt, dass Verträge von der beiderseitigen Zustimmung abhängig sind[453]. Während man zuvor angenommen hatte, dass eine *consideration* notwendig sei, um eine Verpflichtung zu begründen, wurde die Überlegung, dass ein Vertrag durch Angebot und Annahme zustande komme, erst im 19. Jahrhundert bedeutungsvoll[454]. Diese Entwicklung vollzog sich jedoch erst im Jahrhundert nach dem Tod von Adam Smith. Demnach spielt sie im Rahmen dieser Untersuchung keine Rolle.

Im 18. Jahrhundert galt ein ohne entsprechenden Grund abgegebenes Versprechen nicht als bindend, denn nicht das Versprechen schuf die Verpflichtung, sondern allein die *consideration* selbst. Der Gedanke der bindenden Wirkung von Versprechen entwickelte sich erst allmählich[455]. Die Naturrechtler hingegen hatten zu dieser Zeit in Kontinentaleuropa bereits heraus gearbeitet, dass Versprechen bindende Kraft hätten und es für diese Bindungswirkung gerade nicht einer *consideration* bedürfe[456]. Erst sehr viel später als in Kontinentaleuropa

---

450 PATRICK SELIM ATIYAH, Promises, Morals, and Law, Oxford 1981, S. 3; ALFRED WILLIAM BRIAN SIMPSON, A History of the Common Law of Contract, The Rise of the Action of Assumpsit, Oxford 1975, S. 322.

451 PATRICK SELIM ATIYAH, Promises, Morals, and Law, Oxford 1981, S. 3.

452 DAVID J. IBBETSON, Consideration and the Theory of Contract in Sixteenth Century Common Law, in: JOHN BARTON (Hrsg.), Towards a general Law of Contract, Berlin 1990, S. 105.

453 ALFRED WILLIAM BRIAN SIMPSON, Innovation in Nineteenth Century Contract Law, in: The Law Quarterly Review, 91. Jahrgang (1975) S. 247-278 (266).

454 ALFRED WILLIAM BRIAN SIMPSON, Innovation in Nineteenth Century Contract Law, in: The Law Quarterly Review, 91. Jahrgang (1975) S. 247-278 (258).

455 PATRICK SELIM ATIYAH, An Introduction to the Law of Contract, Oxford, New York 1995, S. 195.

456 So z.B. HUGO GROTIUS, De iure belli ac pacis, Buch II, Amsterdam 1701, ergibt sich aus Kap. XI. § I Ziff. 3 und § IV Ziff. 1; SAMUEL VON PUFENDORF, Über die Pflicht des Menschen und des Bürgers nach dem Gesetz der Natur, hrsg. und übersetzt von Klaus Luig, Frankfurt a. M, Leipzig 1994, Kapitel 9 § 8, S. 88 f.

setzte sich in England der Gedanke der Bindung von Versprechen durch, dennoch hat man sich von der rechtlichen Voraussetzung der nun im Prinzip nicht mehr notwendigen *consideration* bis heute nicht lösen können oder wollen.

Adam Smith übernahm zwar nicht die Vertragsgedanken der Naturrechtler hinsichtlich der Annahme, Grund für die Entstehung der Verbindlichkeit von Versprechen sei im Willen des Erklärenden zu sehen[457], aber er war der Ansicht, dass ein Versprechen gültig sei. Das begründete er damit, dass ein Versprechen Erwartungen hervorrufe und sich demnach die andere Partei auf die Einhaltung des Versprechens verlasse[458]. Dieser Gedanke steht im Gegensatz zu den Ideen des 18. Jahrhunderts in England. Dort ging man in der Mitte des 18. Jahrhunderts noch nicht davon aus, ein Versprechen sei schützenswert, nur weil ein Versprechen existiert und ein bloßes Versprechen sei von Natur aus bindend. Man dachte noch nicht in Versprechens-Kategorien. Dafür hatte die *consideration*-Doktrin, die die Verpflichtung entstehen ließ, noch ein zu starkes Gewicht[459].

Die Vertragsrechtsgedanken von Smith weisen, bis auf seine Berichte vom englischen Recht und Vergleiche mit dem schottischen und dem römischen, keine eindeutigen Parallelen zum englischen Recht seiner Zeit auf. Seine Begründung für die Bindungswirkung von Versprechen wich von der damaligen englischen Theorie ab. In England war es zu der Zeit die *consideration*, die die Bindungswirkung herstellte, bei Adam Smith die Idee von Moral. Die Notwendigkeit, sich auf die Einhaltung des Versprechens des anderen verlassen zu können, führte nach Smith zur Bindungswirkung des Versprechens. Es ging bei Smith nicht um ein äußeres Element, wie eine Art Gegenwert, Opfer oder Preis, wie die *consideration* es darstellt und das nichts mit Gewissen oder Moral zu tun hat. Entscheidender Grund für die Verbindlichkeit von Versprechen war für Smith, dass beim Versprechensempfänger Erwartungen und Vertrauen geweckt worden waren.

---

457 SMITH, LJ(A) (wie Fn 1) ii. 58.

458 SMITH, LJ(A) (wie Fn 1) ii. 56.

459 PATRICK SELIM ATIYAH, An Introduction to the Law of Contract, Oxford, New York 1995, S. 195.

c) Vergleich mit dem schottischen Recht

In Schottland nahmen dagegen bereits die *Institutional Writers*[460] gegen Ende des 17. und zu Beginn des 18. Jahrhunderts an, dass der Wille Grundlage für die vertraglichen Verpflichtungen sei[461]. Ein Vertrag komme durch die Übereinstimmung des Willens zustande[462]. Es bedürfe für einen Vertragsschluss der Annahme eines Angebots[463]. Sie gingen davon aus, für eine bindende Verpflichtung, müssten die Parteien sich über alle wichtigen Punkte der Vereinbarung einig sein[464].

Conventional obligations do arise from our will and consent...[465].	Vertragliche Verpflichtungen entstehen durch unseren Willen und Übereinstimmung...
...an offer accepted is a contract, because it is the deed of two, the offerer and accepter[466].	...ein angenommenes Angebot ist ein Vertrag, weil es eine Handlung von zweien ist, dem Anbietenden und dem Annehmenden.

---

460 Vor allem Craig, Stair, Mackenzie, Lord Bankton, Erskine und Bell werden zu ihnen gezählt (KATJA STROMPS, Die Institutional Writers – Schottisches Recht und kontinentaleuropäischer Einfluß, Münster 2000, S. 40). Bells Werke erschienen zu Beginn des 19. Jahrhunderts, die von Stair Ende des 17. und bestimmten die rechtlichen Überlegungen in Schottland in der ersten Hälfte des 18. Jahrhunderts. Erskines „Institute of the Law of Scotland" wurde erst 1773 posthum veröffentlicht (PETER STEIN, Law and Society in Eighteenth-Century Scottish Thought, in: NICOLAS T. PHILLIPSON, ROSALIND MITCHISON (Hrsg.), Scotland in the Age of Improvement: Essays in Scottish History in the Eighteenth Century, Edinburgh 1970, S. 148-168 (151)). Banktons Werk „An Institute of the Laws of Scotland" erschien 1751-1753 (ENID A. MARSHALL, General Principles of Scots Law, Edinburgh 1991, 1-10, S. 5).

461 JAMES VISCOUNT OF STAIR, The Institutions of the Law of Scotland (1698), hrsg. von David M. Walker, Edinburgh, Glasgow 1981, Buch I Titel 10 Anm 1, S. 195.

462 JAMES VISCOUNT OF STAIR, The Institutions of the Law of Scotland (1698), hrsg. von David M. Walker, Edinburgh, Glasgow 1981, Buch I Titel 10 Anm 1, S. 195.

463 JAMES VISCOUNT OF STAIR, The Institutions of the Law of Scotland (1698), hrsg. von David M. Walker, Edinburgh, Glasgow 1981, Buch I Titel 10 Anm 3, S. 196.

464 GEORGE JOSEPH BELL, Commentaries on the Law of Scotland and on the Principles of mercantile Jurisprudence, seventh edition, hrsg. von Rutland Square, Edinburgh 1870, Book III Part I Chapter I Section I, S. 313.

465 JAMES VISCOUNT OF STAIR, The Institutions of the Law of Scotland (1698), hrsg. von David M. Walker, Edinburgh, Glasgow 1981, Buch I Titel 10 Anm 1, S. 195.

466 JAMES VISCOUNT OF STAIR, The Institutions of the Law of Scotland (1698), hrsg. von David M. Walker, Edinburgh, Glasgow 1981, Buch I Titel 10 Anm 3, S. 196.

Die *Institutional Writers* allerdings hielten für die Wirksamkeit von Verträgen über wichtige Geschäfte (*matters of great moment*), z.B. bei einem Vertrag über den Verkauf von Land, die Schriftform für erforderlich[467].

Wie oben[468] bereits dargelegt, gingen die *Institutional Writers* gegen Ende des 17. und zu Beginn des 18. Jahrhunderts davon aus, dass ein Vertrag durch Angebot und Annahme zustande komme. Dieses ist auf den Einfluss der Naturrechtler zurückzuführen. Bis zu der Zeit von Blackstone gab es in England kein wirkliches Universitätsstudium des englischen Rechts, während dies in Schottland der Fall war[469]. Und so ist der Einfluss der Naturrechtler auch in den Arbeiten von beispielsweise den schottischen Richtern Lord Stair und Lord Kames zu finden[470].

Auch in England waren den Juristen die Werke von Grotius und Pufendorf nicht völlig unbekannt und in Schottland waren sie sogar sehr bekannt[471]. So wurde auch Francis Hutcheson, der Vorgänger von Adam Smith als Professor für Moralphilosophie an der Universität Glasgow war, von ihnen beeinflusst[472]. Daher scheint der Entwicklungsstand des Vertragsrechts in Schottland im 18. Jahrhundert aufgrund der engen Verbindung vergleichbar zu sein mit dem Kontinentaleuropas trotz der neuen Einflüsse des englischen Rechts nach der Union.

Smith jedoch lehnte es ausdrücklich ab, den Grund für die Entstehung der Verbindlichkeit von Versprechen im Willen des Erklärenden zu sehen[473].

II. Auswirkungen von Währungsänderungen auf Versprechen

Smith empfand die Notwendigkeit, im Zusammenhang mit Verträgen auch die Problematik im Falle einer Währungsänderung anzusprechen[474]. Es beschäftigte ihn die Frage, ob der Schuldner, der sich eine bestimmte Summe Geld leihe, nach Währungsänderung und Wertänderung, seine Schuld in der alten Währung zurückzahlen dürfe oder er dazu verpflichtet sei, die Rückzahlung in der neuen Währung und entsprechend dem neuen Wert zu leisten[475]. Smith selbst war der

467 JAMES VISCOUNT OF STAIR, The Institutions of the Law of Scotland (1698), hrsg. von David M. Walker, Edinburgh, Glasgow 1981, Buch I Titel 10 Anm 9, S. 199.
468 Siehe oben S. 95.
469 PATRICK SELIM ATIYAH, Promises, Morals and Law, Oxford 1981, S. 13.
470 PATRICK SELIM ATIYAH, Promises, Morals and Law, Oxford 1981, S. 13.
471 PATRICK SELIM ATIYAH, The Rise and Fall of Freedom of Contract, Oxford 1979, S. 214.
472 PATRICK SELIM ATIYAH, The Rise and Fall of Freedom of Contract, Oxford 1979, S. 214.
473 SMITH, LJ(A) (wie Fn 1) ii. 58.
474 SMITH, LJ(A) (wie Fn 1) ii. 80; LJ(B) 179.
475 SMITH, LJ(A) (wie Fn 1) ii. 80.

Ansicht, der Schuldner müsse in der Währung und den Wert zurückzahlen, den er erhalten habe oder in der neuen Währung dem erhaltenen Wert entsprechend zurückzahlen[476]. Allerdings hätten alle Länder dieses genau umgekehrt geregelt[477].

Justice and equity plainly require that one should restore the same value as he received without regard to the nominal value of money, and therefore he is to restore as much in the old coin or an equall value in the new as he receiv'd. But the civil government in all countries have constituted the exact contrary of this[478].	Gerechtigkeit und Billigkeit verlangen deutlich, dass man den gleichen Wert ersetzt wie den, den man erhalten hat, ohne Rücksicht auf den Nennwert des Geldes, und deshalb muss man soviel in der alten Währung ersetzen oder einen gleichen Wert in der neuen wie man erhalten hat. Aber die Verwaltungen in allen Ländern haben das genaue Gegenteil von dem festgelegt.

Der Grund für diese Handlungsweise der Regierungen, so Smith, liege darin, dass der einzige Anlass, die Regierung dazu zu bewegen, eine Wertänderung des Geldes vorzunehmen, in der Schwierigkeit liege, Geld aufzubringen[479]. Die französische Krone hätte einmal, so ergibt sich aus LJ(B), 10 Millionen benötigt und hätte nur 5 Millionen gehabt. Sie habe die Münzen eingezogen, sie um die Hälfte entwertet, die Währung neu festgesetzt und für die 10 Millionen nur 5 Millionen gezahlt[480]. Dieses Zahlenbeispiel wird in LJ(A) abstrakt, ohne Angabe eines Landes dargelegt[481]. Danach wird dann aber unter Nennung von anderen Summen als in LJ(B) auf Frankreich eingegangen[482].

Die Lösung von Smith, dass der Schuldner in der Währung und den Wert bezahlen müsse, den er erhalten habe oder in der neuen Währung dem erhaltenen Wert entsprechend zurückzahlen, ist eine für Smith konsequente Lösung. Schließlich stellte er darauf ab, was ein *impartial spectator* erwartet hätte. Das wäre die Rückzahlung in der alten Währung oder eine dem erhaltenen Wert ent-

476 SMITH, LJ(A) (wie Fn 1) ii. 80 f.
477 SMITH, LJ(A) (wie Fn 1) ii. 81.
478 SMITH, LJ(A) (wie Fn 1) ii. 80 f.
479 SMITH, LJ(A) (wie Fn 1) ii. 81.
480 SMITH, LJ(B) (wie Fn 1) 180.
481 SMITH, LJ(A) (wie Fn 1) ii. 81.
482 SMITH, LJ(A) (wie Fn 1) ii. 81. Unklar bleibt, auf welches Jahr Smith dieses Geschehnis in Frankreich datiert. In LJ(A) wird das Jahr 1701 genannt, während in LJ(B) 1703 steht. Dabei weisen die Herausgeber der „Lectures on Jurisprudence" darauf hin, dass die letzte Ziffer nicht sicher sei, es könne auch eine 5 sein. Sie sind der Ansicht, dass es sich wahrscheinlich um 1709 handeln müsse. Vgl. die Herausgeber MEEK, RAPHAEL UND STEIN in LJ(B) Fn 97 S. 474.

sprechende Rückzahlung gewesen. Im Gegensatz dazu steht der Lösungsweg über die *clausula rebus sic stantibus*. Danach wäre der Vertrag nicht mehr wirksam, weil durch die Währungsänderung wesentliche Umstände des Vertrages nicht mehr fortbestehen.

III. Versprechensbrüche[483]

1. Die Bedeutung der Enttäuschung

Von Smith im Zusammenhang mit der Frage nach der Bindungswirkung von Versprechen erörtert, führte er aus durch Versprechen entstünden Erwartungen, so dass ein durch die Erwartungen entstandener Schaden im Falle der Nichterfüllung ausgeglichen werden müsse[484].

Thus if one promises to give an other five pounds, this naturally creates an expectation that he will receive five pounds from him at the time promised; and here the promiser must be bound to make up to him any loss he has suffered by this expectation[485].

Deshalb, wenn einer verspricht, einem anderen fünf Pfund zu geben, schafft das natürlich eine Erwartung, dass er von ihm fünf Pfund zur versprochenen Zeit erhalten wird; und hier muss der Versprechende gehalten sein, ihm jeden Verlust auszugleichen, den er durch die Erwartung erlitten hat.

Smith behandelte in seinen Vorlesungen auch explizit die Thematik des Versprechensbruches. Er war der Ansicht, die durch einen Versprechensbruch entstandene Enttäuschung hänge von zwei Ursachen ab: zum einen von der Feierlichkeit, mit der das Versprechen gegeben worden sei und zum anderen von der Bedeutung der versprochenen Sache. Smith legte dieser Überlegung den Gedanken zugrunde, der Bruch von Versprechen mit weniger hohem Wert sei weniger enttäuschend für den Versprechensempfänger als Versprechensbrüche von größerer Bedeutung. Zur Verdeutlichung seiner Ansicht führte Smith ein Beispiel an. So sei für ihn der Bruch des Versprechens, mit ihm Tee zu trinken nicht so enttäuschend, wie der des Versprechens, eine ihm geschuldete Summe Geld zu zahlen[486]. Die Schlussfolgerung daraus war für Smith, dass sich die Verpflichtung zur Erfüllung an der Enttäuschung bemesse, die durch eine Nichterfüllung entstehe[487]. Ein Versprechensbruch im Falle der Verabredung zum Teetrinken sei zwar ein Ärgernis und nicht gerade höflich, jedoch sei die Angelegenheit von

483 In den „Lectures" wird von „breach of a promise" gesprochen. Vgl. z. B. SMITH, LJ(A) (wie Fn 1) ii. 57.

484 SMITH, LJ(A) (wie Fn 1) i. 21.

485 SMITH, LJ(A) (wie Fn 1) i. 21.

486 SMITH, LJ(A) (wie Fn 1) ii. 57.

487 SMITH, LJ(A) (wie Fn 1) ii. 57.

so geringer Bedeutung, dass die Enttäuschung nicht groß sein könne[488]. Von einem Schaden, der eine Klage rechtfertige, sei in einem solchen Fall nicht auszugehen[489].

Thus if I promised to drink tea or walk across with one, and, something intervening, could not conveniently do it; tho' I had made this promise in pretty solemn terms yet the matter itself is of so small importance that the dissapointment can not be great. If I did not fulfil it I might very reasonably be thought to have acted amiss and in an ungentlemany manner; and might perhaps be thought to have put a slight affront on the person, but not such an injury as would merit a very high resentment, or give a sufficient cause for a suit at law[490].

Wenn ich verspreche, mit jemandem Tee zu trinken oder spazieren zu gehen und, da etwas dazwischen kommt, es nicht in geeigneter Weise tun kann; obwohl ich das Versprechen in ziemlich ernsten Worten gemacht habe, ist jedoch der Inhalt von so geringer Bedeutung, dass die Enttäuschung nicht groß sein kann. Würde ich es nicht erfüllen, würde man vernünftigerweise von mir denken, ich hätte falsch und in einer unfeinen Art gehandelt; und vielleicht denkt man von mir, ich hätte die Person leicht beleidigt, aber es handelt sich nicht um eine Verletzung, die einen sehr großen Ärger verdienen oder einen ausreichenden Grund für eine Klage geben würde.

Im Falle der geschuldeten Summe sei die Erfüllung des Versprechens für den Versprechensempfänger dagegen von großer Bedeutung. Aus diesem Grund war Smith der Ansicht, dass alle derartigen Verträge als bindend anzusehen seien. Hingegen seien, so Smith, die unbedeutenden Verpflichtungen zwar gemäß des guten Benehmens zu erfüllen, doch die durch den Versprechensbruch verursachte Verletzung würde in diesen Fällen nie als so schrecklich angesehen werden[491].

All such contracts are therefore thought binding by every one; whereas trifling engagements, though they ought in good manners and fair gentlemany behaviour to be performed, yet the injury occasioned by the breach of them, nor the crime of the breaker, are never looked on as so heinous[492].

Alle solche Verträge werden daher von jedermann als bindend empfunden; wohingegen unbedeutende Verbindlichkeiten, obwohl sie dem guten Benehmen und dem angemessenen feinen Betragen entsprechend erfüllt werden sollten, selbst die durch ihren Bruch verursachte Verletzung oder die Untat des Vertrags-

[488] SMITH, LJ(A) (wie Fn 1) ii. 58.
[489] SMITH, LJ(A) (wie Fn 1) ii. 58.
[490] SMITH, LJ(A) (wie Fn 1) ii. 57, 58.
[491] SMITH, LJ(A) (wie Fn 1) ii. 58.
[492] SMITH, LJ(A) (wie Fn 1) ii. 58.

brechenden, werden nie als so schrecklich betrachtet.

Daher kann gesagt werden, dass nach Smith ein Versprechen vorliegt, wenn der Erklärende zum Ausdruck bringt, dass sich der andere auf die Erklärung verlassen dürfe[493]. Dieses Versprechen führe, so Smith, zu einer Verpflichtung, also einer Bindung, deren Bruch eine Verletzung sei[494]. Smith nahm an, dass sich die Pflicht zur Erfüllung an der Enttäuschung bemesse und diese wiederum bemesse sich am Wert des Versprechens[495]. Das könnte darauf hindeuten, dass Versprechen mit einem geringen Wert nicht zur Leistung verpflichten oder sie zwar auch zur Leistung verpflichten, diese jedoch vom Versprechensempfänger - ähnlich einer Naturalobligation - nicht eingeklagt werden können. Aber auch die Frage, ob bei weniger wertvollen Versprechen die Leistung nicht eingeklagt werden kann, weil diese Versprechen nach Smith nicht klagbar sind, oder ob sie nicht eingeklagt werden sollten, bleibt bei Smith offen. Denn in obigem Beispiel wird lediglich dargelegt, dass im Falle der geschuldeten Summe die Erfüllung des Versprechens für den Versprechensempfänger von großer Bedeutung sei. Hingegen seien die unbedeutenden Verpflichtungen zwar gemäß des guten Benehmens zu erfüllen, doch die durch den Versprechensbruch verursachte Verletzung würde in diesen Fällen nie als so schrecklich angesehen werden[496].

Heißt das, dass diese unbedeutende Leistung nicht eingeklagt werden kann, weil sie keine Bindungswirkung hervorruft, oder weil sie zwar eine hervorruft, die Leistung jedoch nicht einklagbar ist? Oder bedeutet es, dass sie zwar grundsätzlich eine Klagbarkeit begründet, sie jedoch aufgrund ihrer geringen Bedeutung nicht eingeklagt werden sollte oder üblicherweise nicht eingeklagt wird? Darauf gibt es bei Smith keine eindeutige Antwort, weshalb die Frage, wozu das Versprechen verpflichtet, letztlich offen bleiben muss.

2. Erläuterung

Den Grad der Verwerflichkeit des Versprechensbruches bemaß Smith offensichtlich an dem Grad der Enttäuschung auf Seiten des Versprechensempfängers, wobei dieser sich nach Smith am „Wert“ des Versprechens orientierte. Wie sich der „Wert“ oder die Bedeutung eines Versprechens und damit die davon abhängende Größe der Enttäuschung bemessen lässt, wird an seinem Beispiel deutlich. Augenscheinlich orientierte er sich an materiellen Gesichtspunkten, an der Höhe eines versprochenen Betrages oder des entsprechenden Geldwertes

493 SMITH, LJ(B) (wie Fn 1) 176.
494 SMITH, LJ(B) (wie Fn 1) 176.
495 SMITH, LJ(A) (wie Fn 1) ii. 57.
496 SMITH, LJ(A) (wie Fn 1) ii. 58.

eines Versprechens. Denn er beurteilte die Nichtzahlung eines versprochenen Betrages als größere Enttäuschung als die Nichteinhaltung der Teeverabredung.

Es darf bezweifelt werden, dass jeder der Ansicht ist, das Versprechen der Zahlung einer Summe sei so bedeutend, dass solche Versprechen als bindend angesehen werden, während der Bruch „unwichtigerer" Versprechen nie als so schrecklich betrachtet werden würde. Um die Beispiele Smith's aufzugreifen, sei von dem Versprechen, mit jemandem Tee zu trinken, und dem Versprechen, jemandem eine geschuldete Summe zu zahlen, ausgegangen. Smith wählte als Kriterium für das Maß der Enttäuschung durch einen Versprechensbruch die Höhe des „Wertes" des Versprechens. Diesen bemaß er offenbar objektiv, materiell am Geldwert, d.h. auf die konkreten Beispiele bezogen. Vermutlich wählte er nicht ohne Grund Beispiele, bei denen auf der einen Seite ein Versprechen in Bezug auf die Zahlung eines Betrages und auf der anderen eines ohne einen erkennbaren finanziellen Wert, abgegeben wurden. So muss er zu dem Ergebnis gekommen sein, dass das Versprechen der Geldzahlung den Wert des geschuldeten Betrages und das Versprechen, mit jemandem Tee zu trinken keinen materiellen Wert hat.

Es erscheint ungerecht, etwas so Subjektives wie den Wert, den ein Versprechen für den Versprechensempfänger hat und damit im Zusammenhang stehend auch der Grad der Enttäuschung im Falle eines Versprechensbruchs, an einem objektiven Maßstab zu messen. Insofern ist auch die Überlegung interessant, warum Smith hier einen objektiven Maßstab wählte und warum sich für ihn der Grad der Enttäuschung nicht nach der Bedeutung des Versprechensbruches im Einzelfall, also für den jeweiligen Versprechensempfänger, entschied. Auch die Frage, warum er sich nicht auch hier mit dem *impartial spectator* behalf, muss offen bleiben, weil sich aus den Vorlesungsmitschriften keine Antwort darauf ergibt. Wenn sich schon die Frage, ob sich ein Versprechensempfänger auf ein Versprechen verlassen können durfte, danach bemisst wie ein *impartial spectator* das Versprechen aufgefasst hat, dann könnte man diesen auch für die Fragestellung verwenden wie wichtig dem Versprechensempfänger das Versprechen wohl gewesen sein mag. Allerdings wird der Unterschied zwischen diesen beiden Dingen deutlich. Denn, geht es um die Beurteilung der Ernstlichkeit des Versprechens, stellte Smith durch Verwendung des *impartial spectator* nicht auf die inneren Umstände, wie tatsächliche Absicht und Willen ab, sondern nur auf die geäußerten Dinge. Hier könnte dann gefragt werden, in welchem Maße und ob überhaupt der Versprechensempfänger zum Ausdruck gebracht hat, dass und wie sehr ihm das Versprechen wichtig ist.

Smith ging also davon aus, dass sich die Pflicht zur Erfüllung an der Enttäuschung bemesse und diese wiederum bemesse sich am Wert des Versprechens[497]. Dieser Wert orientiert sich nach Smith an materiellen Gesichtspunkten, woraus geschlossen werden könnte, dass es sich um ein monetäres Interesse handeln muss. Mangels weiterer Anhaltspunkte lässt sich jedoch nicht mit Sicherheit feststellen, ob Smith der Ansicht war, dass der für eine entsprechende Enttäuschung vorliegende Wert des Versprechens nur im Falle eines monetären Interesses gegeben ist.

3. Versprechensbrüche und Wahrheitsbrüche

Wie oben bereits ausgeführt[498] sah Smith den Grund für die Verbindlichkeit eines Versprechens gerade nicht in der Verpflichtung zur Wahrhaftigkeit.

a) Trennung von Bruch der Wahrhaftigkeit und Bruch des Versprechens

Smith schloss aus seinen Überlegungen, dass der Bruch eines Versprechens eine wesentlich größere Untat sei als der Bruch der Wahrhaftigkeit[499].

Now it is evident that the breach of a contract or a promise is a much greater crime than the breach of veracity[500].

Nun ist es offensichtlich, dass der Bruch eines Vertrages oder eines Versprechens eine viel größere Untat ist als der Bruch der Wahrhaftigkeit.

Daraus könnte möglicherweise geschlossen werden, dass Smith die Einhaltung der Wahrheitspflicht für moralisch nicht so bedeutungsvoll hielt wie die Pflicht zur Einhaltung von Versprechen. Diese von Smith vorgenommene Unterscheidung von Versprechensbruch und Wahrheitsbruch wird ganz deutlich in seiner Aussage, das Vergehen eines Versprechensbruches könne nicht aus einem Wahrheitsbruch abgeleitet werden[501].

Nor can the obligation to fullfill a contract be probably derived from the obligation to veracity which most writers on the law of nature and nations assign as the cause of this obligation; nor the crime of a breach of a promise from that of the breach of veracity[502].

Weder kann die Verpflichtung, einen Vertrag zu erfüllen, abgeleitet werden aus der Verpflichtung zur Wahrhaftigkeit, was die meisten Autoren des Natur- und Völkerrechts als Grund der Verpflichtung angeben, noch die Untat eines Versprechensbruches aus dem Bruch der Wahrhaftigkeit.

---

497 SMITH, LJ(A) (wie Fn 1) ii. 57.
498 Siehe S. 74 ff.
499 SMITH, LJ(A) (wie Fn 1) ii. 60.
500 SMITH, LJ(A) (wie Fn 1) ii. 60.
501 SMITH, LJ(A) (wie Fn 1) ii. 59.
502 SMITH, LJ(A) (wie Fn 1) ii. 59.

Die von Smith vollzogene Trennung zwischen Bruch der Wahrhaftigkeit und Bruch des Versprechens, und damit auch die unterschiedliche Bewertung von Versprechensbruch und Wahrheitsbruch, erscheint auf den ersten Blick unnatürlich. Nach dem ersten Verständnis gehören beide zusammen und man versteht den Bruch des einen gleichzeitig als einen Bruch des anderen. Aus dem Grund stellt sich die Frage, wie Smith zu einer unterschiedlichen Beurteilung von Wahrheitsbruch und Versprechensbruch gelangen konnte, wo doch scheinbar beides so eng miteinander verbunden ist und häufig einander bedingt. Dass die unterschiedliche Bewertung der beiden Brüche aber durchaus logisch erscheint, wird vor allem an folgendem Beispiel von Smith deutlich: Treffe man jemanden, von dem bekannt sei, dass er regelmäßig lüge und herrliche Abenteuer zur Unterhaltung erfinde, dann betrachte man ihn als einen verabscheuungswürdigen Charakter, aber man empfinde seine Taten nicht als sehr große Untaten. Smith war der Ansicht, dieses offenbare uns jedoch nichts über die Frage, ob er nicht ein starkes Pflichtgefühl in Bezug auf die Einhaltung von Verträgen habe und so tue man ihm Unrecht, schließe man aus seinem Verhalten, er habe kein Gefühl für die Verbindlichkeit von Versprechen und Verträgen[503]. Deutlich wird an diesem Beispiel, dass Smith offenbar zwei Ebenen eines Versprechens unterschied. Zum einen die Ebene des Versprechens, auf der ein Wahrheitsbruch begangen werden kann, indem man etwas verspricht, das zu halten man nicht beabsichtigt. Die andere ist die Ebene der Versprechenserfüllung. Ein Bruch auf dieser Ebene ist der Versprechensbruch und kommt zustande, indem man das zuvor Versprochene und damals auch Gewollte nicht hält.

Smith erläuterte diese Überlegungen anhand von zwei verschiedenen Personen[504]: Bei der ersten Person ging Smith davon aus, sie verspreche, ihm einen beträchtlichen Dienst zu erweisen und hätte dabei wirklich die Absicht, ihr Versprechen zu erfüllen. Dann sei dem Versprechenden die Einhaltung des Versprechens jedoch aufgrund einer Schwierigkeit nicht möglich und der Ausfall dieses Dienstes sei eine große Enttäuschung für Smith[505]. Er nahm an, die zweite Person verspreche aus Leichtsinn denselben Dienst, ohne die Absicht zu haben, das Versprechen jemals einzuhalten. Später könne der Versprechende aber die große Enttäuschung seines Gegenübers für den Fall der Nichterfüllung nachvollziehen. Aus diesem Grund ändere er seine frühere Planung, das Versprechen nicht zu erfüllen und erfülle es nun doch[506]. Smith fragte im Anschluss an dieses Beispiel, wer von den beiden der bessere Mensch sei[507]. Diese Überlegung ist für das System von Smith von großer Bedeutung. Durch das Sich-Hineinver-

---

503 SMITH, LJ(A) (wie Fn 1) ii. 60.
504 Smith scheint die Situation Matthäus 21, 28-32 entnommen zu haben.
505 SMITH, LJ(A) (wie Fn 1) ii. 60.
506 SMITH, LJ(A) (wie Fn 1) ii. 61.
507 SMITH, LJ(A) (wie Fn 1) ii. 61.

setzen in die handelnde Person ist man in der Lage nachzuempfinden, was der Handelnde fühlt. Wir billigen dann sein Handeln, wenn wir seine Gefühle nachempfinden, wenn wir mit ihnen sympathisieren. Anhand von Verallgemeinerung entsteht nach Smith aus der Billigung oder Missbilligung im Einzelfall dann ein allgemeingültiger Maßstab für moralische Urteile und damit, wie oben im Fall des Apfelpflückens bei der Frage des Eigentumserwerbs, letztlich auch Recht:

It is thus that the general rules of morality are formed. They are ultimately founded upon experience of what, in particular instances, our moral faculties, our natural sense of merit and propriety, approve, or disapprove of. We do not originally approve or condemn particular actions; because, upon examination, they appear to be agreeable or inconsistent with a certain general rule. The general rule, on the contrary, is formed, by finding from experience, that all actions of a certain kind, or circumstanced in a certain manner, are approved or disapproved of[508].

Auf diese Art werden die allgemeinen Regeln der Sittlichkeit gebildet. Sie gründen sich letzten Endes auf die Erfahrung darüber, was unser natürliches Gefühl für Verdienst und sittliche Richtigkeit in bestimmten Einzelfällen billigt oder missbilligt. Wir billigen oder verurteilen ursprünglich gewisse Handlungen nicht deshalb, weil sie sich bei näherer Prüfung als mit einer bestimmten allgemeinen Regel verträglich oder unvereinbar erweisen. Vielmehr wird umgekehrt die allgemeine Regel danach gebildet, dass wir aus der Erfahrung gelernt haben, wie alle Handlungen einer gewissen Art, oder unter gewissen Umständen verübt, gebilligt oder missbilligt werden[509].

Insofern ist die Überlegung von Smith, wer von den beiden Versprechenden aus seinem Beispiel der bessere ist, für ihn von weit reichender Bedeutung, weil dadurch allgemeine Verhaltensregeln gesetzt werden und sich Recht bildet.

b) Smith's Wertung

Smith selbst war ohne Zweifel der Ansicht, der bessere Mensch sei hier der letztere[510]. Denn er habe, obwohl er anfangs sein Versprechen nicht erfüllen wollte, seine Meinung geändert, nachdem er sich darüber Gedanken gemacht hatte, welche Enttäuschung der Versprechensempfänger erleiden würde. Die erste Person dieser Geschichte jedoch habe sich durch ihr Versprechen an die Wahrheit gebunden und dann, durch ein selbstsüchtiges Motiv geleitet, das Versprechen gebrochen, indem sie, ungeachtet der ihr bewussten Enttäuschung des

---

508 SMITH, The Theory of Moral Sentiments (wie Fn 34) III.4.8, S. 159.
509 SMITH, Theorie der ethischen Gefühle (wie Fn 34) S. 239.
510 SMITH, LJ(A) (wie Fn 1) ii. 61.

Versprechensempfängers, das Versprochene nicht erfüllt habe[511]. Die Schlussfolgerung von Smith aus diesem Beispiel war, man könne erkennen, dass in manchen Fällen das Gefühl für Ehre und Wahrhaftigkeit ohne ein Gefühl für die Verpflichtung eines Versprechens sein könne[512]. Die erste Person versprach Smith zunächst einen Dienst, hielt das Versprechen dann jedoch nicht, sie hatte in den Augen von Smith kein Gefühl für die Verpflichtung ihres Versprechens. Weiter führte er aus, auf der anderen Seite möge jemand, der der Wahrheit keine große Beachtung schenke, in kleinen Angelegenheiten die aus einem Vertrag entstehenden Verpflichtungen durchaus beachten, oder wenigstens die Enttäuschung, die ein Vertragsbruch erzeugen würde[513]. Die zweite Person versprach denselben Dienst, hatte aber zu keiner Zeit die Absicht, das Versprechen zu halten, erfüllte dann aber doch, nachdem sie sich die Enttäuschung ihres Gegenübers, des Versprechensempfängers im Falle einer Nichterfüllung vorgestellt hatte. Das ist die Person, von der Smith meint, sie schenke der Wahrheit keine große Bedeutung. Schließlich versprach sie etwas, das sie eigentlich niemals halten wollte, jedoch der dann entstehenden Enttäuschung so sehr Beachtung schenkte, dass sie sich um entschied. Diese Person hielt Smith für die bessere[514].

Warum vertrat Smith diese Ansicht? Ist das eine konsequente Folge seines Systems? Möglicherweise führen uns die Überlegungen zu diesen Fragen näher an Smith heran, erklären uns seine Werteentscheidungen, machen sein System nachvollziehbarer. Daher soll die Frage gestellt werden, warum Smith der Ansicht war, die zweite Person sei die bessere, zumal wir vermutlich heute die erste Person seines Beispiels für besser halten würden. Smith selbst begründete seine Ansicht nicht weiter. Der Grund für seine Wertung könnte jedoch darin liegen, dass die zweite Person des Beispiels nur einen Wahrheitsbruch und nicht auch noch einen Versprechensbruch begangen hat. Des Weiteren hat der Wahrheitsbruch dem Versprechensempfänger letztlich nicht geschadet. Die erste Person hat einen Versprechensbruch begangen (Bruch auf der Erfüllungsebene), die zweite lediglich einen Wahrheitsbruch (Bruch auf der Versprechensebene). Und weil Smith der Ansicht war, Wahrheitsbrüche seien moralisch weniger verwerflich als Versprechensbrüche[515], war die zweite Person des Beispiels für ihn die bessere. Sie beging lediglich einen Wahrheitsbruch, der, da er auf der ersten Ebene, der Versprechensebene erfolgte, noch nicht einmal zu einem Schaden bei dem Versprechensempfänger führte. Denn Wahrheitsbrüche auf der Versprechensebene können nie zu einem Schaden bei dem Versprechensempfänger führen. Schäden können nur in zwei denkbaren Varianten entstehen. Entweder der

---

511 SMITH, LJ(A) (wie Fn 1) ii. 61.
512 SMITH, LJ(A) (wie Fn 1) ii. 61, 62.
513 SMITH, LJ(A) (wie Fn 1) ii. 61, 62.
514 SMITH, LJ(A) (wie Fn 1) ii. 61.
515 SMITH, LJ(A) (wie Fn 1) ii. 60.

Versprechensgeber verspricht wie im obigen Fall etwas, das er gar nicht erfüllen will. Dann ist darin der Wahrheitsbruch zu sehen. Nun hat der Versprechende zwei Möglichkeiten. Entweder er erfüllt doch, so wie die zweite Person im obigen Beispiel, dann hat der Versprechensempfänger bekommen, was ihm versprochen wurde und daher keinen Schaden, denn ein Versprechensbruch liegt nicht vor. Die zweite Möglichkeit in dieser Konstellation ist, dass der Versprechende nicht erfüllt. Dann hat der Versprechensempfänger enttäuschte Erwartungen. Diese werden jedoch durch den Versprechensbruch und nicht durch den Wahrheitsbruch herbeigeführt. Insofern führt der Wahrheitsbruch, ein Bruch auf der Versprechensebene, nie zu einem direkten Schaden bei dem Versprechensempfänger. Wahrheitsbrüche sind deshalb moralisch verwerflich, weil man etwas verspricht, das man gar nicht halten will und folglich lügt. In *The Theory of Moral Sentiments* führte Smith selbst auch aus, dass Lüge zwar „eine erbärmliche Gemeinheit" sei, sie aber häufig zu keinem Schaden führe[516]. Aber weil die Versprechensbrüche auf der Erfüllungsebene für die enttäuschten Erwartungen des Versprechensempfängers und auch für einen gegebenenfalls daraus resultierenden Schaden ursächlich sind, sind diese die moralisch verwerflicheren. Insofern ist diese Unterscheidung und Wertung von Smith letztlich durchaus nachvollziehbar.

c) Bedeutungslosigkeit des Grundes für die Nichteinhaltung des Versprechens

Auffällig an dem Beispiel von Smith mit den zwei Personen ist die Tatsache, dass die zweite Person ihr Versprechen offensichtlich nicht erfüllen wollte (aus den *Lectures* ergibt sich die Formulierung „being overballanced by a selfish motive"[517]). Interessant erscheint daher die Überlegung, wie der Fall nach Smith zu lösen wäre, wenn der Versprechende sein Versprechen zwar erfüllen will, es aber nicht kann. Man denke dabei zum Beispiel an Fälle des unverschuldeten Untergangs der Sache. Fraglich ist demnach, ob es Smith darauf ankam, ob das Nichthalten des gegebenen Versprechens verschuldet oder unverschuldet war. Beurteilt man diese Frage vor dem Hintergrund unserer Rechtsordnung, nach der es für die Konsequenzen der Unmöglichkeit auf das Verschulden ankommt[518], so empfindet man denjenigen, der sein Versprechen zwar halten will, aber unverschuldet nicht kann, als moralisch besser als denjenigen, der trotz Möglichkeit nicht erfüllt (beispielsweise aus den von Smith genannten selbstsüchtigen Motiven). Eine Trennung dieser beiden Kategorien, mit daraus folgenden unterschiedlichen Bewertungen und Folgen, ist bei Smith nicht ersicht-

---

516 SMITH, Theorie der ethischen Gefühle (wie Fn 34) S. 559; The Theory of Moral Sentiments (wie Fn 34) VII.iv.22, S. 335.

517 SMITH, LJ(A) (wie Fn 1) ii. 61.

518 §§ 280 I, III, 283; § 326 II BGB.

lich. Der Grund dafür mag darin liegen, dass Smith die Situation aus Sicht des *impartial spectator* beurteilen ließ und nicht aus Sicht des Versprechenden. Der *impartial spectator* versetzt sich in den Versprechensempfänger hinein und vollzieht dessen Enttäuschung bei Nichterfüllung nach. Der Empfänger fühlt sich in seinen Erwartungen jedoch gleichermaßen enttäuscht, unabhängig davon, ob der Versprechende sein Versprechen nicht hält, weil er es nicht kann oder weil er es nicht will. Denn für den Versprechensempfänger ist das Ergebnis das Gleiche: er bekommt nichts und ihm entsteht daher ein Schaden.

Auch im englischen Recht ist eine Differenzierung nach Verschulden bei der Unmöglichkeit nicht bekannt. Das *Common Law* sieht den Vertrag als Garantievertrag mit der Folge, dass derjenige, der den Erfolg garantiert, unabhängig von Schuldgesichtspunkten Schadensersatz zu leisten hat[519]. Wird die versprochene Leistung nicht erbracht, handelt es sich um einen *breach of contract*, der zum Schadensersatz führt[520]. Die uns im deutschen Recht bekannte Unterscheidung zwischen Unmöglichkeit, Verzug etc. erfolgt dabei nicht[521]. Dieses System bedeutet eine starke Wertung zugunsten des Versprechensempfängers und zu Lasten des Versprechenden. Der Schutz des Ersteren wird als so wichtig gewertet, dass der Versprechenden auch ohne Vorliegen eines Verschuldens Schadensersatz zu leisten hat. Daraus lässt sich schließen, dass der Grund der Versprechensbindung im Schutz der Erwartungen des Versprechensnehmers liegt.

d) Zwischenergebnis

Deutlich wird, dass Smith offensichtlich zwischen Wahrheitsbrüchen und Versprechensbrüchen trennte und er Wahrheitsbrüche für weniger verwerflich erklärte als Versprechensbrüche[522].

4. Vertragsbruch als geringste Verletzung

Dennoch war Smith der Ansicht, dass ein Vertragsbruch die geringstmögliche Verletzung bewirke[523]. Dies scheint zunächst im Widerspruch mit der Wertung zu stehen, Wahrheitsbrüche seien weniger verwerflich als Versprechensbrüche. Smith bezog sich aber hier nicht auf Wahrheitsbrüche, sondern auf im tatsächlichen Besitz befindliche Dinge. Er führte aus, es werde zwar allgemein gesagt, dass derjenige, der ihm die geschuldete Summe nicht zahle, ihm eine ebensolche

---

519 KONRAD ZWEIGERT UND HEIN KÖTZ, Einführung in die Rechtsvergleichung auf dem Gebiete des Privatrechts, Tübingen 1996, S. 501.

520 KONRAD ZWEIGERT UND HEIN KÖTZ (wie Fn 519) S. 501 f.

521 KONRAD ZWEIGERT UND HEIN KÖTZ (wie Fn 519) S. 501 f.

522 SMITH, LJ(A) (wie Fn 1) ii. 60.

523 SMITH, LJ(A) (wie Fn 1) ii. 44; LJ(B) 176.

Verletzung zufüge, wie derjenige, der die gleiche Summe durch Raub oder Diebstahl erlange[524]. Smith jedoch war der Ansicht, dass jemand, dem fünf Pfund gestohlen würden, dieses als größeren Verlust empfinde als in dem Fall, in dem er fünf Pfund in einem Vertrag verloren hätte[525]. Der Grund dafür sei, dass man sich eher auf das verlasse, was sich in unserem Besitz befinde, als auf das, was in den Händen anderer sei[526].

Breach of contract is naturaly the slightest of all injuries because we naturaly depend more on what we possess than what is in the hands of others[527].

Der Vertragsbruch ist natürlicherweise die geringste aller Verletzungen, weil wir uns mehr auf das verlassen, was wir besitzen, als auf das, was sich in den Händen anderer befindet.

In LJ(A) ist diese Feststellung etwas anders formuliert, weicht aber im Ergebnis nicht von LJ(B) ab: Da formulierte Smith, man habe nie so großes Vertrauen in das, was von der Gnade der anderen Menschen abhängig sei, wie in das, was nur von einem selbst abhänge[528]. Um diese Annahme zu erläutern, nannte Smith auch in LJ(B) das Beispiel mit dem Mann und den fünf Pfund[529]. Er stellte fest, entsprechend seien in den frühen Zeiten Untaten jeglicher Art leicht bestraft worden, mit Ausnahme derer, die den öffentlichen Frieden störten[530]. Erst in einer in Bezug auf die Zivilisation weit fortgeschrittenen Gesellschaft würden Verträge einklagbar[531] und damit ein Vertragsbruch auch rechtlich sanktioniert werden.

Smith führte weiter aus, es sei zu beobachten, dass die Ablehnung, einen Vertrag zu erfüllen, nie als Untat betrachtet worden sei, obwohl es immer eine Täuschung sei. Verweigere jemand, einen Vertrag zu erfüllen, so verurteile ihn der Richter in erster Linie zur Erfüllung und zweitens zum Ausgleich von möglicherweise entstandenen Schäden durch Verzögerung und Klage[532]. Der Richter lege demjenigen jedoch niemals eine Strafe für seinen Vertragsbruch auf[533].

---

524 SMITH, LJ(A) (wie Fn 1) ii. 44.
525 SMITH, LJ(B) (wie Fn 1) 176.
526 SMITH, LJ(B) (wie Fn 1) 176.
527 SMITH, LJ(B) (wie Fn 1) 176.
528 SMITH, LJ(A) (wie Fn 1) ii. 44.
529 SMITH, LJ(B) (wie Fn 1) 176.
530 SMITH, LJ(B) (wie Fn 1) 176.
531 SMITH, LJ(B) (wie Fn 1) 176.
532 SMITH, LJ(A) (wie Fn 1) ii. 94.
533 SMITH, LJ(A) (wie Fn 1) ii. 94.

IV. Klagbarkeit

1. Einleitung

Smith behandelte in seinen *Lectures* auch die Klagbarkeit von Verträgen. Er ging hier, wie schon bei der Erläuterung vieler Themen in seinen Vorlesungen, historisch an die Frage heran. Er machte die Entwicklung der Klagbarkeit von Verträgen deutlich und nannte Gründe für die späte Einführung einer Klagbarkeit. Seine Aussagen diesbezüglich werden dargestellt und nötigenfalls, wenn sie bei Smith sehr knapp ausgefallen sind, für ein besseres Verständnis ergänzt beziehungsweise kommentiert. Außerdem wird untersucht, ob Smith nur Geschichtliches in Bezug auf die Klagbarkeit von Versprechen berichtete oder auch eine eigene Stellungnahme zur Klagbarkeit abgab. Hat die Bindungswirkung von Versprechen für Smith Folgen für die Klagbarkeit? Konnte seiner Ansicht nach auf Erfüllung des Versprechens geklagt werden?

Bei der Besprechung der Entstehung der Klagbarkeit von Versprechen vermischen sich, wie generell bei den Erklärungen von Smith in Bezug auf das Vertragsrecht, Hinweise auf das römische Recht mit Passagen über das schottische und das englische Recht mit der Darstellung ihrer historischen Entwicklung.

2. Die Entstehung der Klagbarkeit von Verträgen

Heute halten wir selbstverständlich Verträge für klagbar. Smith stellte fest, dass das nicht immer so gewesen sei und erläuterte, wie es dann zu einer Klagbarkeit von Verträgen gekommen sei:

a) Frühe Entwicklungsstufen

(1) Stand der Entwicklung und die Gründe

In den frühen Stadien jeder Gesellschaft, berichtete Smith, seien nur die schrecklichsten Untaten bestraft worden, wie Mord, Raub, Diebstahl und andere[534]. Gerichtsverhandlungen seien in frühen Zeiten in der Form abgehalten worden, dass sich alle Menschen versammelt hätten und das nicht so sehr um eine Strafe aufzuerlegen, als vielmehr um eine Aussöhnung und eine Entschädigung für möglicherweise entstandenen Schaden herbeizuführen[535]. Es sei sogar im Fall von Mord die Hauptaufgabe gewesen, Zugeständnisse vom Mörder zu erhalten, um Ersatz für den den Freunden des Verstorbenen entstandenen Schaden zu leisten, und auf der anderen Seite ihren Ärger zu lindern[536]. Da alle Gerichtsverhandlungen in den frühen Stadien der Gesellschaftsentwicklung auf

---

[534] SMITH, LJ(A) (wie Fn 1) ii. 45.
[535] SMITH, LJ(A) (wie Fn 1) ii. 45.
[536] SMITH, LJ(A) (wie Fn 1) ii. 46.

diese Weise betrieben worden seien, was von vielen Unbequemlichkeiten beim Herbeirufen der Leute von ihren notwendigen Tätigkeiten begleitet gewesen sein müsse, seien nur die wichtigsten Sachen vor Gericht gebracht worden. Die aus einem Vertragsbruch folgende Verletzung sei nicht als wichtig genug erachtet worden, um alle Menschen in die Unannehmlichkeiten zu bringen, die diese Gerichtsverhandlungen mit sich gebracht hätten[537].

The injury arising from the breach of contract would not be thought of consequence enough to put the whole people to the trouble which trials then necessarily occasioned[538].	Die aus Vertragsbruch entstehende Verletzung wird nicht als folgenreich genug erachtet worden sein, um allen Leuten die Mühe zu machen, die die Verfahren damals notwendigerweise mit sich brachten.

Smith führte fort, weil alle Menschen für eine Gerichtsverhandlung haben versammelt werden müssten, sei man früher mit der Bestrafung von Untaten sehr zurückhaltend gewesen. Das Verfahren habe alle Gerichtsverhandlungen sehr mühsam gemacht. Zu Beginn seien nicht die zivilrechtlichen Fälle, sondern die Straftaten vor Gericht gebracht worden, weil sie Frieden und Ordnung gestört hätten. Im Gegensatz zu beispielsweise Mord, Raub und Diebstahl, welche den Menschen gewaltsam in seiner Person oder in seinem Eigentum verletze, würden Vertragsbrüche leise und ohne Gewalt begangen. Zwar erweckten diese Fälle bei dem Verletzten einen Rachewunsch, jedoch würden die Vertragsbrüche selbst keine große Ruhestörung verursachen[539].

Darüber hinaus habe es, so Smith, auch weitere Gründe gegeben, die der Gültigkeit von Verträgen entgegengestanden hätten, wie zum Beispiel die Ungewissheit der Sprache. Zu allen Zeiten sei Sprache etwas Unklares und das sei erst recht so in jenem Stadium der Gesellschaft gewesen, von dem er spreche. Daher müsse es sehr schwer gewesen sein, mit Sicherheit über die Absicht der vertragsschließenden Parteien zu entscheiden. Es sei also schwer gewesen, festzumachen, ob es die Absicht einer Partei gewesen sei, eine vernünftige Erwartung beim Vertragspartner herzustellen oder nur eine Absicht anzudeuten, die die Parteien hatten, als sie sich so verhielten[540].

---

537 SMITH, LJ(A) (wie Fn 1) ii. 46.
538 SMITH, LJ(A) (wie Fn 1) ii. 46.
539 SMITH, LJ(A) (wie Fn 1) ii. 63.
540 SMITH, LJ(A) (wie Fn 1) ii. 46.

This must render it very difficult to conclude with exactness the intention of the contracting parties, and determine whether it was their inclination to produce a reasonable expectation or only to signify a design which they had at that time of acting in such a manner[541].

Das muss es sehr schwer machen, mit Sicherheit auf die Absicht der vertragsschließenden Parteien zu schließen und zu bestimmen, ob es ihre Absicht war, eine begründete Erwartung hervorzurufen oder nur eine Absicht kund zu tun, die sie zu der Zeit hatten, als sie sich in der Weise verhielten.

Neben der Schwierigkeit der Sprache nannte Smith als zweiten Hinderungsgrund für die Gültigkeit und damit Klagbarkeit von Verträgen in frühen Zeiten den geringen Wert der Dinge, die zu dem Zeitpunkt der Entwicklung Vertragsgegenstand werden konnten. Bei diesen geringen Werten, so Smith, habe es keine großen Auswirkungen gehabt, ob die Verträge bindend gewesen seien oder nicht[542]. Das erscheint durchaus nachvollziehbar, bedenkt man den mangelnden Handel im Entwicklungsstadium der Jäger und Sammler. Smith führte aus, es habe zum einen an der geringen Bedeutung eines Versprechensbruches vor allem im Vergleich zu einem Eigentumsbruch gelegen[543]. Als dritten Grund für die fehlende Gültigkeit von Verträgen nannte Smith die geringe Zahl an Gelegenheiten, in denen sie erforderlich gewesen seien. Insofern sei zu beobachten, dass in den ersten Entwicklungsstufen der Gesellschaft, Verträge nicht bindend gewesen seien[544].

We find accordingly that in the first periods of society, and even till it had made some considerable advances, contracts were noways binding[545].

Dementsprechend beobachten wir in den ersten Stadien der Gesellschaft und sogar bis sie erhebliche Fortschritte gemacht hatte, dass Verträge keineswegs bindend waren.

(2) Beginn der Wirksamkeit von Verträgen

Smith setzte fort, es werde berichtet, dass bei manchen Völkern Ost-Indiens gar keine Verträge bindend gewesen seien. Auch Aristoteles habe von gewissen Staaten in Griechenland berichtet, in denen die Gültigkeit von Verträgen unbekannt gewesen sei[546]. Des Weiteren ergebe sich aus einigen Büchern, dass zu Zeiten Henry's II., er regierte von 1154 bis 1189, in Schottland die Bedeutung von Verträgen erst langsam begonnen habe. Es sei dann das Königsgericht ein-

541 SMITH, LJ(A) (wie Fn 1) ii. 46.
542 SMITH, LJ(A) (wie Fn 1) ii. 47.
543 SMITH, LJ(A) (wie Fn 1) ii. 62.
544 SMITH, LJ(A) (wie Fn 1) ii. 47.
545 SMITH, LJ(A) (wie Fn 1) ii. 47.
546 SMITH, LJ(A) (wie Fn 1) ii. 47.

geführt worden, das sich um die wichtigsten Verträge gekümmert habe. Es werde gleichwohl berichtet, dass der Königshof sich selten mit Gegenständen von so geringer Bedeutung wie Verträgen beschäftigt habe. Betrachte man nun die Gründe für die fehlende Bindungswirkung von Verträgen, dann werde man auch die Gründe finden, die zu einer schrittweisen Wirksamkeit der Verträge geführt hätten. Als ersten Hinderungsgrund nannte Smith die Unsicherheit der Sprache[547]. Nach Beseitigung dieses Grundes habe er nicht mehr greifen können, so dass die ersten bindenden Verträge diejenigen gewesen seien, bei denen die Absicht der Vertragsschließenden deutlich gewesen sei. Das sei dann der Fall gewesen, wenn sie in bestimmten Worten ausgedrückt worden seien, bei denen anerkannt gewesen sei, dass sie den Wunsch zum Ausdruck gebracht hätten, dass sich der andere auf die Erfüllung des Vereinbarten verlassen können soll[548]. Diese seien die Verbalkontrakte gewesen, die man durch bestimmte Worte geschlossen habe, die so genannte Stipulation[549]. In LJ(B) wird diese Passage etwas anders formuliert beziehungsweise. durch Folgendes ergänzt:

The first contracts that sustained action would be those where the damage done was very great, and where there could be no doubt but the person once intended to perform[550].

Die ersten Verträge, die klagbar waren, würden die sein, wo der entstandene Schaden sehr groß war und wo es keinen Zweifel geben konnte, dass die Person ehemals beabsichtigte zu erfüllen.

I showed also that those contracts were first allowed to sustain action, wherein the will and intention of each party to create a dependence in the other was indisputable...[551]

Ich zeigte auch, dass die Verträge zuerst klagbar waren, worin der Wille und die Absicht von jeder Partei, ein Vertrauen beim anderen zu schaffen, unstreitig war...

b) Stipulation

Smith führte aus, das sei dann der Fall gewesen, als man für diesen Zweck eine bestimmte Form, die Stipulation, vorgeschrieben habe[552]. Man habe die Frage feierlich gestellt und sie sei feierlich beantwortet worden[553]. Eine Stipulation sei bei diesen Verträgen dann nicht möglich gewesen, sofern nicht die Parteien persönlich anwesend gewesen seien und auch ein schriftliches Versprechen sei

547 SMITH, LJ(A) (wie Fn 1) ii. 48.
548 SMITH, LJ(A) (wie Fn 1) ii. 48, 49.
549 SMITH, LJ(A) (wie Fn 1) ii. 49.
550 SMITH, LJ(B) (wie Fn 1) 176.
551 SMITH, LJ(A) (wie Fn 1) ii. 63.
552 SMITH, LJ(A) (wie Fn 1) ii. 63.
553 SMITH, LJ(A) (wie Fn 1) ii. 49.

nicht bindend gewesen[554]. Smith zog an dieser Stelle den passenden Vergleich zwischen der Rolle der Stipulation im römischen Recht und der Notwendigkeit der *consideration* im englischen Recht. So wie im römischen Recht für die Klagbarkeit zu Beginn eine Stipulation habe vorliegen müssen, so sei im englischen Recht die *consideration* für das Vorliegen der Bindungswirkung notwendig gewesen[555].

Entsprechend den Ausführungen von Smith diente bis zur Aufstellung des Grundsatzes *Pacta sunt servanda* die Stipulationsklausel der Klagbarkeit von Vereinbarungen[556]. Auf diese Weise wurde die von Smith beschriebene zuvor bestehende Unsicherheit bezüglich der Ernsthaftigkeit des Versprechens und damit der Frage eines eventuell einklagbaren Anspruchs eindeutig geregelt. Tatsächlich hatte vor Einführung der Stipulation die von Smith genannte Unsicherheit bezüglich der Frage, ob sich der Erklärende in einem solchen Maß an das Gesagte binden wollte, bestanden. Durch Einführung der Stipulation stand in diesen Fällen zweifelsfrei fest, dass eine Klagbarkeit gegeben war[557]. Es handelte sich bei der Stipulation um ein Leistungsversprechen, das mündlich gegeben wurde und formgebunden war[558]. Die Stipulation bestand darin, dass der Gläubiger die Frage mit dem Inhalt des Versprechens formulierte und der Schuldner durch ein Wort zustimmte, indem er die Formulierung des Gläubigers verwendete[559]. Gegenstand der Leistung konnte all das sein, das auch als Schuldgegenstand zulässig war[560]. Mit der Stipulation war eine Möglichkeit geschaffen worden, auch andere Schuldverträge klagbar zu machen als nur die bisher eng eingegrenzte Zahl, der man bis dahin im Rahmen des Aktionensystems eine Klagemöglichkeit gegeben hatte[561]. Durch die notwendige Anwesenheit der vertragsschließenden Parteien machte die Stipulationsklausel den Konsens deutlich. Insofern ist verständlich, was Smith damit meinte, vor Einführung der Stipulation habe man nur die Verträge als bindend angesehen, die in einer bestimmten Form geschlossen worden seien. Bei allen anderen sei die Unsicher-

---

[554] SMITH, LJ(B) (wie Fn 1) 176.

[555] SMITH, LJ(B) (wie Fn 1) 176 f.

[556] HELMUT COING, Europäisches Privatrecht, Band I Älteres gemeines Recht (1500 bis 1800), München 1985, S. 480 f.

[557] HELMUT COING, Europäisches Privatrecht, Band I Älteres gemeines Recht (1500 bis 1800), München 1985, S. 480 f.

[558] MAX KASER, Das römische Privatrecht, Erster Abschnitt, Das altrömische, das vorklassische und klassische Recht, 2. Auflage, München 1971, S. 538.

[559] MAX KASER, Das römische Privatrecht, Erster Abschnitt, Das altrömische, das vorklassische und klassische Recht, 2. Auflage, München 1971, S. 540.

[560] MAX KASER, Das römische Privatrecht, Erster Abschnitt, Das altrömische, das vorklassische und klassische Recht, 2. Auflage, München 1971, S. 538.

[561] MAX KASER, Das römische Privatrecht, Erster Abschnitt, Das altrömische, das vorklassische und klassische Recht, 2. Auflage, München 1971, S. 538 f.

heit der Sprache zu groß gewesen, d.h. man habe nicht mit Sicherheit sagen können, ob sich die Parteien tatsächlich haben binden wollen, oder ob sie lediglich ihre Absicht kundgetan hätten. Erst die Stipulation habe diese Unsicherheit aufgehoben.

An dieser Stelle zog Smith einen Vergleich zu England und führte aus, auch vor den englischen Zivilgerichten seien die ersten klagbaren Verträge diejenigen gewesen, bei denen der Wille der Vertragsparteien unstreitig gewesen sei[562]. Zu Beginn seien nur die mit Eid abgeschlossenen Verträge vor einem Kirchengericht einklagbar gewesen und später sei dies auf alle Verträge erweitert worden[563].

c) Realverträge

Smith führte aus, nach diesen Verbalkontrakten seien die nächsten Verträge, die Realverträge *mutuum, commodatum, depositum* und *pignus*, eingeführt worden[564]. Er berichtete, aus demselben Grund, aus dem durch eine feierliche Form geschlossene Verträge klagbar geworden seien, seien Realverträge ebenfalls klagbar gemacht worden[565]. Denn in diesen sei die Neigung der vertragsschließenden Parteien genauso deutlich wie wenn der Vertrag durch feierliche Wortformen besiegelt worden sei[566]. Aus den Institutionen ergibt sich, dass dieses an der Begründung des Schuldverhältnisses durch Sachhingabe liegt[567]. Smith setzte fort, insofern seien bald die vier Realverträge *mutuum, commodatum, depositum* und *pignus* klagbar geworden[568]. Während zunächst der geringe Wert der Vertragsgegenstände in den frühen Entwicklungsstadien der Gesellschaft ein Hindernis für die Gültigkeit von Verträgen gewesen sei, hätten sie mit der Bedeutung von Eigentum an Wichtigkeit gewonnen[569]. Dadurch sei dann sehr bald eine Bindungswirkung entstanden, denn sonst seien für die Fälle, in denen die eine Partei bereits erfüllt hätte und die andere nicht, der Verlust zu hoch gewesen[570]. Die Realverträge seien für den Fall der Erfüllung durch eine Partei bindend geworden[571]. Während zunächst auch bei den Realverträgen eine Stipulation notwendig gewesen sei, habe man diese später abgeschafft[572]. In der

562 SMITH, LJ(A) (wie Fn 1) ii. 64.
563 SMITH, LJ(A) (wie Fn 1) ii. 64.
564 SMITH, LJ(A) (wie Fn 1) ii. 52.
565 SMITH, LJ(A) (wie Fn 1) ii. 67; LJ(B) 177.
566 SMITH, LJ(A) (wie Fn 1) ii. 67.
567 INST. 3.14.
568 SMITH, LJ(A) (wie Fn 1) ii. 53; ii. 67; LJ(B) 177.
569 SMITH, LJ(A) (wie Fn 1) ii. 52.
570 SMITH, LJ(A) (wie Fn 1) ii. 52.
571 SMITH, LJ(A) (wie Fn 1) ii. 53.
572 SMITH, LJ(A) (wie Fn 1) ii. 67.

Hingabe der Sache habe sich ebenso wie in dem Sprechen der Formeln bei der Stipulation der Wille der Parteien in Bezug auf ein schutzwürdiges Vertrauen offenbart[573]. Daher seien dann die Realkontrakte bald klagbar geworden[574].

Bei einem *mutuum* (Darlehen) sei der Wille der Parteien deutlich gewesen[575]. Einen solchen Vertrag habe man in den Fällen geschlossen, in denen eine Sache hingegeben worden sei, die durch die Benutzung aufgebraucht worden sei, wie zum Beispiel Wein, Geld und Korn[576]. Tatsächlich erwarb der Empfänger, so wie Smith es ausführte, beim *mutuum* Eigentum und war anstatt zur Rückgabe des Empfangenen zur Rückgabe einer Sache der gleichen Gattung verpflichtet[577]. Richtig führte Smith demnach aus, dass der Empfänger nur beim *mutuum* Eigentum erwarb und er nicht zu Rückgabe der Sache selbst verpflichtet war[578]. Formvorschriften gab es für das *mutuum* nicht[579]. Der Darlehensgeber erlangte gegen den Darlehensnehmer einen Anspruch auf Zahlung der konkreten Geldsumme oder der anderen *certae res*[580], also bestimmten Sache.

Weiter führte Smith aus, das *commodatum* (Leihe) sei ebenfalls ein Vertrag gewesen, bei dem etwas hingegeben worden sei, mit dem Unterschied, dass die Sache nicht verbraucht worden sei. Smith war der Ansicht, zwischen diesen beiden Vertragsarten bestehe ein erheblicher Unterschied. Beim *mutuum* werde das Eigentum an der Sache übertragen und dem Entleihenden erlaubt, die Sache zu verbrauchen. Der Darlehensnehmer sei insofern bei einem *mutuum* nur dazu verpflichtet, eine Sache von gleichwertiger Qualität und Quantität zu ersetzen, nicht jedoch dieselbe Sache. Sei hingegen ein *commodatum* geschlossen worden, so sei der Darlehensnehmer verpflichtet, die geliehene Sache weder aufzubrauchen noch zu zerstören[581]. Hier müsse der Darlehensnehmer diese individuelle Sache zurückgeben[582]. Smith folgerte daraus, dass es bei einem *mutuum* keine Klage für Schäden an der geliehenen Sache geben könne, da sie im Eigentum des Entleihers stehe. Im Falle eines *commodatum* könne es durchaus

---

573 SMITH, LJ(A) (wie Fn 1) ii. 67.

574 SMITH, LJ(A) (wie Fn 1) ii. 67 f.

575 SMITH, LJ(A) (wie Fn 1) ii. 68; LJ(B) 177.

576 SMITH, LJ(A) (wie Fn 1) ii. 68.

577 MAX KASER, Das römische Privatrecht, Erster Abschnitt, Das altrömische, das vorklassische und klassische Recht, 2. Auflage, München 1971, S. 530.

578 MAX KASER, Das römische Privatrecht, Erster Abschnitt, Das altrömische, das vorklassische und klassische Recht, 2. Auflage, München 1971, S. 530.

579 HELMUT COING, Europäisches Privatrecht, Band I Älteres gemeines Recht (1500 bis 1800), München 1985, S. 470.

580 MAX KASER, Das römische Privatrecht, Erster Abschnitt, Das altrömische, das vorklassische und klassische Recht, 2. Auflage, München 1971, S. 551.

581 SMITH, LJ(A) (wie Fn 1) ii. 68.

582 SMITH, LJ(A) (wie Fn 1) ii. 68; LJ(B) 178.

eine solche Klage geben, da dem Entleiher nur die Nutzung der Sache erlaubt worden sei. Daraus sei dann sehr bald eine Klagemöglichkeit entstanden, da der Wunsch der vertragsschließenden Parteien dahin gegangen sei, an das Vereinbarte gebunden zu werden, den Vertrag zu erfüllen oder jedenfalls ein Vertrauen zu schaffen[583].

Nachdem diese beiden Verträge einklagbar geworden seien, sei das *depositum* (Verwahrung) gefolgt[584]. Smith führte aus, bei dieser Vertragsart sei eine Sache in jemandes Obhut und werde dabei für den Eigentümer nur verwahrt, dürfe jedoch nicht benutzt werden[585]. Sollte der Verwahrer die Sache entgegen der Vereinbarung dennoch verwenden oder gar verbrauchen, so habe der Eigentümer der Sache eine Klagemöglichkeit gegen ihn[586]. *Pignus* sei eine Sicherheit für eine Schuld[587]. Alle diese Verträge hätten einen Klagegrund dargestellt[588].

d) Entstehung weiterer Vertragstypen

Smith folgerte, es sei zu Beginn ein gewisser Grad an Feierlichkeit erforderlich gewesen, um einen Vertrag vollständig bindend zu machen[589]. Auch Herodot habe berichtet, die Skyten hätten einander Blut in eine Schale gefüllt, ihre Pfeile eingetaucht und anschließend daraus getrunken, wenn sie wünschten, einen Vertrag vollständig bindend zu machen[590]. Smith berichtete, dass bei den Arabern ein ähnlicher Brauch zu finden gewesen sei[591]. Bräuche, wie den Wein mit Blut zu mischen, würden nach Ansicht von Smith zeigen, dass die Menschen generell glauben würden, solch ekelhafte Zeremonien ließen den Vertrag bindender erscheinen[592].

Im Folgenden machte Smith den Fortschritt bei der Klagbarkeit von Verträgen deutlich. Er führte aus, dass durch die große Bedeutung, die ihnen mit der Entwicklung des Handels zugekommen sei, Verträge für klagbar erklärt worden seien und man diesen Vertragstyp *contractus litterales* genannt habe[593]. Smith führte weiter aus, die Ausweitung des Handels habe zu einem Anstieg derjeni-

583 SMITH, LJ(A) (wie Fn 1) ii. 68.
584 SMITH, LJ(A) (wie Fn 1) ii. 69.
585 SMITH, LJ(A) (wie Fn 1) ii. 69; LJ(B) 178.
586 SMITH, LJ(A) (wie Fn 1) ii. 69.
587 SMITH, LJ(B) (wie Fn 1) 178.
588 SMITH, LJ(B) (wie Fn 1) 178.
589 SMITH, LJ(A) (wie Fn 1) ii. 70.
590 SMITH, LJ(A) (wie Fn 1) ii. 70.
591 SMITH, LJ(A) (wie Fn 1) ii. 70.
592 SMITH, LJ(A) (wie Fn 1) ii. 70.
593 SMITH, LJ(A) (wie Fn 1) ii. 71.

gen Verträge geführt, die als bindend erachtet worden seien[594]. Zu einem späteren Zeitpunkt sei dann die Übereinstimmung der Parteien ausreichend gewesen und es habe der Zeremonien nicht mehr bedurft[595]. Diese Verträge habe man *contractus consensuales* genannt[596]. Smith bezog sich hier auf den Übergang von der Annahme, nur streng formal getroffene Vereinbarungen seien verpflichtend, zu der Entwicklung des formlosen Vertrages, lediglich basierend auf der Willensübereinstimmung der Parteien. Diese von Smith kurz beschriebene Entwicklung war Produkt der Rechtsprechung der Prätoren. Ebenso wie Smith ausführte, hatte es sich nach dem heutigen Stand der Wissenschaft im römischen Recht zugetragen: Der in Rom nach den punischen Kriegen stetig steigende Handel, wurde durch die strengen Formeln erschwert, so dass der Prätor auch Vereinbarungen als verpflichtend anerkannte, die ohne Stipulation geschlossen worden waren[597]. Nunmehr entstand die Verpflichtung nicht mehr durch Einhaltung bestimmter Formen, sondern ergab sich aus Treu und Glauben *(ex fide bona)*[598]. Mario Bretone wendet ein, die Prätoren hätten nicht ohne weiteres diese neue Rechtsprechung eingeführt, sondern sie hätten sich dabei auf eine bereits in gewissem Umfang bestehende Praxis bezogen. Der Prätor, so Bretone, habe diese Regel nicht neu erschaffen, sondern die in der Praxis bereits bestehende Anerkennung von Verträgen, die auf Treu und Glauben beruhte, lediglich bestätigt[599]. Daraus folgt, dass Recht, so wie Smith es darlegt, eine Anpassung an die tatsächlichen Bedürfnisse der Gesellschaft ist und häufig eine Weiterentwicklung von rechtlichen Gebräuchen und nicht umgekehrt Rechtssetzung aus dem „Nichts“ erfolgt und dann Anwendung findet.

Weiterhin machte Smith deutlich, die Ausweitung des Handels habe zur Einführung mehrerer anderer Vertragstypen geführt[600]. Man habe in den Anfängen des Handels, als es noch nicht um große Entfernungen gegangen sei, die benötigten Waren anhand eines sofortigen Warentausches beschafft[601]. Damals habe ein Vertrag nur zwischen denjenigen Personen geschlossen werden können, die tatsächlich die erforderlichen Formeln beherrscht hätten, da ein Eid nur jemandem habe abgenommen werden können, der diesen auch wirklich ausgesprochen und

---

594 SMITH, LJ(A) (wie Fn 1) ii. 53.
595 SMITH, LJ(A) (wie Fn 1) ii. 71.
596 SMITH, LJ(A) (wie Fn 1) ii. 71.
597 UWE WESEL, Geschichte des Rechts, Von den Frühformen bis zur Gegenwart, München 2001, S. 212 f.
598 MAX KASER, Das römische Privatrecht, Erster Abschnitt, Das altrömische, das vorklassische und klassische Recht, 2. Auflage, München 1971, S. 546.
599 MARIO BRETONE, Geschichte des römischen Rechts, Von den Anfängen bis zu Justinian, München 1998, S. 101.
600 SMITH, LJ(A) (wie Fn 1) ii. 69.
601 SMITH, LJ(A) (wie Fn 1) ii. 53.

ihn nicht lediglich aufgeschrieben habe[602]. Der promissorische Eid diente der Bekräftigung der Verpflichtung[603] und hatte zur Folge, dass man das Versprechen einzuhalten hatte, da ein Bruch des Versprechens eine Sünde war[604]. Smith setzte fort, ein aufgeschriebener Eid habe keine Wirkung gehabt[605]. Das sei der Grund gewesen, warum zu Beginn des Handels ein Vertrag nur unter Anwesenden habe geschlossen werden können[606]. Entsprechend den Ausführungen von Smith erforderten die Formalverträge die Anwesenheit beider Vertragsparteien[607], während die Konsensualverträge durch formlose Übereinstimmung geschlossen würden[608] und daher auch nicht die Anwesenheit beider Parteien verlangten[609]. Smith erklärte, mit der zunehmenden Ausbreitung des Handels sei das Bedürfnis entstanden, die Möglichkeiten für einen Vertragsschluss auszudehnen[610]. Daher sei es notwendig geworden, die wichtigen Verträge als bindend anzusehen, unabhängig davon, ob sie unter An- oder Abwesenden geschlossen worden seien[611]. Folglich seien bald auch Konsensualverträge als einklagbar angesehen worden, darunter Kauf, Miete, Gesellschaft und Auftrag[612]. Smith machte damit die Entwicklung von der Gültigkeit von Verträgen im römischen Recht deutlich. Die Gültigkeit der Verträge wurde immer nur so weit anerkannt, wie es für einzelne Geschäfte nach den Anforderungen des damaligen Handels nötig war. Auf die zunächst nur vier Arten von gültigen Verträgen folgten bei wachsendem Bedarf im täglichen Wirtschaftsleben schrittweise die, die jeweils notwendig wurden.

Die von Smith genannte Unterteilung in Real-, Verbal-, Litteral- und Konsensualverträge entspricht dem von Gaius entworfenen Schema[613]. Auch heute noch unterscheidet das schottische Recht in Anlehnung an das römische Recht zwi-

---

602 SMITH, LJ(A) (wie Fn 1) ii. 53, 54.

603 GERHARD DILCHER, 3. Versprechenseide, in: Handwörterbuch zur Deutschen Rechtsgeschichte Band I, hrsg. von Adalbert Erler und Ekkehard Kaufmann, Berlin 1971, S. 866.

604 TILMAN REPGEN, Vertragstreue und Erfüllungszwang in der mittelalterlichen Rechtswissenschaft, Paderborn u.a. 1994, S. 112 f.

605 SMITH, LJ(A) (wie Fn 1) ii. 54.

606 SMITH, LJ(A) (wie Fn 1) ii. 54.

607 INST. 3.19.12.

608 INST. 3.22.

609 So auch die Herausgeber der „Lectures on Jurisprudence“ MEEK, RAPHAEL UND STEIN in Fn 10 auf Seite 91.

610 SMITH, LJ(A) (wie Fn 1) ii. 55.

611 SMITH, LJ(A) (wie Fn 1) ii. 55; ii. 69.

612 SMITH, LJ(A) (wie Fn 1) ii. 69; LJ(B) 178.

613 GAI. 3.89.:

> „Et prius videamus de his, quae ex contractu nascuntur, harum autem quattuor genera sunt: aut enim re contrahitur obligatio aut verbis aut litteris aut consensu.“

schen Realverträgen und Konsensualverträgen und auch die Unterscheidung zwischen Litteralverträgen und Verbalverträgen ist dem schottischen Recht in veränderter Form bekannt[614]. Dabei werden unter Realverträgen diejenigen Verträge verstanden, die nicht lediglich durch eine Vereinbarung zustande kommen, sondern bei denen noch die Übergabe der Sache notwendig ist[615]. Ebenfalls anknüpfend an die römische Rechtstradition kennt das heutige schottische Recht die auch von Smith beschriebenen vier Realverträge *commodatum, mutuum, depositum und pignus*[616]. Diese Realverträge entsprechen im heutigen schottischen Recht noch der oben bereits wiedergegebenen Beschreibung von Smith.

Smith fasste zusammen, es habe zum einen die Vertragsarten gegeben, die man durch eine bestimmte Wortform oder Stipulation abgeschlossen habe, zum anderen die Realkontrakte, dann diejenigen, die durch *litteris* abgeschlossen worden seien und viertens die *consensuales*[617]. Zusätzlich habe es, so erläuterte Smith, im römischen Recht einen nicht selbstständig einklagbaren Vertrag gegeben, den man *pactum nudum* genannt habe[618]. Er habe dann vorgelegen, wenn jemand ein bloßes Versprechen ohne Beweggrund abgegeben habe[619].

e) Pactum nudum

Smith erklärte, ebenso wie die mündlichen Verträge mit einer *justa causa* oder *compensatio* seien die *pacta nuda* von den Römern nie für einklagbar gehalten worden[620]. Bei dem *pactum nudum* habe es sich um einen nicht selbständig einklagbaren Vertrag gehandelt, der vorgelegen habe, wenn ein bloßes Versprechen ohne Beweggrund abgegeben worden sei[621]. Obwohl das *pactum nudum* keine Klage habe begründen können, habe es jedoch als Einrede oder Verteidigung gegen eine Klage gedient[622]. Dafür nannte Smith folgendes Beispiel: Schuldete A dem B 100 Pfund und B sagte, er würde sie nicht von A fordern, sei dies ein ausreichender Beweis, um A von der Schuld zu befreien[623]. Hätte B aber unentgeltlich versprochen, dem A 100 Pfund zu geben, dann gäbe das dem A keinen rechtlichen Anspruch auf die Summe[624]. Smith fasste diese Überlegungen wie

---

614 HELMUT WEBER, Einführung in das schottische Recht, Darmstadt 1978, S. 89 und Fn 72.
615 HELMUT WEBER, Einführung in das schottische Recht, Darmstadt 1978, S. 89.
616 HELMUT WEBER, Einführung in das schottische Recht, Darmstadt 1978, S. 89.
617 SMITH, LJ(A) (wie Fn 1) ii. 71.
618 SMITH, LJ(B) (wie Fn 1) 178.
619 SMITH, LJ(B) (wie Fn 1) 178.
620 SMITH, LJ(A) (wie Fn 1) ii. 72.
621 SMITH, LJ(B) (wie Fn 1) 178.
622 SMITH, LJ(A) (wie Fn 1) ii. 72; LJ(B) 178.
623 SMITH, LJ(A) (wie Fn 1) ii. 72.
624 SMITH, LJ(A) (wie Fn 1) ii. 73.

folgt zusammen. Die „Zartfühligkeit“[625] für die Freiheit der Individuen, die die Klagemöglichkeit erst so spät habe erscheinen lassen, da alle diese Verpflichtungen eine Beschränkung dieser Freiheit seien, tendiere dazu, diejenigen, die eine solche Verpflichtung hätten, aus einem sehr leichten Grund zu befreien[626].

The same tenderness for the liberty of individualls which made action on contracts so late of taking place, as all such obligations are a restraint on this liberty, inclined them to free those who were under such obligations, on a very slight ground[627].	Die gleiche Zartfühligkeit für die Freiheit der Individuen, die die Klagbarkeit von Verträgen so spät stattfinden ließ, da all solche Verpflichtungen eine Beschränkung dieser Freiheit sind, war dazu geneigt, diejenigen, die unter einer solchen Verpflichtung standen, aus sehr geringem Grund davon zu befreien.

Smith vertrat die Auffassung, Verträge würden die Menschen in ihrem Bedürfnis nach Freiheit einengen und aus diesem Grunde habe schon eine geringe Rechtfertigung von einem Vertrag befreit[628].

As contracts deprive men of that liberty which every man wishes to enjoy, a very small defence sett them free[629].	Da Verträge den Menschen die Freiheit nehmen, die jeder genießen möchte, ließ eine sehr geringe Verteidigung sie davon freikommen.

Deutlich wird in der Formulierung „liberty which every man wishes to enjoy“, die große Bedeutung, die die Freiheit der Individuen für Smith hatte. So spiegelt sich in dieser Aussage möglicherweise auch die äußerst kritische Haltung von Smith zum Merkantilismus wider. Seiner Ansicht nach war die Gesetzgebung des Merkantilismus ein Hemmnis für die Freiheit des Einzelnen[630]. Vielmehr schwebte Smith die Idee eines liberalen Rechtsstaats vor[631]. Er war der Ansicht, alle Gesetze, die den freien Gütermarkt einschränkten, seien „offenkundige Verletzungen der natürlichen Freiheit und daher ungerecht“[632]. Der Gesetzgeber

625 Smith sprach von „tenderness“ SMITH, LJ(A) (wie Fn 1) ii. 73.

626 SMITH, LJ(A) (wie Fn 1) ii. 73.

627 SMITH, LJ(A) (wie Fn 1) ii. 73.

628 SMITH, LJ(B) (wie Fn 1) 178.

629 SMITH, LJ(B) (wie Fn 1) 178.

630 SMITH, Untersuchung über Wesen und Ursachen des Reichtums der Völker, hrsg. von Erich W. Streissler, übersetzt von Monika Streissler, Tübingen 2005, z. B. S. 619; An Inquiry into the Nature and Causes of the Wealth of Nations, hrsg. von Roy Harold Campbell/Andrew S. Skinner, Indianapolis 1981, Bd. II, IV.vii.c.89, S. 630.

631 KARL GRAF BALLESTREM, Adam Smith, München 2001, S. 118.

632 SMITH, Untersuchung über Wesen und Ursachen des Reichtums der Völker, hrsg. von Erich W. Streissler, übersetzt von Monika Streissler, Tübingen 2005, S. 532; An Inquiry

solle es lieber dem einzelnen selbst überlassen, seine Interessen auf seine Weise zu verfolgen[633], „nach den liberalen Vorstellungen von Gleichheit, Freiheit und Gerechtigkeit[634]".

f) Unterschiede bei Entstehung der Klagbarkeit

Smith führte weiter aus, das *Common Law* habe anders als das römische Recht zunächst keine Verträge für klagbar gehalten. Hingegen hätten die kirchlichen Gerichte eine Klagemöglichkeit bei Verträgen zugelassen[635]. Als die Gerichte des *Civil Law* Verträge schließlich für einklagbar erachtet hätten, sei dieses nur für diejenigen Verträge wichtig gewesen, die in Form einer feierlichen Handlung in Gegenwart des Gerichts geschlossen worden seien und die man in ihren Büchern vermerkt hätte[636]. Das kirchliche oder kanonische Recht, berichtete Smith weiter, das auf den Prinzipien von Ehre und Tugend basiere, habe nicht so sehr beachtet, was einem gemeinen Menschen als Recht und billig erscheine[637]. Vielmehr habe es darauf abgestellt, was die Pflicht eines guten Christen und die Regeln seien, nach denen er sein Benehmen lenken sollte[638]. Entsprechend hätte das kanonische Recht unabhängig von seiner Bedeutung jedem Vertrag eine Klagemöglichkeit eingeräumt[639]. Die Menschen seien sogar gezwungen worden, ein ohne Gegenleistung gegebenes Versprechen zu erfüllen[640]. Smith führte schließlich aus, nun müsse jeder, der ein klar bewiesenes Versprechen gegeben habe, dieses nach schottischem Recht[641] erfüllen[642].

Smith stellte einen erheblichen Unterschied fest zwischen den Verträgen seiner Zeit und früheren[643]. So führte er aus, während früher selbst die feierlichsten Ze-

---

into the Nature and Causes of the Wealth of Nations, hrsg. von Roy Harold Campbell/Andrew S. Skinner, Indianapolis 1981, Bd. I, IV.v.b.16, S. 530.

633 SMITH, Untersuchung über Wesen und Ursachen des Reichtums der Völker, hrsg. von Erich W. Streissler, übersetzt von Monika Streissler, Tübingen 2005, S. 532 f.; An Inquiry into the Nature and Causes of the Wealth of Nations, hrsg. von Roy Harold Campbell/Andrew S. Skinner, Indianapolis 1981, Bd. I, IV.v.b.16, S. 531.

634 SMITH, Untersuchung über Wesen und Ursachen des Reichtums der Völker, hrsg. von Erich W. Streissler, übersetzt von Monika Streissler, Tübingen 2005, S. 650; An Inquiry into the Nature and Causes of the Wealth of Nations, hrsg. von Roy Harold Campbell/Andrew S. Skinner, Indianapolis 1981, Bd. II, IV.ix.3, S. 664.

635 SMITH, LJ(A) (wie Fn 1) ii. 73.

636 SMITH, LJ(A) (wie Fn 1) ii. 73.

637 SMITH, LJ(A) (wie Fn 1) ii. 74.

638 SMITH, LJ(A) (wie Fn 1) ii. 74.

639 SMITH, LJ(A) (wie Fn 1) ii. 74; LJ(B) 179.

640 SMITH, LJ(B) (wie Fn 1) 179.

641 SMITH sprach hier von „unserem Recht".

642 SMITH, LJ(B) (wie Fn 1) 179.

643 SMITH, LJ(B) (wie Fn 1) 179.

remonien kaum als ausreichend anerkannt worden seien, um die Bindungswirkung des Vertrages eintreten zu lassen, mache zu seiner Zeit fast alles einen Vertrag bindend[644].

Smith zog eine Parallele zwischen dem schottischen Recht und dem *Civil Law* mit der Ausnahme, dass *pacta nuda* klagbar seien[645].

The Scots law and [in][646] that of most other nations of Europe are altogether the same with the civil law, except that the nuda pacta sustain action[647].	Das schottische Recht und das der meisten anderen Länder Europas sind allesamt wie das Civil Law, außer, dass die nuda pacta klagbar sind.

Er führte aus, habe ein Mann in diesem Land eine Geldsumme oder anderes versprochen und könne dieses einfach bewiesen werden, so sei er zur Zahlung verpflichtet. Der Grund für diese sich von England unterscheidende Praxis sei, dass die Gerichte in Schottland lange Zeit gebildet worden seien, nachdem das *Civil Law* und das kanonische Recht in diesen Ländern verbreitet gewesen seien. Infolgedessen sei der Einfluss dieser Rechte entsprechend gewesen. Demgegenüber habe das englische Recht bereits vor Wiederauffindung der Pandekten Justinians über ein eigenständiges System verfügt[648]. Hier spielte Smith darauf an, dass England bereits sehr früh ein eigenes Rechtssystem entwickelt hatte[649] und

644 SMITH, LJ(B) (wie Fn 1) 179.
645 SMITH, LJ(A) (wie Fn 1) ii. 74.
646 Die Herausgeber Meek, Raphael und Stein der „Lectures" haben Worte oder Buchstaben, die offensichtlich nicht dort stehen sollten, wo sie stehen, in eckige Klammern gesetzt. Siehe dazu die Einleitung von MEEK, RAPHAEL UND STEIN S. 39.
647 SMITH, LJ(A) (wie Fn 1) ii. 74.
648 SMITH, LJ(A) (wie Fn 1) ii. 74.
649 Nach der keltischen und römischen Phase besetzten im 5. Jahrhundert die germanischen Angeln und Sachsen das Gebiet des späteren England (ERIC EVANS, English History, Barth 2001, S. 27). Im Jahre 879 eroberten dann die Dänen fast die ganze östliche Hälfte Englands (THEODORE F. T. PLUCKNETT, A Concise History of the Common Law, London 1956, S. 10) und somit wurde der östliche Teil der Insel neuen skandinavischen Einflüssen ausgesetzt. Als Folge wurde überall in den dänisch besetzten Gebieten das „Danelaw" herrschend (JOHN HAMILTON BAKER, An Introduction to English Legal History, London u.a. 1990, S. 3). Bis zur Invasion der Normannen im Jahre 1066 existierte jedoch noch kein einheitliches Recht (WERNER TEUBNER, Kodifikation und Rechtsreform in England, Berlin 1972, S. 24). Vielmehr sind vom Ende des 9. bis zum späten 12. Jahrhundert drei verschiedene Regionen zu unterscheiden. Im östlichen Teil Englands galt das „Danelaw", in dem Territorium ungefähr südlich der Themse das „West Saxon Law" und im Westen Englands das „Mercian Law" (CYRIL HART, The Danelaw, London u.a. 1992, S. 3).
Mit der Eroberung der Normannen im Jahre 1066 begann für die Entwicklung des englischen Rechts eine neue Epoche (SIR FREDERICK POLLOCK/FREDERIC WILLIAM MAITLAND, The History of English Law before the time of Edward I., Cambridge, 1952,

daher den Einflüssen des römischen Rechts möglicherweise nicht so ausgesetzt war wie die Länder, in denen sich ein funktionierendes und einheitliches Rechtssystem noch nicht gebildet hatte.

So machte Smith weiter deutlich, Englands Gerichte seien bereits eingerichtet und die Art des Rechtsverfahrens sehr gefestigt gewesen, bevor andere Gerichte in Europa gegründet worden seien oder das *Civil Law* und das Kanonische Recht auf die englischen Gerichte ein großes Gewicht hätten haben können[650]. Smith sah hierin den Grund, weshalb das englische Recht weniger als alle anderen Rechte Europas Grundlagen aus dem *Civil Law* und dem Kanonischen Recht entnehme[651]. Es sei auch der Grund dafür, dass das englische Recht im Hinblick auf Verträge sehr mangelhaft sei[652]. So habe das englische Recht vor Einführung des *Court of Chancery* eine Klage auf eine *specific performance*[653] des Vertrages nicht erlaubt, sondern lediglich die Klage bei Schäden wegen des in der Nichterfüllung liegenden Vertragsbruchs[654].

Bd. I S. 79). Während die Rechtsprechung bisher nur wenig institutionalisiert war, etablierten sich unter den Normannen im 12. Jahrhundert eine Zentralgewalt und ein juristisches System (JOHN HAMILTON BAKER, An Introduction to English Legal History, London u.a. 1990, S. 14). Die Zentralisierung der Macht war dafür von Ausschlag gebender Bedeutung, weil sie auch das Gerichtswesen berührte (WERNER TEUBNER, Kodifikation und Rechtsreform in England, Berlin 1972, S. 26). Neue königliche Gerichte wurden durch die Ausgliederung aus der curia regis („Rat der Barone und Bischöfe als unmittelbare Lehensträger" vgl. WERNER TEUBNER, s.o.) geschaffen. Die Machtkonzentration hatte ebenfalls zur Folge, dass die Gerichtsbarkeit der Landsherren und Städte zunehmend an Bedeutung abnahm, während die königlichen Gerichte allein die Rechtsentwicklung Englands beeinflussten (WERNER TEUBNER, s.o., S. 27). So nahm der Einfluss der bis dahin geltenden verschiedenen Gewohnheitsrechte langsam ab, während das Recht, gesprochen durch die reitenden Richter, die für den König das Land bereisten, an Bedeutung gewann (CHRISTOPH GRAF VON BERNSTORFF, Einführung in das englische Recht, München 2000, S. 3). Als Antwort auf den Bedarf nach einem Königsrecht als überregionales Recht, entstand dann im 12. Jahrhundert das auf Gerichtspraxis basierende *Common Law* (WERNER TEUBNER, s.o. S. 27). Im 13. Jahrhundert setzte es sich vollständig gegenüber den Gewohnheiten der einzelnen Landesteile durch (CHRISTOPH GRAF VON BERNSTORFF, Einführung in das englische Recht, München 2000, S. 3). Es kann daher festgehalten werden, dass ein *Common Law* in den Grundlagen bereits in der zweiten Hälfte des 13. Jahrhunderts ausgebildet war (DIETER HENRICH/PETERHUBER, Einführung in das englische Privatrecht, Darmstadt 2003, S. 12).

650 SMITH, LJ(A) (wie Fn 1) ii. 74.

651 SMITH, LJ(A) (wie Fn 1) ii. 75.

652 SMITH, LJ(A) (wie Fn 1) ii. 75.

653 Es handelt sich dabei um die Klage auf präzise Durchführung des Vertrages, d.h. auf Erfüllung, falls diese noch möglich ist, anstatt in jedem Fall nur den durch Vertragsbruch entstandenen Schaden einklagen zu können.

654 SMITH, LJ(A) (wie Fn 1) ii. 75; LJ(B) 179.

(1) Entwicklung des Vertragsrechts in England

Smith bezog sich in seinen Vorlesungen immer wieder auf das englische Recht, um Vergleiche zu den Systemen des römischen und schottischen Rechts zu ziehen. Er unterließ es dabei, die Grundzüge des englischen Rechtssystems zu erläutern, sondern setzte nur an einigen Stellen zum Vergleich an und griff dafür einen Themenkomplex heraus. Zum besseren Verständnis der Ausführungen von Smith zum englischen Vertragsrecht wird kurz auf seine Entwicklung eingegangen.

(a) Die „writs“

Im alten englischen Recht war der Ausdruck „Klage“ als Möglichkeit zur Geltendmachung von Ansprüchen vor dem Gericht noch nicht bekannt. Die Durchsetzung von Rechten erfolgte, wie im klassischen römischen Recht, mit Hilfe von bestimmten Verfahren[655]. Man bediente sich der *writs*[656]. Dabei war ein *writ* zunächst ein Befehl des Königs an den Sheriff, den Beklagten zum Erscheinen aufzufordern und stellte daher die Einleitung des Verfahrens dar[657]. In den Fällen, in denen kein *writ* für die Durchsetzung der Rechte passte, war ein Vorbringen vor dem Königsgericht ausgeschlossen[658]. Der *writ of debt*, der bei Klagen auf eine bezifferte Summe von mindestens 40 Schillingen verwendet wurde[659], war älter als der *writ of covenant*[660]. *Debt* war die am häufigsten verwendete Vertragsklage[661], wobei sie sowohl für vertragliche als auch gesetzliche Ansprüche diente[662]. Nicht der beiderseitige Vertragsschluss war bei den vertraglichen Ansprüchen die Verpflichtungsgrundlage, denn es wurde weder der Vertrag als Ergebnis von übereinstimmenden Willenserklärungen noch der Vertrag als einseitiges Versprechen betrachtet[663]. Dass etwas geschuldet wurde, ergab sich aus

---

655 DIETER HENRICH/PETER HUBER, Einführung in das englische Privatrecht, Darmstadt 2003, S. 13.

656 CHRISTOPH GRAF VON BERNSTORFF, Einführung in das englische Recht, München 2000, S. 3.

657 DIETER BLUMENWITZ, Einführung in das anglo-amerikanische Recht, München 1990, S. 5.

658 CHRISTOPH GRAF VON BERNSTORFF, Einführung in das englische Recht, München 2000, S. 4.

659 ALFRED WILLIAM BRIAN SIMPSON, A History of the Common Law of Contract, Oxford 1996, S. 61.

660 ALFRED WILLIAM BRIAN SIMPSON, A History of the Common Law of Contract, Oxford 1996, S. 53.

661 ALFRED WILLIAM BRIAN SIMPSON, A History of the Common Law of Contract, Oxford 1996, S. 88.

662 GERHARD KEGEL, Vertrag und Delikt, Köln u.a. 2002, S. 38.

663 GERHARD KEGEL, Vertrag und Delikt, Köln u.a. 2002, S. 38.

einem *quid pro quo*[664]. Erst wenn selbst aus *debt* geleistet worden war, konnte die vereinbarte Gegenleistung eingeklagt werden[665]. Das bedeutete, dass der Käufer einer Sache nicht deshalb zur Zahlung des Kaufpreises verpflichtet war, weil er ihr zugestimmt hatte, sondern weil er bereits die Kaufsache erhalten hatte. Während der *writ of covenant* ermöglichen sollte, gesiegelte Verträge einzuklagen, wurde mit dem *writ of debt* die Zahlung einer bestimmten geschuldeten Summe einklagbar[666]. Zunächst konnte man nur einen *writ of debt*, bei dem der Grund der Verpflichtung in einer Warenlieferung lag, oder einen *writ of covenant*, hier lag der Grund der Verpflichtung in einem feierlichen Versprechen, erhalten, um eine Leistung einzufordern. Eine Klage konnte jedoch nicht auf eine Willenseinigung der Parteien gestützt werden[667].

Zu Beginn des 13. Jahrhunderts folgte der *writ of covenant*, der für Ansprüche auf Ersatz von Schaden erteilt wurde, der nicht der Höhe nach beziffert war[668]. Im Jahr 1321 hatten die königlichen Richter entschieden, dass vor den königlichen Gerichten nur eines das Vorliegen eines *covenant* beweisen könne und das sei ein *deed*, eine gesiegelte Urkunde[669]. Ein *covenant* bezeichnete eine Vereinbarung und ein *deed* einen Beweis für die Vereinbarung[670]. Zwar blieb auch weiterhin jede Form einer Vereinbarung über den *writ of covenant* einklagbar, jedoch benötigte der Kläger für eine erfolgreiche Klage ein *deed*, um die Vereinbarung zu beweisen[671]. Formlose Verpflichtungen konnten vor den Königsgerichten grundsätzlich nicht eingeklagt werden[672].

(b) Zuständigkeiten

Problematisch war die Frage der Zuständigkeiten der kirchlichen und weltlichen Gerichte. Der Grund für die Zuständigkeit der kirchlichen Gerichte lag in der religiösen Bedeutung des Eides, so dass sie jedes beschworene Versprechen um-

---

664 KEVIN M. TEEVEN, A History of the Anglo-American Common Law of Contract, New York 1990, S. 9.

665 GERHARD KEGEL, Vertrag und Delikt, Köln u.a. 2002, S. 45.

666 RAYMOND J. FRIEL, The Law of Contract, Dublin u.a. 1995, S. 85.

667 CHRISTOPH GRAF VON BERNSTORFF, Einführung in das englische Recht, München 2000, S. 46.

668 GERHARD KEGEL, Vertrag und Delikt, Köln u.a. 2002, S. 36.

669 JOHN HAMILTON BAKER, An Introduction to English Legal History, London u.a. 1990, S. 362.

670 JOHN HAMILTON BAKER, An Introduction to English Legal History, London u.a. 1990, S. 363

671 JOHN HAMILTON BAKER, An Introduction to English Legal History, London u.a. 1990, S. 363.

672 ALFRED WILLIAM BRIAN SIMPSON, A History of the Common Law of Contract, Oxford 1996, S. 47 ff.

fasste[673]. Dabei wurde ein Eid schon sehr schnell angenommen, da bereits einfache Lügen eine Sünde darstellten, so dass es ausreichte, wenn man zusätzlich zum Versprechen „by my faith" sagte[674]. Aus diesem Grund waren Fälle, die grundsätzlich der weltlichen Gerichtsbarkeit zuzuordnen waren, wie zum Beispiel auf formlosen *pacta* beruhende Geschäftsschulden, vor den geistlichen Gerichten klagbar geworden[675]. Eine Bindung an ein Versprechen war vor den kirchlichen Gerichten auch ohne Einhaltung von Formvorschriften möglich[676]. Von Bedeutung war im kanonischen Recht vielmehr der Begriff des Versprechens, wobei es vor allem darum ging, Sünde zu vermeiden[677]. Die Annahme, dass ein Versprechensbruch eine Lüge darstelle und diese zu vermeiden sei, führte zu dem Grundsatz *Pacta sunt servanda*[678]. Das kanonische Recht beschränkte sich vor allem auf die Gründe und Folgen von Vertragsbrüchen und bot nicht ein vollständiges Vertragsrecht[679].

(c) Equity

Das *Common Law* ermöglichte somit nur eine Entscheidung nach Klageformel, so dass beispielsweise die Grundsätze von Treu und Glauben nicht mit in die Entscheidungen einbezogen werden konnten[680]. Folglich wies das *Common Law* gewisse Lücken auf, die für einen generellen Rechtsschutz gefüllt werden mussten[681]. Diese Schwächen des *Common Law* sollten durch die *Equity*, eine Art Billigkeitsrecht korrigiert werden[682]. Die *Equity* ermöglichte es den Rechtssuchenden in den Fällen, in denen mit den eng gefassten *writs* bisher kein passender Rechtsbehelf zur Verfügung stand, auf andere Weise Hilfe zu bekommen[683]. Mit steigender Zahl der Anträge entschied nicht mehr der König, sondern der Kanzler, bis zum 16. Jahrhundert meist ein Geistlicher, am im 14. Jahr-

---

673 REINHARD ZIMMERMANN, Der europäische Charakter des englischen Rechts, in: Zeitschrift für Europäisches Privatrecht 1993, S. 4-51 (22).

674 REINHARD ZIMMERMANN (wie Fn 673) S. 22 f.

675 REINHARD ZIMMERMANN (wie Fn 673) S. 22 f.

676 REINHARD ZIMMERMANN (wie Fn 673) S. 28.

677 REINHARD ZIMMERMANN (wie Fn 673) S. 28 f.

678 RICHARD H. HELMHOLZ, Contracts and the Canon law, in: John Barton (Hrsg.), Towards a general Law of Contract, Berlin 1990, S. 50.

679 RICHARD H. HELMHOLZ, Contracts and the Canon law, in: John Barton (Hrsg.), Towards a general Law of Contract, Berlin 1990, S. 52.

680 CHRISTOPH GRAF VON BERNSTORFF, Einführung in das englische Recht, München 2000, S. 5.

681 CHRISTOPH GRAF VON BERNSTORFF, Einführung in das englische Recht, München 2000, S. 7.

682 WERNER TEUBNER, Kodifikation und Rechtsreform in England, Berlin 1972, S. 31.

683 DIETER HENRICH/PETER HUBER, Einführung in das englische Privatrecht, Darmstadt 2003, S. 15.

hundert dafür geschaffenen *Court of Chancery*[684]. Die Entscheidung des Kanzlers über Recht und Billigkeit erfolgte mit Hilfe seines Gewissens, ohne auf die Enge der *writs* Rücksicht nehmen zu müssen[685]. Bei seinen Entscheidungen hat der Kanzler vermutlich auf das ihm bekannte kanonische Recht zurückgegriffen, so dass möglicherweise auf diesem Wege Aspekte des kanonischen Rechts in die Rechtsprechung des *Court of Chancery* gelangten[686]. Viele Kanzler hatten vor allem in Oxford kanonisches und römisches Recht studiert[687]. Wie auch den Kirchengerichten ging es dem *Court of Chancery* hauptsächlich um die Vermeidung von Sünde und auch hier war das Versprechen das Entscheidende[688]. Die Voraussetzungen für die Klagbarkeit von Verträgen vor dem *Chancery* zeigten ebenfalls viele Parallelen zum kanonischen Recht auf[689]. So genügten beispielsweise auch hier mündliche Vereinbarungen, wenn sie bewiesen werden konnten[690]. Inwieweit die *Equity*-Rechtsprechung tatsächlich vom kanonischen Recht geprägt wurde, ist allerdings umstritten[691].

Zu Beginn wurde noch von Fall zu Fall entschieden, mit der Zeit aber bildeten sich Grundsätze[692]. Eine Bildung von generellen Prinzipien wurde notwendig, um eine einheitlichere Rechtsprechung zu gewährleisten[693]. Im Laufe der Jahrhunderte entwickelte sich die *Equity* auf diese Weise zu einem eigenen Rechtsbereich[694]. Dabei ist die *Equity* durch die Fähigkeit, sich auf die unterschiedlichen Bedürfnisse besser einstellen zu können, stets flexibler geblieben als das *Common Law*[695]. Bis zum Jahre 1873 wurde sie ausschließlich in den *Courts of Chancery* verwendet[696].

---

684 DIETER HENRICH/PETER HUBER, Einführung in das englische Privatrecht, Darmstadt 2003, S. 15 f.

685 DIETER HENRICH/PETER HUBER, Einführung in das englische Privatrecht, Darmstadt 2003, S. 15 f.

686 REINHARD ZIMMERMANN (wie Fn 673) S. 27.

687 ALFRED WILLIAM BRIAN SIMPSON, A History of the Common Law of Contract, Oxford 1996, S. 400 f.

688 REINHARD ZIMMERMANN (wie Fn 673) S. 28 f.

689 RICHARD H. HELMHOLZ, Contracts and the Canon law, in: John Barton (Hrsg.), Towards a general Law of Contract, Berlin 1990, S. 60.

690 RICHARD H. HELMHOLZ, Contracts and the Canon law, in: John Barton (Hrsg.), Towards a general Law of Contract, Berlin 1990, S. 60.

691 GERHARD KEGEL, Vertrag und Delikt, Köln u.a. 2002, S. 60.

692 W. T. MAJOR, Basic English Law, Basingstoke u.a. 1990, S. 5.

693 JOHN HAMILTON BAKER, An Introduction to English Legal History, London u.a. 1990, S. 127.

694 WERNER TEUBNER, Kodifikation und Rechtsreform in England, Berlin 1972, S. 31.

695 JOHN HAMILTON BAKER, An Introduction to English Legal History, London u.a. 1990, S. 127 f.

696 DIETER HENRICH/PETER HUBER, Einführung in das englische Privatrecht, Darmstadt 2003, S. 16.

Die Hürden bezüglich der Klagbarkeit von Verträgen vor den königlichen Gerichten und die vergleichsweise leichteren und erfolgreicheren Rechtsmittel auch vor dem *Court of Chancery* hatte hier ebenfalls einen Anstieg der Fälle zur Folge[697]. Vor allem Vertragsrechtsfälle hatte der *Court of Chancery* im 15. Jahrhundert zur Entscheidung vorliegen[698]. Das Gericht war ein „Court of Conscience". Für die Bindungswirkung eines Versprechens bedurfte es daher, anders als im *Common Law,* beispielsweise nicht einer gesiegelten Urkunde[699].

Zusammenfassend kann festgestellt werden, dass der *Court of Chancery,* wie auch die kirchlichen Gerichte, bereits ungefähr ein Jahrhundert vor den Gerichten des *Common Law* formlose Versprechen für klagbar hielt[700].

(2) Specific performance

Smith führte wie oben erwähnt[701] aus, vor Einführung des *Court of Chancery* sei eine Klage auf eine *specific performance,* also auf Erfüllung, nicht möglich gewesen, sondern lediglich die Klage bei Schäden wegen des in der Nichterfüllung liegenden Vertragsbruchs[702].

Während für das geltende deutsche Recht die Klage auf Naturalerfüllung selbstverständlich ist, ist und war dieses in England gerade nicht der Fall[703]. Im Falle einer Nichterfüllung des Vertrages bleibt dem Kläger in England in der Regel nur die Klage auf Schadensersatz[704]. Letztlich war die einzige generelle Folge von bindenden Versprechen die im Falle des Versprechensbruches eintretende Schadensersatzpflicht[705]. Grund dafür ist, dass diese Klage sich aus der Deliktsklage *trespass* entwickelt hat[706]. Erst die *Equity* schuf die Möglichkeit der Klage auf *specific performance.* Danach konnte ausnahmsweise der Kläger auch die *specific performance* verlangen[707]. Eine Voraussetzung dafür war, dass der Kläger das Gericht davon überzeugen konnte, dass der ihm ansonsten aus dem

---

697 JOHN HAMILTON BAKER, An Introduction to English Legal History, London u.a. 1990, S. 372.

698 RICHARD H. HELMHOLZ, Contracts and the Canon law, in: JOHN BARTON (Hrsg.), Towards a general Law of Contract, Berlin 1990, S. 59.

699 REINHARD ZIMMERMANN (wie Fn 673) S. 28.

700 JOHN HAMILTON BAKER, An Introduction to English Legal History, London u.a. 1990, S. 372.

701 Siehe oben bei B. IV. 2. f) Unterschiede bei Entstehung der Klagbarkeit S.121.

702 SMITH, LJ(A) (wie Fn 1) ii. 75; LJ(B) 179.

703 KONRAD ZWEIGERT UND HEIN KÖTZ (wie Fn 519) S. 477.

704 KONRAD ZWEIGERT UND HEIN KÖTZ (wie Fn 519) S. 477.

705 REINHARD ZIMMERMANN (wie Fn 326) S. 776.

706 KONRAD ZWEIGERT UND HEIN KÖTZ (wie Fn 519) S. 477.

707 KONRAD ZWEIGERT UND HEIN KÖTZ (wie Fn 519) S. 478.

Common Law zustehende Rechtsbehelf nicht ausreichend war, weil sein Interesse an der Erfüllung des Vertrages sich nicht oder nur unter Schwierigkeiten in einer Summe ausdrücken ließ[708].

Es scheint sicher zu sein, dass jedenfalls in Fällen der Landübertragung bereits in der Mitte des 15. Jahrhunderts *specific performance* angeordnet wurde[709]. Insofern zeigte sich ein deutlicher Unterschied in Bezug auf die Herangehensweise an Verträge zwischen dem *Common Law* und dem *Court of Chancery*[710]. Anstelle der Anordnung von Schadensersatz, wie dieses durch das *Common Law* geschah[711], sorgte der *Court of Chancery* dafür, dass Verträge tatsächlich erfüllt wurden[712]. Die strenge Einteilung des *Common Law* in die *writs*, also in das aktionenrechtliche System, versagte dem Gläubiger einen Anspruch auf *specific performance*[713]. Die an dem *Court of Chancery* angewandte *Equity* hingegen ermöglichte eine Verurteilung zur Erfüllung des Versprochenen[714]. In den Fällen, in denen der Anspruch auf Schadensersatz den Kläger nicht befriedigen konnte, konnte das Gericht den Beklagten zur Erfüllung des Vertrages verurteilen[715]. Bis ins Jahr 1875 bestand in England die Trennung der Gerichte des *Common Law* und die der *Equity* fort[716].

Insofern entsprechen die Ausführungen Smith's zur *specific performance* den historischen Tatsachen. Das *Common Law* verpflichtete nicht zur Erfüllung von Verträgen außer bei der Verpflichtung zur Zahlung von Geld[717]. Die *specific performance* aller anderen vertraglichen Verpflichtungen waren nur in *Equity*, also vor dem *Court of Chancery*, möglich[718].

---

708 KONRAD ZWEIGERT UND HEIN KÖTZ (wie Fn 519) S. 478.

709 ALFRED WILLIAM BRIAN SIMPSON, A History of the Common Law of Contract, Oxford 1996, S. 595.

710 ALFRED WILLIAM BRIAN SIMPSON, A History of the Common Law of Contract, Oxford 1996, S. 597.

711 REINHARD ZIMMERMANN (wie Fn 326) S. 776 f.

712 ALFRED WILLIAM BRIAN SIMPSON, A History of the Common Law of Contract, Oxford 1996, S. 597.

713 DIETER BLUMENWITZ, Einführung in das anglo-amerikanische Recht, München 1990, S. 6.

714 DIETER BLUMENWITZ, Einführung in das anglo-amerikanische Recht, München 1990, S. 9.

715 DIETER BLUMENWITZ, Einführung in das anglo-amerikanische Recht, München 1990, S. 9.

716 ENID A. MARSHALL, General Principles of Scots Law, fifth edition, Edinburgh 1991, 3-51, S. 122.

717 GUENTER H. TREITEL, The Law of Contract, ninth edition, London 1995, S. 918.

718 GUENTER H. TREITEL, The Law of Contract, ninth edition, London 1995, S. 918.

Smith vertrat die Ansicht, es sei in den ersten Stadien einer *civil government* nur natürlich, lediglich Schadensersatz leisten zu müssen, statt zur Erfüllung verpflichtet zu werden, da man eher im Blick habe, für Verletzungen zu entschädigen als die Parteien dazu zu bewegen, ihre Vereinbarungen zu erfüllen[719].

It allowed only of an action of damages for the breach of contract. This indeed appears to be naturall enough in the first stages of a civill government, as the point it has in view is to redress injuries rather than make the individualls perform their engagements; that they left to their own good faith[720].	Es gewährte nur eine Schadensersatzklage für Vertragsbruch. Dieses erscheint in den ersten Stadien einer zivilen Verwaltung natürlich, da sie eher im Blick hat, Schäden wieder gut zu machen, als die Einzelnen dazu zu bringen, ihre Verpflichtungen zu erfüllen; dieses überließen sie Treu und Glauben.

In vielen Fällen, so Smith, komme die Klage auf Schadensersatz zum gleichen Ergebnis wie die *specific performance*[721]. Dieses sei dann der Fall, wenn der Verkäufer zwar bereits die Ware geliefert, der Käufer aber noch nicht gezahlt habe[722]. Das schottische Recht jedoch gebe eine Klagemöglichkeit aus allen Verträgen[723]. Es sei wie das *Civil Law*, mit der Ausnahme, dass *pacta nuda* auch klagbar sein könnten[724]. Richtigerweise wies Smith hier darauf hin, dass eine Klage auf Naturalerfüllung in Schottland stets - und nicht wie in England nur ausnahmsweise[725] - möglich war[726]. Eine Trennung der Gerichte für *Law* und für *Equity* hat es in Schottland anders als in England nie gegeben[727]. Aber auch im schottischen Recht ist die *Equity* Quelle für *specific implement,* also für die Möglichkeit der Gerichte, in Fällen des Vertragsbruches der dafür verantwortlichen Partei anstelle einer Schadensersatzzahlung die Erfüllung des Vertrages aufzuerlegen[728].

---

719 SMITH, LJ(A) (wie Fn 1) ii. 75.
720 SMITH, LJ(A) (wie Fn 1) ii. 75.
721 SMITH, LJ(A) (wie Fn 1) ii. 75.
722 SMITH, LJ(A) (wie Fn 1) ii. 75 f.
723 SMITH, LJ(A) (wie Fn 1) ii. 77.
724 SMITH, LJ(A) (wie Fn 1) ii. 78.
725 Siehe oben bei B. IV. 2. f) (2) specific performance S.128.
726 KONRAD ZWEIGERT UND HEIN KÖTZ (wie Fn 519) S. 201.
727 ENID A. MARSHALL, General Principles of Scots Law, fifth edition, Edinburgh 1991, 3-51, S. 122.
728 ENID A. MARSHALL, General Principles of Scots Law, fifth edition, Edinburgh 1991, 3-52., S. 122

(3) Bindungswirkung im kanonischen Recht

Smith führte weiter aus, dass in Schottland Verträge jeder Art gleich bindend gewesen seien und bloße Versprechen zu einer rechtlichen Verpflichtung führen würden[729].

In Scotland at this time all contracts of whatever sort are equally binding; a bare promise produces an obligation at law[730].	Zu dieser Zeit sind in Schottland alle Verträge jeglicher Art gleichermaßen bindend; ein bloßes Versprechen lässt eine rechtliche Verpflichtung entstehen.

Dieses habe sich, so Smith, aus den kirchlichen Gerichten entwickelt. Sie hätten den Brauch eingeführt, dass Verträge bindend seien[731], weil ein Versprechensbruch eine Lüge und somit eine Sünde sei. Das habe zunächst nur für eidlich bekräftigte Versprechen gegolten und später dann für Versprechen jeder Art[732]. Wie von Smith ausgeführt, entwickelte sich auf der Grundlage der Vorstellung, dass Versprechensbrüche sittlich verwerflich seien, der Gedanke, dass dies auch auf formlose Versprechen auszudehnen sei[733]. Aus dem Gebot der Wahrhaftigkeit folgte im Mittelalter im Kirchenrecht die Bindung an Versprechen[734]. Zunächst hatte die Überlegung der Kanonisten, alle Verträge im Kirchenrecht für klagbar zu erklären, einen moralischen Hintergrund[735]. Der Gedanke basiert auf einigen Bibelstellen[736], aus denen sich die Verpflichtung des Menschen ergibt, gegenüber Gott abgegebene Gelübde treu zu erfüllen[737], die Treue Gottes gegenüber den Menschen[738] und dass Lüge eine Sünde sei[739]. Nanz stellt fest, es handelt sich dabei um moralische Fragen, jedoch nicht um juristische Zusammenhänge[740]. Erst Thomas von Aquin verknüpfte das Verbot zu lügen mit dem Ver-

---

729 SMITH, LJ(A) (wie Fn 1) ii. 49.

730 SMITH, LJ(A) (wie Fn 1) ii. 49.

731 SMITH, LJ(A) (wie Fn 1) ii. 49.

732 SMITH, LJ(A) (wie Fn 1) ii. 64.

733 HELMUT COING, Europäisches Privatrecht, Band I Älteres gemeines Recht (1500 bis 1800), München 1985, S. 399.

734 NORBERT TOSCH, Entwicklung und Auflösung der Lehre vom Vertrag, Marburg 1980, S. 14.

735 KLAUS-PETER NANZ, Die Entstehung des allgemeinen Vertragsbegriffs im 16. bis 18. Jahrhundert, München 1985, S. 46.

736 KLAUS-PETER NANZ, Die Entstehung des allgemeinen Vertragsbegriffs im 16. bis 18. Jahrhundert, München 1985, S. 46.

737 4. Mose 30, 3.

738 Ps. 89. 35.

739 Weish. 1, 11.

740 KLAUS-PETER NANZ, Die Entstehung des allgemeinen Vertragsbegriffs im 16. bis 18. Jahrhundert, München 1985, S. 47.

sprechensbruch, der daher auch eine Sünde darstellte[741]. So formulierte Thomas von Aquin: „Es ist Lüge, wenn einer nicht erfüllt, was er versprochen hat[742]."

Hält man sein Versprechen nicht, so täuscht man und daher liegt eine Sünde vor[743]. Daraus ergab sich, dass Versprechen zu halten waren und somit auch die bindende Wirkung von einseitigen Versprechen[744]. Dieses wurde auch auf Versprechen, die sich auf ein Rechtsgeschäft bezogen, übertragen[745]. Durch die Bindung an das Gewissen ergab sich im kanonischen Recht die Verbindlichkeit auch der formlosen Versprechen[746]. Die Entstehung dieses Gedankens wird auf das 13. Jahrhundert datiert[747]. Es galt der Grundsatz *Pacta sunt servanda.* Mit Aufstellung dieses Grundsatzes erklärten die Kanonisten alle Verträge für klagbar[748]. Das bedeutete den Beginn eines allgemeinen Vertragsrechts[749]. Die Klagbarkeit aller Verträge basierte auf einer Regelung in den Dekretalen[750], darauf, dass die Kanonisten den Bruch eines einfachen Versprechens für sittlich verwerflich hielten und auf dem Gedanken, dass für eine wirksame Bindung der Wille zur vertraglichen Bindung genügen müsse[751]. Smith hingegen lehnte es ab, den Grund für die Entstehung der Verbindlichkeit von Versprechen im Willen des Erklärenden zu sehen[752]. Er nahm zwar auch an, dass Versprechen gehalten werden müssten, sah aber den Grund dafür gerade nicht in der Pflicht zur Wahrhaftigkeit[753]. Auf der einen Seite vermittelte er also seine eigenen Ansichten und

---

741 KLAUS-PETER NANZ, Die Entstehung des allgemeinen Vertragsbegriffs im 16. bis 18. Jahrhundert, München 1985, S. 49.

742 THOMAS VON AQUIN, Summa Theologica, 20. Band, München, Heidelberg 1943, II. Buch 2. Teil Frage 110 Art. 3 Nr. 5:
„Praeterea, mendacium est si quis non impleat quod promisit."

743 NORBERT TOSCH, Entwicklung und Auflösung der Lehre vom Vertrag, Marburg 1980, S. 14.

744 NORBERT TOSCH, Entwicklung und Auflösung der Lehre vom Vertrag, Marburg 1980, S. 14.

745 NORBERT TOSCH, Entwicklung und Auflösung der Lehre vom Vertrag, Marburg 1980, S. 14.

746 NORBERT TOSCH, Entwicklung und Auflösung der Lehre vom Vertrag, Marburg 1980, S. 14.

747 KLAUS-PETER NANZ, Die Entstehung des allgemeinen Vertragsbegriffs im 16. bis 18. Jahrhundert, München 1985, S. 52.

748 HELMUT COING, Europäisches Privatrecht, Band I Älteres gemeines Recht (1500 bis 1800), München 1985, S. 399.

749 HELMUT COING, Europäisches Privatrecht, Band I Älteres gemeines Recht (1500 bis 1800), München 1985, S. 399.

750 Dekretalen I, 35, I.

751 HELMUT COING, Europäisches Privatrecht, Band I Älteres gemeines Recht (1500 bis 1800), München 1985, S. 399.

752 Siehe oben S. 75 ff.

753 Siehe oben S. 74 ff.

auf der anderen Seite befasste er sich mit der Dogmengeschichte. Smith erläuterte, die Kirchengerichte hätten nicht nur dazu verpflichtet, eingegangene Verpflichtungen einzuhalten, sondern hätten dieses mit kirchenrechtlichen Bußen durchgesetzt[754]. Auch die Drohung mit der Exkommunikation sei verwandt worden, die damals besonders fürchterlich gewesen sei, da sie den Betroffenen nicht nur aus der christlichen Gesellschaft verbannt habe, sondern auch ihr *estate*[755], praktisch ihre Existenz, an die Krone habe fallen lassen[756]. Nach Ansicht von Smith seien aus dieser Einrichtung des Kirchenrechts bindende Verträge gefolgt[757].

They at first introduced the custom that contracts of the sort above mentioned should be binding; not only obliging them to perform the engagements but also enjoining them ecclesiastical pennances; and even threatening them with excommunication, which at that time was a very terrible punishment as it not only banished them from all Christian society but also forfeited their estate to the crown. These constitutions soon rendered the contracts effectuall…[758]	Als erstes führten sie den Brauch ein, dass Verträge von oben erwähnter Art bindend sein sollten; nicht nur, sie zur Erfüllung ihrer Verpflichtungen zu zwingen, sondern ihnen auch kirchliche Bußen aufzuerlegen; und ihnen sogar mit Exkommunikation zu drohen, was zu der Zeit eine sehr schreckliche Strafe war, da es sie nicht nur aus der ganzen christlichen Gesellschaft verbannte, sondern auch noch all ihren Besitz an die Krone fallen ließ. Diese Einrichtungen machten die Verträge bald bindend.

Tatsächlich wurde, wie von Smith ausgeführt, die Drohung mit der Exkommunikation als Mittel verwandt, um den Versprechenden zur Versprechenstreue zu zwingen[759].

Smith führte fort, dass das bei weitem auch nicht vollkommene kanonische Recht oder Kirchenrecht dem sehr unvollständigen und unvollkommenen *Civil Law* des Landes vorzuziehen gewesen sei. Die Geistlichen seien in der Zeit der Hauptbeistand der Rechte der Menschen gewesen. Ihre Urteile seien sehr ge-

---

754 SMITH, LJ(A) (wie Fn 1) ii. 48.

755 Die Übersetzung des Begriffes *Estate* ist üblicherweise Grundstück, Landbesitz, oder Besitz, Vermögen. Es wird hier bei Smith nicht deutlich, ob es sich um das gesamte Vermögen handelte oder um Grundbesitz.

756 SMITH, LJ(A) (wie Fn 1) ii. 50.

757 SMITH, LJ(A) (wie Fn 1) ii. 50.

758 SMITH, LJ(A) (wie Fn 1) ii. 50.

759 KLAUS-PETER NANZ, Die Entstehung des allgemeinen Vertragsbegriffs im 16. bis 18. Jahrhundert, München 1985, S. 53.

recht gewesen[760]. Das gesamte Recht der testamentarischen Erbfolge, ebenso wie die Verpflichtung aus Verträgen sei durch sie entstanden[761].

(4) Klagbarkeit im englischen Recht

Smith berichtete weiter, während die kirchlichen Gerichte zunächst nur die unter Eid geschlossenen und später alle Verträge für klagbar gehalten hätten, hätten die Zivilgerichte zuerst die Verträge für klagbar gehalten, die die Parteien feierlich vor dem Königsgericht abgeschlossen hätten[762]. Davon gebe es, so Smith, auch zu seiner Zeit noch einige Spuren im englischen Recht[763]. Weiter führte Smith aus, es habe dort, wo Gerichte lange Zeit auf derselben Basis beruht hätten, in der Art des Prozessverlaufs weniger Abweichungen von den alten Gewohnheiten gegeben als dort, wo neue Gerichte eingerichtet worden seien. In England gebe es viele alte Gerichte, die dem entsprechend die alte Art und Weise des Prozessverlaufs befolgen würden. Die Gerichte Schottlands hingegen seien erst sehr spät gegründet worden[764]. Da alle neuen Gerichte die Fehler der alten Gerichte korrigieren sollten, änderten neue Gerichte die Prozessverläufe ab[765]. Smith stellte daher fest, dass in den englischen Gerichten wesentlich mehr Spuren der alten Prozessverläufe zu finden seien als in den schottischen[766]. Nachdem Verträge durch die Stipulation klagbar geworden seien, seien unentgeltliche Verträge nur dann klagbar gewesen, wenn sie eine *compensation*[767], einen billigen Grund, aufgewiesen hätten[768].

Die Konsequenz dieser Überlegungen von Smith ist offensichtlich, dass in England weniger Versprechen einklagbar waren, während in Schottland eine größere Aufgeschlossenheit auch gegenüber der Klagbarkeit von weniger formgebundenen Versprechen vorherrschte.

3. Zwischenergebnis

Im Wesentlichen besteht der Abschnitt über die Klagbarkeit von Versprechen in den Vorlesungen von Smith in der Darstellung ihrer geschichtlichen Entwicklung. Smith machte den Weg der mangelnden Gültigkeit verbunden mit einer

---

[760] SMITH, LJ(A) (wie Fn 1) ii. 50.
[761] SMITH, LJ(A) (wie Fn 1) ii. 50, 51.
[762] SMITH, LJ(A) (wie Fn 1) ii. 64.
[763] SMITH, LJ(A) (wie Fn 1) ii. 64.
[764] SMITH, LJ(A) (wie Fn 1) ii. 65.
[765] SMITH, LJ(A) (wie Fn 1) ii. 66.
[766] SMITH, LJ(A) (wie Fn 1) ii. 66.
[767] Entspricht der „consideration" oder „causa". Vgl. Herausgeber der „Lectures on Jurisprudence" MEEK, RAPHAEL UND STEIN in Fn 18 auf Seite 95.
[768] SMITH, LJ(A) (wie Fn 1) ii. 66.

Nichtklagbarkeit von Verträgen in den frühen Entwicklungsstadien der Gesellschaft hin zu einer Klagbarkeit aller Verträge in Schottland und einer von einer *consideration* abhängigen Klagbarkeit in England deutlich. Es zeigt sich dabei ein Zusammenhang zwischen der Gültigkeit von Verträgen und deren Klagbarkeit. Smith hielt Verträge solange nicht für klagbar, wie in der jeweiligen Periode der Entwicklung deren Gültigkeit, also ihre Bindungswirkung nicht angenommen wurde. Die zu Beginn mangelnde Bindungswirkung von Verträgen führte Smith auf mehrere Hinderungsgründe zurück, die mit fortschreitender Entwicklung der Gesellschaft weggefallen seien. So sei beispielsweise die Unsicherheit der Sprache zunächst durch Einführung der Stipulation beseitigt worden. Mit fortschreitendem Wegfall der Hinderungsgründe konnte sich dann nach Ansicht von Smith die langsame und schrittweise Klagbarkeit von Verträgen verbreiten. Smith unterließ es nicht zu erwähnen, dass diese einen unterschiedlichen Verlauf nahm und die kirchlichen Gerichte eine entscheidende Rolle in dieser Entwicklung spielten. So wie er auch deren Bedeutung im Vergleich zum seiner Ansicht nach schwachen *Common Law* hervorhob. Auch an anderen Stellen unterstrich er die Verschiedenheit der englischen und schottischen, kirchlichen und weltlichen Systeme. So ging er beispielsweise auch auf die Besonderheit der *specific performance* im englischen Recht ein. Interessant an diesem Abschnitt seiner Vorlesung ist auch die enge Verknüpfung von der Entwicklung des Rechts mit der gesellschaftlichen Entwicklung in den durch besondere Fortschritte gekennzeichneten Stadien.

Seine Ausführungen zeigen seine Kenntnis dreier Rechtssysteme und dass ihm deren unterschiedliche Lösungsansätze bekannt waren und er dennoch ein eigenes System der Entstehung vertraglicher Bindungen entwickelte, das nicht selten gerade auch von dem abweicht, was er im Rahmen seiner Vorlesung über die geschichtliche Entwicklung des Vertragsrechts lehrte. Darin ist jedoch nicht etwa ein Widerspruch zu sehen. Vielmehr schien Smith nicht systematisch zu argumentieren, sondern sich auf der einen Seite mit seinen eigenen Ansichten zu befassen und sich auf der anderen Seite im Rahmen der geschichtlichen Darlegung der Entwicklung dann gerade doch mit dem zu befassen, was er teilweise in vorangegangenen Vorlesungen abgelehnt hatte.

Außerdem wird deutlich, dass er Recht als historische Entwicklung, als Folge der gesellschaftlichen Entwicklung und den damit fortschreitenden Bedürfnissen betrachtete und Recht nicht als etwas Gegebenes, Fixes und Unveränderbares ansah.

V. Bei der Erfüllung der Leistungspflichten geschuldete Sorgfalt

Smith war der Ansicht, dass die Vertragsparteien bei der Erfüllung ihrer Leistungspflichten bestimmte Sorgfaltsmaßstäbe einhalten müssten[769]. In den *Lectures* führte er aus, dass wir bei *culpa* oder Verletzung der Sorgfalt (neglect), die Begriffe *culpa lata, levis* und *levissima*, die in den Institutionen behandelt worden seien, unterscheiden müssten[770]. Die Herausgeber der *Lectures on Jurisprudence* Meek, Raphael und Stein, machen an dieser Stelle in einer Fußnote darauf aufmerksam, dass diese Einteilung in keiner alten Quelle zu finden sei, obwohl die Begriffe *culpa lata* und *culpa levissima* in den Digesten erscheinen würden[771].

In den *Lectures* beschäftigte Smith sich mit der Regelung der Sorgfalt im römischen Recht. Er führte aus, in Bezug auf Verträge hätten die Römer angenommen, sie seien entweder *gratuitous*[772] oder *onerous*[773]. Zu den *gratuitous contracts* hätten *mutuum* (Darlehen), *commodatum* (Leihe), *depositum* (Verwahrung) und *mandatum* (Auftrag) gehört. In der Regel sei in diesen Fällen der Gewinn ausschließlich auf Seiten des *mutuarius*, *commodaturius*, *deponens* und *mandans* gewesen. Diese seien daher sogar zu *culpa levissima* und zu größter Sorgfalt verpflichtet, während die andere Partei jeweils nur die kleinste Sorgfalt habe einhalten müssen[774].

They therefore are bound to pay even culpa levissima and are bound to the greatest diligence; and the other person to the smallest,...[775]	Sie sind daher verpflichtet, sogar für culpa levissima zu zahlen und sie sind zur größten Sorgfalt verpflichtet; und die andere Person zur geringsten.

Smith stellte weiter fest, dass in dem Fall, in dem der Vertrag beiderseitig verpflichtend sei, beide Parteien zur *culpa levis* verpflichtet seien[776]. Tatsächlich war im römischen Recht geregelt, dass die Frage des Sorgfaltsmaßstabes je nach

769 SMITH, LJ(A) (wie Fn 1) ii. 78.
770 SMITH, LJ(A) (wie Fn 1) ii. 78.
771 MEEK, RAPHAEL, STEIN (Hrsg.) in Fußnote 28 zu ii. 78 von den „Lectures on Jurisprudence" mit Verweis auf D. 50.16.213.2 und 223 (culpa lata) und culpa levissima in D. 9.2.44.
772 „Gratuitous contract" bedeutet unentgeltlicher, einseitiger Vertrag.
773 SMITH, LJ(A) (wie Fn 1) ii. 78 f. „Onerous contract" bedeutet entgeltlicher Vertrag, beiderseitig verpflichtender Vertrag.
774 SMITH, LJ(A) (wie Fn 1) ii. 79.
775 SMITH, LJ(A) (wie Fn 1) ii. 79.
776 SMITH, LJ(A) (wie Fn 1) ii. 79.

Obligation und Interessenlage unterschiedlich beurteilt wurde[777]. Beispielsweise haftete der Verwahrer beim *depositum* nur für *dolus*, denn das *depositum* dient nur dem sachgebenden Hinterleger, da die Verwahrung unentgeltlich erfolgt[778]. Bei einem *commodatum* hingegen haftete der sachnehmende Entleiher, dem das *commodatum* zugute kommt, für *culpa* und *custodia*[779]. Daraus sei, so Max Kaser, ein Prinzip entwickelt worden, wonach diejenige Partei, die an dem Kontrakt kein Interesse habe, nur für *dolus* hafte, während die daran interessierte Partei auch für *culpa* haften sollte[780]. Eine ähnliche Abstufung wird auch im heutigen deutschen Recht vorgenommen. Dort haftet die an dem Vertrag nicht interessierte Partei zwar nicht nur für Vorsatz, sondern auch für grobe Fahrlässigkeit, aber für die leichte Fahrlässigkeit haftet sie eben nicht. Beispielhaft sei hier nur die Haftung des Schenkers nach § 521 BGB oder die des Verleihers nach § 599 BGB genannt. Bei beiden liegt der Grund für die Haftungsbegrenzung in der Uneigennützigkeit des Verleihers beziehungsweise Schenkers, die aus der Unentgeltlichkeit folgt[781].

In den *Lectures* verwies Smith auf die ausführliche Behandlung dieser Sorgfaltsgrade in *The Theory of Moral Sentiments*[782].

There are two questions with regard to contracts which I shall just mention here, as there will be a more proper plac[c]e afterwards for treating of them. The 1st is to what degree of diligence the contracters shall be bound. To this purpose we must take notice of the distinction of culpa or neglect into culpa lata, levis, and levissima, which is handled in the Institutes and was explained at length in the Theory of Morall Sentiments and therefore need not be here repeated[783].

Im Hinblick auf Verträge gibt es zwei Fragen, die ich hier nur nenne, da es später für ihre Behandlung einen besseren Ort geben wird. Die erste ist die, zu welchem Grad von Sorgfalt die Vertragspartner verpflichtet sein sollen. Zu diesem Zweck müssen wir die Unterscheidung zwischen Schuld oder Nachlässigkeit bis zur culpa lata, levis und levissima beachten, die in den Institutionen behandelt wird und ausführlich in Theory of Morall Sentiments erläutert wurde und daher hier nicht wiederholt zu werden braucht.

---

777 MAX KASER, Das römische Privatrecht, Erster Abschnitt, Das altrömische, das vorklassische und klassische Recht, 2. Auflage, München 1971, S. 512.

778 ULP. D. 13.6.5.2.

779 ULP. D. 13.6.5.3.

780 MAX KASER, Das römische Privatrecht, Erster Abschnitt, Das altrömische, das vorklassische und klassische Recht, 2. Auflage, München 1971, S. 512. Siehe dazu Ulp. D. 13.6.5.2 f.; Afr. D. 30.108.12; Ulp. D. 50.17.23.

781 PALANDT/WEIDENKAFF, Bürgerliches Gesetzbuch, München 2005, § 599 Rn 1.

782 SMITH, LJ(A) (wie Fn 1) ii. 78.

783 SMITH, LJ(A) (wie Fn 1) ii. 78.

Smith behandelte in *The Theory of Moral Sentiments* zwar nicht die bei der Erfüllung von Leistungspflichten geschuldete Sorgfalt, äußerte sich jedoch etwas ausführlicher zu den drei Graden der Fahrlässigkeit als in den *Lectures*[784]. Der direkte Verweis von Smith im Rahmen der Behandlung der Sorgfalt bei Versprechen in den *Lectures* auf die Ausführungen in *The Theory of Moral Sentiments,* wo er diese am Beispiel des Deliktsrecht erläuterte, legt nahe, dass er die Erläuterungen zum Deliktsrecht gleichermaßen für das Vertragsrecht gelten ließ.

1. culpa lata/ Grobe Fahrlässigkeit

Zur Erläuterung der groben Fahrlässigkeit nannte Smith ein Beispiel: Ein Mensch verdiene eine Züchtigung, wenn er beispielsweise einen großen Stein mitten auf eine Straße werfe, ohne die Passanten zu warnen oder überhaupt auf den Ort des wahrscheinlichen Aufpralls des Steins zu achten. Smith verurteilte ein solches Verhalten als „freche Missachtung des Wohlergehens und der Sicherheit anderer Personen" und daher sei ein solches rechtswidrig[785].

He wantonly exposes his neighbour to what no man in his senses would chuse to expose himself, and evidently wants that sense of what is due to his fellow-creatures which is the basis of justice and of society[786].

Er setzt mutwillig seinen Nächsten einer Gefahr aus, der sich kein Mensch – sofern er bei Sinnen ist – mit Willen aussetzen würde, und lässt es augenscheinlich an jenem Gefühl für die Interessen seiner Mitmenschen fehlen, das die Grundlage der Gerechtigkeit und der Gesellschaft überhaupt bildet[787].

Smith führt weiter aus, das Gesetz bringe daher zum Ausdruck, dass grobe Fahrlässigkeit fast bösem Vorsatz entspreche[788]:

Gross negligence therefore is, in the law, said to be almost equal to malicious design. (Lata culpa prope dolum est)[789].

Darum wird im Gesetz von grober Fahrlässigkeit gesagt, sie käme beinahe dem bösen Vorsatz gleich[790].

---

784 SMITH, Theorie der ethischen Gefühle (wie Fn 34) S. 155 ff.; The Theory of Moral Sentiments (wie Fn 34) II.iii.2, S. 102 ff.
Vgl. dazu auch SMITH, LJ(A) (wie Fn 1) ii. 89.

785 SMITH, Theorie der ethischen Gefühle (wie Fn 34) S. 155; The Theory of Moral Sentiments (wie Fn 34) II.iii.2.7, S. 102.

786 SMITH, The Theory of Moral Sentiments (wie Fn 34) II.iii.2.7, S. 102.

787 SMITH, Theorie der ethischen Gefühle (wie Fn 34) S. 155.

788 SMITH, Theorie der ethischen Gefühle (wie Fn 34) S. 155; The Theory of Moral Sentiments (wie Fn 34) II.iii.2.7, S. 102.

789 SMITH, The Theory of Moral Sentiments (wie Fn 34) II.iii.2.7, S. 102.

790 SMITH, Theorie der ethischen Gefühle (wie Fn 34) S. 155.

Die Herausgeber der Glasgow Edition von *The Theory of Moral Sentiments*, Raphael und Macfie, nehmen in einer Fußnote an, dass Smith falsch aus dem Gedächtnis zitiere. Vielmehr weisen sie darauf hin, dass das *Corpus Iuris Civilis* den Satz nicht genau so enthalte, wie Smith ihn formuliert hat. Daher vermuten sie, dass er möglicherweise *lata culpa plane dolo comparabitur* (D. 6.6.1.1.) oder *magna culpa dolus est* (D. 50.16.226) gemeint habe[791].

2. culpa levis/ Nachlässigkeit

Smith führte weiter aus, es gebe einen geringeren Grad von Fahrlässigkeit, bei dem man nicht Unrecht handele[792]. Hierbei handele es sich um eine Nachlässigkeit, um ein nicht so sorgsames und vorsichtiges Betragen, wie man es an den Tag legen sollte[793]. Insofern verdiene man für ein solches Verhalten schon einen gewissen Tadel, jedoch sei eine Bestrafung nicht angebracht. Man beabsichtige in solchen Fällen nichts Böses und sei weit davon entfernt, „eine freche Missachtung für die Sicherheit und das Wohlergehen anderer zu hegen“[794]. Sollte jedoch durch eine solche Nachlässigkeit (*culpa levis*) einem Menschen ein Schaden entstehen, werde der Schädiger dennoch zur Wiedergutmachung verpflichtet[795].

Yet if by a negligence of this kind he should occasion some damage to another person, he is by the laws of, I believe all countries, obliged to compensate it[796].

Wenn er aber durch eine Nachlässigkeit dieser Art für einen anderen Menschen irgendwelchen Schaden herbeiführen sollte, so wird er dennoch nach dem Recht, und zwar wie ich glaube nach dem Recht aller Staaten verpflichtet, denselben wieder gutzumachen[797].

Smith war der Ansicht, dieses sei eine für die Menschen nachvollziehbare Entscheidung[798] und er erläuterte auch den Grund dafür:

791 D. D. RAPHAEL UND A. L. MACFIE, (Hrsg.) in: Smith, The Theory of Moral Sentiments, Oxford 1976, II.iii.2.7, S. 102 Fn 5.

792 SMITH, Theorie der ethischen Gefühle (wie Fn 34) S. 156; The Theory of Moral Sentiments (wie Fn 34) II.iii.2.9, S. 103.

793 SMITH, Theorie der ethischen Gefühle (wie Fn 34)) S. 156 f.; The Theory of Moral Sentiments (wie Fn 34) II.iii.2.9, S. 103.

794 SMITH, Theorie der ethischen Gefühle (wie Fn 34) S. 156; The Theory of Moral Sentiments (wie Fn 34) II.iii.2.9, S. 103.

795 SMITH, Theorie der ethischen Gefühle (wie Fn 34) S. 157; The Theory of Moral Sentiments (wie Fn 34) II.iii.2.9, S. 103.

796 SMITH, The Theory of Moral Sentiments (wie Fn 34) II.iii.2.7, S. 103.

797 SMITH, Theorie der ethischen Gefühle (wie Fn 34) S. 157.

798 SMITH, Theorie der ethischen Gefühle (wie Fn 34) S. 157; The Theory of Moral Sentiments (wie Fn 34) II.iii.2.9, S. 103.

Nothing, we think, can be more just than that one man should not suffer by the carelessness of another; and that the damage occasioned by blamable negligence, should be made up by the person who was guilty of it[799].

Nichts kann unserer Ansicht nach gerechter sein, als dass ein Mann nicht durch die Sorglosigkeit des anderen leiden solle, und dass der Schaden, der durch die tadelnswerte Nachlässigkeit eines Menschen herbeigeführt wurde, auch von demjenigen wieder gut gemacht werden soll, der sich derselben schuldig gemacht hat[800].

Smith machte demnach deutlich, dass zwar eigentlich der nachlässig Handelnde dafür nicht bestraft werden sollte, es jedoch dazu kommen kann, wenn ein Schaden verursacht wurde. Grund dafür war letztlich die Überlegung, wem eher das Risiko zugerechnet werden kann.

3. culpa levissima/ leichte Fahrlässigkeit

Smith behandelte auch einen dritten Grad von Fahrlässigkeit, die *culpa levissima*. Dazu erklärte er, diese Fahrlässigkeit liege vor, wenn „allerängstlichste Furchtsamkeit und Vorsicht fehle“[801]. Der Mangel dieser sorgfältigen Achtsamkeit sei jedoch nicht tadelnswert, sondern im Gegenteil werde eher „die entgegengesetzte Eigenschaft mit Missbilligung betrachtet“[802]. Bei der Einhaltung dieser ängstlichen Vorsicht handele es sich nicht um eine Tugend, sondern vielmehr um eine Eigenschaft, die Handlungen und Geschäften entgegenstehe. In den Fällen, in denen es aufgrund eines Mangels dieses Grades von Sorgfalt zu einem Schaden komme, werde der Schädiger häufig per Gesetz zum Schadensersatz verpflichtet.

4. Zwischenergebnis

Smith behandelte die unterschiedlichen Sorgfaltsmaßstäbe des Deliktsrechts, deren Anwendbarkeit er jedoch anhand seines direkten Verweises in den *Lectures*[803] auf seine Ausführungen in *The Theory of Moral Sentiments* offensichtlich auch für die Frage der bei der Erfüllung anzuwendenden Sorgfalt anahm. Er machte deutlich, dass die Frage, welcher Maßstab erfüllt werden müsse, davon

799 SMITH, The Theory of Moral Sentiments (wie Fn 34) II.iii.2.9, S. 103.
800 SMITH, Theorie der ethischen Gefühle (wie Fn 34) S. 157.
801 SMITH, Theorie der ethischen Gefühle (wie Fn 34) S. 157; The Theory of Moral Sentiments (wie Fn 34) II.iii.2.10, S. 103.
802 SMITH, Theorie der ethischen Gefühle (wie Fn 34) S. 157; The Theory of Moral Sentiments (wie Fn 34) II.iii.2.10, S. 104.
803 SMITH, LJ(A) (wie Fn 1) ii. 78.

abhänge, um welche Art von Vertrag es sich handele und zu welcher Vertragspartei man gehöre.

C. Schluss

Das durch die Vorlesungsmitschriften zugängliche Vertragsrecht von Adam Smith ist eine Mischung aus Bericht über die Lösungsansätze der Rechtsordnungen und eigenen Ideen von Smith. Bei den Normen handelt es sich um solche des römischen, englischen und schottischen Rechts, während die eigenen Ideen von Smith, die an vielen Stellen von beispielsweise Grotius und anderen Autoren abweichen, sich auf die Entstehung und die Bindungswirkung von Versprechen beziehen.

Die rechtswissenschaftlichen Überlegungen von Smith basieren nicht nur auf den Arbeiten der klassischen Naturrechtstheoretiker Grotius und Pufendorf, sondern insbesondere auch auf denen von Francis Hutcheson[804]. Smith setzte sich bei seinen Überlegungen zum Vertragsrecht mit denen seiner Vorgänger auseinander. Das wird daran deutlich, dass er im Rahmen der Vorlesung deren Namen und Theorien nannte und sodann seine Ideen dazu äußerte. Dabei zeigt sich deutlich, dass Smith in einigen entscheidenden Punkten von anderen Autoren abwich.

I. Zusammenfassung

1. Entstehung eines bindenden Versprechens

Smith stimmte beispielsweise in Bezug auf das Vertragsrecht nicht mit Grotius und Pufendorf überein, die heraus gearbeitet hatten, dass die Bindungswirkung von Verträgen durch den geäußerten Willen des Versprechenden entsteht. Vielmehr ging Smith davon aus, dass es die vom Versprechenden beim Versprechensempfänger geweckte Erwartung sei, die einen Vertrag bindend mache. Folglich muss danach für ein bindendes Versprechen die Erklärung des Versprechens in einer Weise erfolgen, in der sich der Versprechensempfänger vernünftigerweise, also in den Augen eines *impartial spectator*, auf das Versprechen verlassen durfte. Denn nur in einem solchen Falle, so Smith, seien die Erwartungen des Versprechensempfängers, die im Fall einer Nichterfüllung verletzt werden könnten, berechtigt. Smith nahm an, die Bindungswirkung des Versprechens entstehe folglich durch die Enttäuschung des Versprechensempfängers im Falle der Nichterfüllung. Entscheidend für die Bindungswirkung eines Versprechens war seiner Meinung nach, dass der Erklärende zum Ausdruck bringe, er wünsche, dass der Erklärungsempfänger sich auf sein Versprechen verlassen

---

804 PETER STEIN, Adam Smith's Theory of Law and Society, in: R. R. BOLGAR, Classical Influences on Western Thought A. D. 1650-1870, Proceedings at an International Conference held at King's College, Cambridge March 1977, Cambridge, London, New York u.a. 1979, S. 263-273 (264).

können solle. Zu schützen sei die Erwartung, die bei dem Versprechensempfänger durch das Versprechen geweckt werde, jedoch nur dann, wenn ein *impartial spectator* befände, dass der Empfänger sich auf das Versprechen verlassen dürfe[805].

2. Der impartial spectator

Smith schrieb dem *impartial spectator* zahlreiche Aufgaben zu, wie zum Beispiel die Erklärung der Entstehung von Eigentumsrechten. Smith war der Ansicht, der *impartial spectator* diene den Menschen als Hilfestellung bei der Beurteilung sowohl des eigenen wie auch fremden Verhaltens. Der Wunsch, das eigene Verhalten zu beurteilen, basiere auf dem Wunsch nach Liebenswürdigkeit. Dieser Wunsch sei der Motor für ein ständiges Beobachten des eigenen, wie auch fremden Verhaltens, verbunden mit der Frage, wie wir dieses beurteilten, ob wir es billigen oder missbilligen würden. Daher würden wir stets uns selbst und andere mit Hilfe des *impartial spectator* einschätzen. Nähme man diesen Perspektivenwechsel nicht vor, so Smith, dann sei ein fairer Vergleich gar nicht möglich. Smith erkannte dabei auch die gerade bei der Beurteilung eigenen Handelns häufig fehlende Objektivität und damit die Schwierigkeit, sich in den *impartial spectator* hineinzuversetzen. Die Figur des *impartial spectator* ist nach Smith unser Gewissen und bildet unser Moralempfinden. Sie ermöglicht es uns seiner Ansicht nach, andere und auch uns selbst zu beurteilen und sie ist letztlich eine Folge des allgemeinen menschlichen Wunsches nach Sympathie, folglich danach nicht nur geliebt zu werden, sondern auch liebenswert zu sein. Umstritten ist dabei die Frage nach der genauen Ausgestaltung des *impartial spectator*. Es wird sowohl die Ansicht vertreten, der *impartial spectator* stelle einen *ideal observer* dar, als auch die, dass er einem durchschnittlichen Betrachter entspreche. Möglich erscheint aber anhand der Textstellen von Smith aus *The Theory of Moral Sentiments* ebenso, den *impartial spectator* als Ideal zu begreifen, als Optimum, das zu erreichen man versuchen sollte, obwohl es in der Realität nur selten gelingt.

Die Aufgaben, die Smith dem *impartial spectator* zuschrieb, waren folglich vielfach und sehr unterschiedlicher Natur. Der *impartial spectator* dient nach Smith nicht nur der Beurteilung des eigenen Verhaltens, sondern auch des Verhaltens anderer Menschen und ist damit wesentlich für die Bildung moralischer Wertungen und Verhaltensregeln. Der *impartial spectator* stimmt den Dingen zu, bei denen jeder richtig informierte Mensch dieses auch tun würde, also das, was als allgemeine Regel möglich ist[806]. Die Billigung des *impartial spectator* führt zu

---

[805] Zu diesem Abschnitt siehe oben S. 32 ff.

[806] KNUD HAAKONSSEN, The Science of a Legislator, The Natural Jurisprudence of David Hume and Adam Smith, London, New York, New Rochelle u.a. 1981, S. 137.

einer moralischen Gültigkeit von Recht[807]. Letztendlich regelt der *impartial spectator* ein faires Miteinander in einer Gesellschaft. Wie Hutcheson und Hume sah auch Smith den Ursprung der Moral in der Natur des Menschen[808].

3. Wahrhaftigkeit und Wille

Smith verneinte für die Bindungswirkung eine Pflicht zur Wahrhaftigkeit[809]. Außerdem lehnte er es ab, den Grund für die Entstehung der Verbindlichkeit von Versprechen im Willen des Erklärenden zu sehen[810] und entschied sich damit anders als viele seiner Vorgänger. Sein Hauptargument war, dass, wenn der Wille entscheidend wäre, Versprechen, die ohne Erfüllungsabsicht abgegeben wurden, nicht bindend wären[811].

Smith hielt zwar aus rechtlicher Sicht erpresste Versprechen nicht für bindend, jedoch ging er davon aus, dass grundsätzlich auch durch Drohung entstandene Versprechen aus moralischer Sicht erfüllt werden müssten. Die Nichteinhaltung eines Versprechens sei eine Schande, die am Versprechenden haften bleibe. Dennoch gab es für Smith offenbar Fälle, in denen ein erpresstes Versprechen nicht eingehalten zu werden brauchte. Smith machte die Entscheidung aber letztlich vom Einzelfall und offensichtlich insbesondere von der Höhe des materiellen Wertes (des Betrages) abhängig. Mangels hinreichender Anhaltspunkte muss offen bleiben, aus welchen Gründen Smith ein durch Drohung entstandenes Versprechen nicht für rechtlich bindend hielt und was er zu anderen Willensmängeln gesagt hätte[812].

4. Versprechensbrüche

Weiterhin vertrat Smith die Ansicht, dass die Enttäuschung, die aus einem Versprechensbruch folge, von zwei Ursachen abhängig sei: von der bei Versprechensabgabe verwendeten Feierlichkeit und der Bedeutung des Versprochenen. Er nahm an, der Bruch von wertloseren Versprechen sei für den Versprechensempfänger weniger enttäuschend als der von wertvolleren. Daher bemesse sich die Pflicht zur Erfüllung an der Enttäuschung, die ansonsten entstünde. Deutlich wird, dass Smith offensichtlich zwischen Wahrheitsbrüchen und Versprechens-

---

807 KNUD HAAKONSSEN, The Science of a Legislator, The Natural Jurisprudence of David Hume and Adam Smith, London, New York, New Rochelle u.a. 1981, S. 152 f.

808 GEORG JOHANNES ANDREE, Sympathie und Unparteilichkeit, Adam Smiths System der natürlichen Moralität, Paderborn 2003, S. 24 und 95.
Siehe zum impartial spectator oben S. 41 ff.

809 Siehe dazu oben S. 74 ff.

810 SMITH, LJ(A) (wie Fn 1) ii. 58.

811 SMITH, LJ(A) (wie Fn 1) ii. 58.

812 Zu diesem Abschnitt siehe oben S. 74 ff.

brüchen trennte und er Wahrheitsbrüche für weniger verwerflich erklärte als Versprechensbrüche[813]. Dennoch war Smith der Ansicht, dass ein Vertragsbruch die geringstmögliche Verletzung bewirke[814]. Scheinbar besteht hier ein Widerspruch mit der Wertung, Wahrheitsbrüche seien weniger verwerflich als Versprechensbrüche. Smith bezog sich aber hier nicht auf Wahrheitsbrüche, sondern auf im tatsächlichen Besitz befindliche Dinge.

Auf die Frage, ob eine unbedeutende Leistung nicht eingeklagt werden kann, weil sie keine Bindungswirkung hervorruft, oder weil sie zwar eine hervorruft, die Leistung jedoch nicht einklagbar ist oder sie zwar grundsätzlich eine Klagbarkeit begründet, sie jedoch aufgrund ihrer geringen Bedeutung nicht eingeklagt werden sollte oder üblicherweise nicht eingeklagt wird, gibt es bei Smith keine eindeutige Antwort[815].

5. Klagbarkeit

Smith erläuterte die Entstehung der Klagbarkeit von Versprechen. Er legte dabei die Entwicklung von der mangelnden Gültigkeit, verbunden mit einer Nichtklagbarkeit von Verträgen in den frühen Entwicklungsstadien der Gesellschaft, hin zu einer Klagbarkeit aller Verträge in Schottland und einer von einer *consideration* abhängigen Klagbarkeit in England dar. Deutlich wird der Zusammenhang von Bindungswirkung und Klagbarkeit. Dass zu Anfang der Entwicklung keine Bindungswirkung vorhanden war, führte Smith auf mehrere Hinderungsgründe zurück, die mit fortschreitender Entwicklung der Gesellschaft weggefallen seien. Die Unsicherheit der Sprache zum Beispiel habe man durch Einführung der Stipulation beseitigen können. Mit fortschreitendem Wegfall der Hinderungsgründe konnte sich dann nach Ansicht von Smith die langsame und schrittweise Klagbarkeit von Verträgen verbreiten. Smith machte in diesem Zusammenhang die bedeutende Rolle der kirchlichen Gerichte deutlich. Insgesamt unterstrich er in diesem Abschnitt die Verschiedenheit der Systeme. Sehr deutlich wird auch hier wieder die Abhängigkeit der Entwicklung des Rechts von der gesellschaftlichen Entwicklung[816].

6. Bei der Erfüllung der Leistungspflichten geschuldete Sorgfalt

In den *Lectures* beschäftigte sich Smith auch mit der bei der Erfüllung von Leistungspflichten geschuldeten Sorgfalt. Dabei verwies er im Wesentlichen auf die ausführlichere Behandlung in *The Theory of Moral Sentiments*. Es wird

---

813 SMITH, LJ(A) (wie Fn 1) ii. 60.
814 SMITH, LJ(A) (wie Fn 1) ii. 44; LJ(B) 176.
815 Zu diesem Abschnitt siehe oben S. 98 ff.
816 Zu diesem Abschnitt siehe oben S. 109 ff.

deutlich, dass die Frage, welcher Sorgfaltsmaßstab erfüllt werden muss, davon abhängt, um welche Art von Vertrag es sich handelt[817].

II. Schlussbetrachtungen

Smith begnügte sich in seinen Vorlesungen über das Vertragsrecht nicht lediglich damit, seinen Vorgängern in ihren Ansichten zum Vertragsrecht zu folgen. Er entwickelte eigene Ideen, die ihren Ausgangspunkt häufig in einer Auseinandersetzung mit den Ansichten der anderen Autoren hatten. Dabei entstanden teilweise neue, andere und ungewöhnliche Ideen in Bezug auf das Vertragsrecht. Ungewöhnlich ist wohl auch, dass er seinen Studenten Recht nicht einfach als etwas Gegebenes vermittelte, sondern ihnen darlegte, wie es seiner Meinung nach entstand. Er beschäftigte sich gerade auch mit den unterschiedlichen Veränderungen von Recht in den einzelnen Stadien der gesellschaftlichen Entwicklung. Diese geschichtliche Darstellung der Entstehung von Recht und den Regeln menschlichen Zusammenlebens zeigt sich bei Smith nicht nur bei der Erläuterung des Vertragsrechts. Deutlich wird dieses insbesondere bei der so genannten Vierstadientheorie, mit deren Hilfe er die Entstehung von Eigentum erläuterte. Hatten die Professoren bisher das Naturrecht als Rahmen verwendet, um den Studenten Rechtsregeln darzulegen, so zeigte Smith, dass das Naturrecht geeignet war, die bisherige und zukünftige Entwicklung des Rechts zu erläutern[818]. Im Mittelpunkt stand dabei die so genannte Vierstadientheorie, die zurückgeht auf die Gruppe von Lord Kames (Henry Home), Adam Smith, David Hume, John Millar und John Dalrymple[819]. Dieser Theorie lag der Gedanke zugrunde, dass alle Gesellschaften Entwicklungsstufen durchlaufen. Gezeigt wird der unmittelbare Zusammenhang zwischen der gesellschaftlichen Entwicklung und der Entstehung von Eigentumsrechten. Mit der zunehmenden Relevanz von Eigentum im Laufe der vier Stadien, entwickelte sich aus dem Bedarf heraus ein Vertragsrecht, weil es die Übertragung von Eigentum auf andere ermöglicht. Menschen haben, so Smith, die „Neigung, zueinander in Beziehung

---

817 Zu diesem Abschnitt siehe oben S. 136 ff.

818 JOHN W. CAIRNS, Adam Smith's Lectures on Jurisprudence: Their Influence on Legal Education, in: HIROSHI MIZUTA/CHUHEI SUGIYAMA (Hrsg.), Adam Smith: International Perspectives, London 1993, S. 63-83 (65).

819 PETER STEIN, The Legal Philosophy of the Scottish Enlightenment, in: REINHARD BRANDT (Hrsg.), Rechtsphilosophie der Aufklärung, Berlin, New York 1982 S. 61-78 (70).

zu treten, zu handeln und zu tauschen[820]" und Inhalt dieser Neigung zum Tausch sind Eigentum und Vertrag[821].

Die Entwicklung geschieht in den vier Stadien: Jäger, Hirten, Bauern und Händler. Smith erklärte die geschichtliche Entwicklung der Gesellschaften, wie sie seiner Ansicht nach stattgefunden hat, nicht als bereits Vergangenes, sondern als gleichsam naturgesetzlichen Mechanismus, der im Falle des Vorliegens ähnlicher Bedingungen immer wieder aufgrund der tatsächlichen Gegebenheiten zu den gleichen Ergebnissen, den vier Stadien, führen würde. In seinem Fall werden 10-12 Personen ausgesetzt und durchlaufen genau die vier Stufen, in die Smith die Gesellschaftsentwicklung aufteilte.

Smith war der Ansicht, die auf der Insel ausgesetzten Personen würden sich zunächst von Früchten und wilden Tieren ernähren. Dieses sei die früheste Gesellschaftsform, die der Jäger[822]. In dieser Zeit gebe es nur an sehr wenigen Dingen Eigentum. Diebstahl spiele daher keine Rolle und es gebe nur wenige Regelungen[823]. Mit der Zeit und mit dem Anstieg der Bevölkerung würde sich die Idee entwickeln, Tiere zu zähmen und so entstünde die Gesellschaft der Hirten[824]. Smith war der Ansicht, dass die Menschen in diesem Stadium der Entwicklung mit großer Wahrscheinlichkeit beginnen würden, neben der Tierzucht Früchte anzubauen[825]. Dementsprechend erwähnte er, dass in fast allen Ländern die Gesellschaft der Hirten in die der Agrikultur übergegangen sei[826]. Während zunächst jeder alle Tätigkeiten ausüben würde, entwickele sich mit der Zeit eine Aufteilung der Tätigkeiten[827]. Jeder würde mehr von einem Produkt produzieren, als er selbst benötige und es anschließend gegen andere, von ihm benötigte Produkte eintauschen[828]. Dieses sei die Entstehung der Gesellschaft des Handels[829].

---

820 SMITH, Untersuchung über Wesen und Ursachen des Reichtums der Völker, hrsg. von Erich W. Streissler, übersetzt von Monika Streissler, Tübingen 2005, S. 97; An Inquiry into the Nature and Causes of the Wealth of Nations, hrsg. von Roy Harold Campbell/ Andrew S. Skinner, Indianapolis 1981, Bd. I, I.ii.1, S. 25.

821 MANFRED TRAPP, Adam Smith – politische Philosophie und politische Ökonomie, Göttingen 1987, S. 290.

822 SMITH, LJ(A) (wie Fn 1) i. 27.

823 SMITH, LJ(A) (wie Fn 1) i. 33.

824 SMITH, LJ(A) (wie Fn 1) i. 28.

825 SMITH, LJ(A) (wie Fn 1) i. 28.

826 SMITH, LJ(A) (wie Fn 1) i. 29.

827 SMITH, LJ(A) (wie Fn 1) i. 31.

828 SMITH, LJ(A) (wie Fn 1) i. 31.

829 SMITH, LJ(A) (wie Fn 1) i. 32.

Die größte Veränderung hinsichtlich der Ausbildung von Eigentumsrechten ergebe sich jedoch durch die Agrikultur, da in dieser Entwicklungsphase erstmals auch Privateigentum an Land entstehe[830]. Die Folge davon, so Smith, sei die steigende Anzahl an Regelungen, die sich dann in der Zeit des Handels noch weiter vervielfachte[831]. Damit machte er deutlich, dass sich der Bedarf an Gesetzen und Regelungen wandelte, je nachdem in welchem Entwicklungsstadium man sich befand und Eigentumsrechte als solche erkannt worden seien oder noch nicht[832]. Zusammenfassend stellte Smith daher fest:

The more improved any society is…, the greater will be the number of their laws and regulations necessary to maintain justice, and prevent infringements of the right of property[833].	Je weiter fortgeschritten jede Gesellschaft ist…, desto größer wird die Anzahl ihrer Gesetze und Vorschriften sein, die notwendig sind, um Gerechtigkeit aufrecht zu erhalten und Verletzungen des Eigentumsrechts zu verhindern.

Letztlich gilt dieses auch für das Vertragsrecht, dessen Veränderung Smith ebenfalls anhand der gesellschaftlichen Entwicklung deutlich machte und dessen Entstehung und Veränderung seiner Ansicht nach dann entstand, wenn in der gesellschaftlichen Entwicklung das Bedürfnis danach vorhanden war.

Damit bot Smith seinen Studenten mit den *Lectures* eine konkrete Erklärung bezüglich der Entstehung von Recht und einen Einblick in sowohl römisches, schottisches als auch englisches Vertragsrecht. Denjenigen, die sich heute mit Smith beschäftigen, gewähren die *Lectures* einen Einblick in Smith's Vertragsdenken und in seine Ansichten über den Zusammenhang von Moral und Recht. Damit offenbaren sie einen Blick auf einen bislang weniger bekannten Adam Smith.

---

830 SMITH, LJ(B) (wie Fn 1) 151.

831 SMITH, LJ(A) (wie Fn 1) i. 34.

832 ATHOL FITZGIBBONS, Adam Smith's System of Liberty, Wealth and Virtue, The Moral and Political Foundations of The Wealth of Nations, Oxford 1995, S. 98.

833 SMITH, LJ(A) (wie Fn 1) i. 35.

Quellen- und Literaturverzeichnis

ANDREE, GEORG JOHANNES
Sympathie und Unparteilichkeit. Adam Smiths System der natürlichen Moralität, Paderborn 2003

ATIYAH, PATRICK SELIM
The Rise and Fall of Freedom of Contract, Oxford 1979

ATIYAH, PATRICK SELIM
Promises, Morals, and Law, Oxford 1981

ATIYAH, PATRICK SELIM
An Introduction to the Law of Contract, fifth edition, Oxford, New York 1995

BAKER, JOHN HAMILTON
An Introduction to English Legal History, third edition, London, Boston, Dublin u.a. 1990

BALLESTREM, KARL GRAF
Die schottische Aufklärung. Ein Bericht über den Stand der Forschung, in: Dickerhof, Harald (Hrsg.), Festgabe Heinz Hürten zum 60. Geburtstag, Frankfurt am Main, Bern, New York u.a. 1988, S. 317-334

BALLESTREM, KARL GRAF
Adam Smith, München 2001

BARTON, JOHN (Hrsg.)
Towards a general Law of Contract, Berlin 1990

BEHRENDS, OKKO / KNÜTEL, ROLF / KUPISCH, BERTHOLD / SEILER, HANS HERMANN
Corpus Iuris Civilis. Text und Übersetzung Bd. I: Institutionen, 2. Auflage, Heidelberg 1997

BEHRENDS, OKKO / KNÜTEL, ROLF / KUPISCH, BERTHOLD / SEILER, HANS HERMANN
Corpus Iuris Civilis. Text und Übersetzung Bd. II: Digesten 1-10, Heidelberg 1995

BEHRENDS, OKKO / KNÜTEL, ROLF / KUPISCH, BERTHOLD / SEILER, HANS HERMANN
Corpus Iuris Civilis. Text und Übersetzung Bd. III: Digesten 11-20, Heidelberg 1999

BELL, GEORGE JOSEPH
Commentaries on the Law of Scotland and on the Principles of mercantile Jurisprudence, seventh edition, hrsg. von Rutland Square, Edinburgh 1870

BERNSTORFF, CHRISTOPH GRAF VON
Einführung in das englische Recht, München 2000

BLUMENWITZ, DIETER
Einführung in das anglo-amerikanische Recht, München 1990

BRANDT, RICHARD B.
Ethical Theory: The Problems of Normative and Critical Ethics, Englewood Cliffs 1959

BRETONE, MARIO
Geschichte des römischen Rechts. Von den Anfängen bis zu Justinian, München 1998

CAIRNS, JOHN W.
Adam Smith's Lectures on Jurisprudence: Their Influence on Legal Education, in: Mizuta, Hiroshi / Sugiyama, Chuhei (Hrsg.), Adam Smith: International Perspectives, London 1993, S. 63-83

CAIRNS, JOHN W.
The Civil Law Tradition in Scottish Legal Thought, in: Miller, David L. Carey / Zimmermann, Reinhard (Hrsg.), The Civilian Tradition and Scots Law. Aberdeen quincentenary essays, Berlin 1997, S. 191-223

CAMPBELL, THOMAS DOUGLAS
Adam Smith's Science of Morals, London 1971

CICERO, MARCUS TULLIUS
De officiis. Vom pflichtgemäßen Handeln, übersetzt, kommentiert und hrsg. von Heinz Gunermann, Stuttgart 1976

COING, HELMUT
Europäisches Privatrecht. Band I Älteres Gemeines Recht (1500 bis 1800), München 1985

CONNANUS, FRANCISCUS
Commentatorium juris civilis libri decem, Basileae MDLXVII

DIE BIBEL: NACH DER ÜBERSETZUNG MARTIN LUTHERS
mit Apokryphen, Stuttgart 1985

DIESSELHORST, MALTE
Die Lehre des Hugo Grotius vom Versprechen, Köln, Graz 1959

DIESSELHORST, MALTE
Zum Vermögensrechtssystem Samuel Pufendorfs, Göttingen 1976

DILCHER, GERHARD
Eid, 3. Versprechenseide, in: Erler, Adalbert / Kaufmann, Ekkehard (Hrsg.), Handwörterbuch zur Deutschen Rechtsgeschichte, Band I, Berlin 1971, Sp. 866-870

EVANS, ERIC
British History. From prehistoric times to the present day. Featuring culture, politics & religion, UK - Bath 2001

FIRTH, RODERICK
Ethical Absolutism and the Ideal Observer, in: Philosophy and phenomenological research, Volume XII, No. 3. Jg. (March 1952), S. 317-345

FITZGIBBONS, ATHOL
Adam Smith's System of Liberty, Wealth, and Virtue. The Moral and Political Foundations of *The Wealth of Nations*, Oxford 1995

FRIEL, RAYMOND J.
The Law of Contract, Dublin u.a. 1995

GAIUS INSTITUTIONES
Die Institutionen des Gaius, hrsg., übersetzt und kommentiert von Ulrich Manthe, Darmstadt 2004

GIEG, GEORG
De tacita conditione rebus sic stantibus, Würzburg 1991

GORDLEY, JAMES
Natural Law Origins of the Common Law of Contract, in: Barton, John (Hrsg.), Towards a general Law of Contract, Berlin 1990, S. 367-465

GORDON, WILLIAM M.
Roman Law in Scotland, in: Evans-Jones, Robin (Hrsg.), The Civil Law Tradition in Scotland, Edinburgh 1995, S. 13-40

GORDON, WILLIAM M.
A Comparison of the Influence of Roman Law in England and Scotland, in: Miller, David L. Carey / Zimmermann, Reinhard (Hrsg.), The Civilian Tradition and Scots Law. Aberdeen quincentenary essays, Berlin 1997, S. 135-148

GROTIUS, HUGO
De iure belli ac pacis, Amsterdam 1701

HAAKONSSEN, KNUD
The Science of a Legislator. The natural jurisprudence of David Hume and Adam Smith, Cambridge, London, New York u.a. 1981

HART, CYRIL
The Danelaw, London, Rio Grande 1992

HELMHOLZ, RICHARD H.
Contracts and the Canon Law, in: Barton, John (Hrsg.), Towards a general Law of Contract, Berlin 1990, S. 49-65

HENRICH, DIETER / HUBER, PETER
Einführung in das englische Privatrecht, dritte Auflage, Darmstadt 2003

HOBBES, THOMAS
Vom Menschen Vom Bürger. Elemente der Philosophie II/III, eingeleitet und hrsg. von Günther Gawlick, Hamburg 1994

HOBBES, THOMAS
Leviathan. Mit einer Einführung und hrsg. von Hermann Klenner, Hamburg 1996

HORNE, THOMAS ALLEN
Property Rights and Poverty: Political Argument in Britain 1605-1834, Chapell Hill, London 1990

HUME, DAVID
A Treatise of human Nature, hrsg. von L. A. Selby-Bigge, Oxford 1951

HUME, DAVID
A Treatise of Human Nature, hrsg. von T. H. Green und T. H. Grose, Aalen 1964

HUME, DAVID
Ein Traktat über die menschliche Natur. Band II: Über die Affekte, Über Moral, übersetzt von Theodor Lipps, Hamburg 1978

HUME, DAVID
Eine Untersuchung über die Prinzipien der Moral, übersetzt, mit einer Einleitung und Anmerkungen hrsg. von Manfred Kühn, Hamburg 2003

HUTCHESON, FRANCIS
A Short Introduction to Moral Philosophy (1747), Hildesheim 1969

HUTCHESON, FRANCIS
Erläuterungen zum moralischen Sinn, übersetzt und hrsg. von Joachim Buhl, Stuttgart 1984

HUTCHESON, FRANCIS
Eine Untersuchung über den Ursprung unserer Ideen von Schönheit und Tugend. Über moralisch Gutes und Schlechtes, übersetzt und hrsg. von Wolfgang Leidhold, Hamburg 1986

IBBETSON, DAVID J.
Consideration and the Theory of Contract in Sixteenth Century Common Law, in: Barton, John (Hrsg.), Towards a general Law of Contract, Berlin 1990, S. 67-123

JOUFFROY, THEODORE
(From) Introduction to Ethics including a critical Survey of moral Systems, in: Reeder, John (Hrsg.), On Moral Sentiments Contemporary responses to Adam Smith, Bristol, Virginia 1997, S. 167-216

KAGAN, SHELLY
Normative Ethics, Boulder, Oxford 1998

KASER, MAX
Das römische Privatrecht. Erster Abschnitt: Das altrömische, das vorklassische und klassische Recht, 2. Auflage, München 1971

KEGEL, GERHARD
Vertrag und Delikt, Köln, Berlin, Bonn u.a. 2002

KÖBLER, RALF
Die „clausula rebus sic stantibus“ als allgemeiner Rechtsgrundsatz, Tübingen 1991

KÖTZ, HEIN
Vertragsauslegung. Eine rechtsvergleichende Skizze, in: Bettermann, Karl August / Löwisch, Manfred / Otto, Hansjörg / Schmidt, Karsten (Hrsg.), Festschrift für Albrecht Zeuner zum siebzigsten Geburtstag, Tübingen 1994, S. 219-241

KUHLENKAMPFF, JENS
David Hume, München 1989

LAMB, ROBERT BOYDEN
Property markets an the state in Adam Smith's system, New York, London 1987

LEIDHOLD, WOLFGANG
Francis Hutcheson. Mensch, Moral und Politik, in: Kreimendahl, Lothar (Hrsg.), Philosophen des 18. Jahrhunderts. Eine Einführung, Darmstadt 2000, S. 87-103

LEVACK, BRIAN P.
The Formation of the British State. England, Scotland, and the Union 1603-1707, Oxford 1987

LÜDERITZ, ALEXANDER
Auslegung von Rechtsgeschäften. Vergleichende Untersuchung anglo-amerikanischen und deutschen Rechts, Karlsruhe 1966

LUIG, KLAUS
10. Kapitel Schottland, in: Coing, Helmut (Hrsg.), Handbuch der Quellen und Literatur der neueren Europäischen Privatrechtsgeschichte. Zweiter Band: Neuere Zeit (1500-1800) Das Zeitalter des gemeinen Rechts, Zweiter Teilband: Gesetzgebung und Rechtsprechung, München 1976, S. 501-504

LUIG, KLAUS
Von Samuel Pufendorf zu Christian Thomasius, in: Palladini, Fiammetta / Hartung, Gerald (Hrsg.), Samuel Pufendorf und die europäische Frühaufklärung. Werk und Einfluß eines deutschen Bürgers der Gelehrtenrepublik nach 300 Jahren (1694-1994), Berlin 1996, S. 137-146

KLAUS LUIG
Paley's Rule und die Auslegung von Rechtsgeschäften, in: Norbert Horn, Manfred Lieb, Klaus Luig u.a. (Hrsg.), Gedächtnisschrift für Alexander Lüderitz, München 2000, S. 471-486

LUIG, KLAUS
Die Auslegung von Willenserklärungen im Naturrecht von Grotius bis Wolff, in: Schröder, Jan (Hrsg.), Theorie der Interpretation vom Humanismus bis zur Romantik - Rechtswissenschaft, Philosophie, Theologie, Stuttgart 2001, S. 133-154

LUIG, KLAUS
Die europäische Tradition des Privatrechts, in: Akademie Journal, Jg. 2002, S. 42-48

MAJOR, W. T.
Basic English Law, second edition, Basingstoke, Hampshire u.a. 1990

MARSHALL, ENID A.
General Principles of Scots Law, fifth edition, Edinburgh 1991

MAYER-MALY, THEO
§§ 133-144 in: Rebmann, Kurt / Säcker, Franz-Jürgen (Hrsg.), Münchener Kommentar zum Bürgerlichen Gesetzbuch. Band I: Allgemeiner Teil, München 1978

MEDICK, HANS
Naturzustand und Naturgeschichte der bürgerlichen Gesellschaft. Die Ursprünge der bürgerlichen Sozialtheorie als Geschichtsphilosophie und Sozialwissenschaft bei Samuel Pufendorf, John Locke und Adam Smith, Göttingen 1973

MEDICUS, DIETER
Allgemeiner Teil des BGB, 7. Auflage, München 1997

MEEK, RONALD L.
New light on Adam Smith's Glasgow lectures on Jurisprudence, in: History of Political Economy, 8. Jg. (1976), S. 439-477

MORROW, GLENN R.
The Ethical and Economic Theories of Adam Smith (1923), Clifton 1973

MOSSNER, ERNEST CAMPBELL / ROSS, IAN SIMPSON
The Glasgow Edition of the Works and Correspondence of Adam Smith, VI: The Correspondence of Adam Smith, New York 1987

MULLER, JERRY Z.
Adam Smith in his time and ours. Designing the decent society, Princeton 1993

NANZ, KLAUS-PETER
Die Entstehung des allgemeinen Vertragsbegriffs im 16. bis 18. Jahrhundert, München 1985

NÈVE, PAUL
Disputations of Scots Students Attending Universities in the Northern Netherlands, in: Gordon, William M. / Fergus, T. D. (Hrsg.), Legal History in the Making. Proceedings of the ninth british legal history conference Glasgow 1989, London, Rio Grande 1991, S. 95-108

OTTESON, JAMES R.
Adam Smith's Marketplace of Life, Cambridge 2002

PALANDT
Bürgerliches Gesetzbuch, 64. Auflage, München 2005

PALEY, WILLIAM
The Principles of moral and political Philosophy (1785), New York, London 1978

PLATON
Sämtliche Dialoge Band III: Euthydemos - Hippias - Ion - Alkibiades - Gastmahl - Charmides - Lysis – Menexenos, hrsg. von Otto Appelt, Hamburg 1988

PLATON
Sämtliche Dialoge Band V: Der Staat, hrsg. von Otto Appelt, Hamburg 1988

PLUCKNETT, THEODORE F. T.
A Concise History of the Common Law, fifth edition, London 1956

POLLOCK, SIR FREDERICK / MAITLAND, FREDERIC WILLIAM
The History of English Law before the time of Edward I., Volume II, second edition, Cambridge 1952

PRICE, RICHARD
A Review of the principal Questions in Morals, hrsg. von David Daiches Raphael (Wiedergabe der dritten Ausgabe von 1787), Oxford 1974

PUFENDORF, SAMUEL VON
Über die Pflicht des Menschen und des Bürgers nach dem Gesetz der Natur, hrsg. und übersetzt von Klaus Luig, Frankfurt am Main, Leipzig 1994

PUFENDORF, SAMUEL VON
Acht Bücher vom Natur- und Völkerrecht, Mit des Weltberühmten Johann Nicolai Hertii, Johann Barbeyrac und anderer Hoch-Gelehrten Männer außerlesenen Anmerckungen erläutert und in die Teutsche Sprach übersetzt, Teil I, 1998 Hildesheim, Zürich, New York

RAPHAEL, DAVID DAICHES
The impartial spectator, in: Skinner, Andrew / Wilson, Thomas (Hrsg.), Essays on Adam Smith, Oxford 1975, S. 83-99

RAPHAEL, DAVID DAICHES
Adam Smith, Frankfurt, New York 1991

RECKTENWALD, HORST CLAUS
Adam Smith. Sein Leben und sein Werk, München 1976

REEDER, JOHN (Hrsg.)
On Moral Sentiments. Contemporary responses to Adam Smith, Bristol, Virginia 1997

REPGEN, TILMAN
Vertragstreue und Erfüllungszwang in der mittelalterlichen Rechtswissenschaft, Paderborn u.a. 1994

ROBINSON, OLIVIA. F. / FERGUS, T. D. / GORDON, WILLIAM M.
An Introduction to European Legal History, Abingdon 1985

RUMMEL, MICHAEL
Die „clausula rebus sic stantibus“, Baden-Baden 1991

SCHERMAIER, MARTIN JOSEF
Die Bestimmung des wesentlichen Irrtums von den Glossatoren bis zum BGB, Wien, Köln, Weimar 2000

SCHERMAIER, MARTIN JOSEF
§§ 116-124 in: Mathias Schmoeckel, Joachim Rückert, Reinhard Zimmermann (Hrsg.), Historisch-kritischer Kommentar zum BGB, Band I, Allgemeiner Teil §§ 1-240, Tübingen 2003

SCHLOSSER, HANS
Grundzüge der Neueren Privatrechtsgeschichte. Rechtsentwicklungen im europäischen Kontext, 10. Auflage, Heidelberg 2005

SCHRÖDER, JAN
Recht als Wissenschaft, Geschichte der juristischen Methode vom Humanismus bis zur historischen Schule (1500-1850), München 2001

SELLAR, W. D. H.
The Resilience of the Scottish Common Law, in: Miller, David L. Carey / Zimmermann, Reinhard (Hrsg.), The Civilian Tradition and Scots Law Aberdeen. quincentenary essays, Berlin 1997, S. 149-164

SIMPSON, ALFRED WILLIAM BRIAN
Innovation in Nineteenth Century Contract Law, in: The Law Quarterly Review, 91. Jg. (1975), S. 247-278

SIMPSON, ALFRED WILLIAM BRIAN
A History of the Common Law of Contract. The rise of the action of assumpsit, Oxford 1996

SMITH, ADAM
Theorie der moralischen Empfindungen, Braunschweig 1770

SMITH, ADAM
Vorlesungen über Rechts- Polizei- Steuer- und Heereswesen gehalten in der Universität Glasgow von Adam Smith. Nach der Ausgabe von Edwin Cannan ins Deutsche übertragen von S. Blach mit einem Geleitwort von Ignaz Jastrow, Halberstadt 1928.

SMITH, ADAM
Lectures on Justice, Police, Revenue and Arms. Delivered in the University of Glasgow by Adam Smith reported by a student in 1763, hrsg. von Edwin Cannan, New York 1956

SMITH, ADAM
The Theory of Moral Sentiments, hrsg. von David Daiches Raphael und Alec Lawrence Macfie, Oxford 1976

SMITH, ADAM
An Inquiry into the Nature and Causes of the Wealth of Nations, Band I und II, hrsg. von Roy Harold Campbell und Andrew S. Skinner, Indianapolis 1981

SMITH, ADAM
The Glasgow Edition of the Works and Correspondence of Adam Smith, V: Lectures on Jurisprudence, hrsg. von Ronald Lindley Meek, David Daiches Raphael, Peter Gonville Stein, Oxford 1987

SMITH, ADAM
The Glasgow Edition of the Works and Correspondence of Adam Smith VI: The Correspondence of Adam Smith; hrsg. von Ernest Campbell Mossner und Ian Simpson Ross, Oxford 1987

SMITH, ADAM
Vorlesungen über Rechts- und Staatswissenschaften, übersetzt, eingeleitet und kommentiert von Daniel Brühlmeier, Sankt Augustin 1996

SMITH, ADAM
Theorie der ethischen Gefühle, übersetzt und hrsg. von Walther Eckstein, Hamburg 2004

SMITH, ADAM
Untersuchung über Wesen und Ursachen des Reichtums der Völker, hrsg. von Erich W. Streissler, übersetzt von Monika Streissler, Tübingen 2005

STAIR, JAMES VISCOUNT OF
The Institutions of the Laws of Scotland (1693), hrsg. von David M. Walker, Edinburgh, Glasgow 1981

STEIN, PETER
Law and Society in Eigteenth-Century Scottish Thought, in: Phillipson, N.T. / Mitchison, Rosalind (Hrsg.), Scotland in the Age of Improvement. Essays in Scottish History in the Eighteenth Century, Edinburgh 1970, S. 148-168

STEIN, PETER
Adam Smith's Theory of Law and Society, in: Bolgar, R. R. (Hrsg.), Classical Influences on Western Thought A.D. 1650-1870. Proceedings of an International Conference held at King's College, Cambridge March 1977, Cambridge, London, New York u.a. 1979, S. 263-273

STEIN, PETER
The Legal Philosophy of the Scottish Enlightenment, in: Brandt, Reinhard (Hrsg.), Rechtsphilosophie der Aufklärung. Symposium Wolfenbüttel 1981, Berlin, New York 1982, S. 61-78

STEPHEN, SIR LESLIE
History of English Thought in the eighteenth century, Vol. II, third edition, London 1902

STREMINGER, GERHARD
David Hume. Sein Leben und sein Werk, Paderborn, München, Wien u.a. 1994

STROMPS, KATJA
Die Institutional Writers - Schottisches Recht und kontinentaleuropäischer Einfluß, Münster 2000

TEEVEN, KEVIN M.
A History of the Anglo-American Common Law of Contract, New York 1990

TEICHGRAEBER, RICHARD F.
"Free Trade" and Moral Philosophy Rethinking the Sources of Adam Smith's *Wealth of Nations*, Durham 1986

TEUBNER, WERNER
Kodifikation und Rechtsreform in England. Ein Beitrag zur Untersuchung des Einflusses von Naturrecht und Utilitarismus auf die Idee einer Kodifikation des englischen Rechts, Berlin 1972

THOMASIUS, CHRISTIAN
Institutiones jurisprudentiae divinae, Neudruck der 7. Auflage Halle 1730, Aalen 1963

THOMASIUS, CHRISTIAN
Ausübung der Vernunftlehre, hrsg. von Werner Schneiders, Hildesheim, Zürich, New York 1998

THOMAS VON AQUIN
Summa Theologica. Tugenden des Gemeinschaftslebens, München, Heidelberg 1943

TOSCH, NORBERT
Entwicklung und Auflösung der Lehre vom Vertrag, Marburg 1980

TRAPP, MANFRED
Adam Smith - politische Philosophie und politische Ökonomie, Göttingen 1987

TREITEL, GUENTER H.
The Law of Contract, ninth edition, London 1995

VIVENZA, GLORIA
Adam Smith and the Classics. The Classical Heritage in Adam Smith's Thought, New York 2001

VOGENAUER, STEFAN
Die Auslegung von Gesetzen in England und auf dem Kontinent. Eine vergleichende Untersuchung der Rechtsprechung und ihrer historischen Grundlagen, Band I, Tübingen 2001

VOGENAUER, STEFAN
§§ 133, 157 in: Mathias Schmoeckel, Joachim Rückert, Reinhard Zimmermann (Hrsg.), Historisch-kritischer Kommentar zum BGB, Band I, Allgemeiner Teil §§ 1-240, Tübingen 2003.

VORLÄNDER, FRANZ
Geschichte der philosophischen Moral-, Rechts- und Staatslehre der Engländer und Franzosen mit Einschluss Machiavellis und einer kurzen Übersicht der moralischen und sozialen Lehren der neueren Zeit überhaupt, Neudruck der Ausgabe Marburg an der Lahn 1855, Aalen 1964

WEBER, HELMUT
Einführung in das schottische Recht, Darmstadt 1978

WESEL, UWE
Geschichte des Rechts. Von den Frühformen bis zur Gegenwart, München 2001

WESENER, GUNTER
Neuere deutsche Privatrechtsgeschichte, 4. Auflage, Wien , Köln, Graz 1985

WOLFF, CHRISTIAN
Grundsätze des Natur- und Völckerrechts, hrsg. von Marcel Thomann, Hildesheim, New York 1980

YOUNG, JEFFREY T.
The impartial spectator and natural jurisprudence: an interpretation of Adam Smith's theory of the natural price, in: History of Political Economy, Volume 18. Jg. (1986), S. 365-382

ZIMMERMANN, REINHARD
Das römisch-katholische ius commune als Grundlage europäischer Rechtseinheit, in: Juristenzeitung, Jg. 1992, S. 8-20

ZIMMERMANN, REINHARD
Der europäische Charakter des englischen Rechts. Historische Verbindungen zwischen civil law und common law, in: Zeitschrift für Europäisches Privatrecht, 1. Jg. (1993), S. 4-51

ZIMMERMANN, REINHARD
The Law of Obligations. Roman foundations of the civilian tradition, Oxford 1996

ZIMMERMANN, REINHARD / VISSER, DANIEL / REID, KENNETH
Mixed Legal Systems in Comparative Perspective. Property and Obligations in Scotland and South Africa, Oxford 2004

ZWEIGERT, KONRAD / KÖTZ, HEIN
Einführung in die Rechtsvergleichung auf dem Gebiete des Privatrechts, 3. Auflage, Tübingen 1996

RECHTSHISTORISCHE REIHE

Band 1 Studien zu den germanischen Volksrechten. Gedächtnisschrift für Wilhelm Ebel. Vorträge gehalten auf dem Fest-Symposion anläßlich des 70. Geburtstages von Wilhelm Ebel am 16. Juni 1978 in Göttingen. Götz Landwehr (Hrsg.) 1982.

Band 2 Hans Poeschel: Die Statuten der Banken, Sparkassen und Kreditgenossenschaften in Hamburg und Altona von 1710 bis 1889. 1978.

Band 3 Thomas Kolbeck: Juristenschwemmen, Untersuchungen über den juristischen Arbeitsmarkt im 19. und 20. Jahrhundert. 1978.

Band 4 Norbert Hempel: Richterleitbilder in der Weimarer Republik. 1978.

Band 5 Rolf Stratmann: Die Scheinbußen im mittelalterlichen Recht. 1978.

Band 6 Martin C. Lockert: Die niedersächsischen Stadtrechte zwischen Aller und Weser. Vorkommen und Verflechtungen. Eine Bestandsaufnahme. 1979.

Band 7 Joachim Rückert/Wolfgang Friedrich: Betriebliche Arbeiterausschüsse in Deutschland, Großbritannien und Frankreich im späten 19. und frühen 20. Jahrhundert. Eine vergleichende Studie zur Entwicklung des kollektiven Arbeitsrechts. 1979.

Band 8 Peter Bender: Die Rezeption des römischen Rechts im Urteil der deutschen Rechtswissenschaft. 1979.

Band 9 Friedrich Karl Alsdorf: Untersuchungen zur Rechtsgestalt und Teilung deutscher Ganerbenburgen. 1980.

Band 10 Dietmar Willoweit/Winfried Schich (Hrsg.): Studien zur Geschichte des sächsisch-magdeburgischen Rechts in Deutschland und Polen (Sammelband). 1980.

Band 11 Brigitte Hempel: Der Entwurf einer Polizeiordnung für das Herzogtum Sachsen-Lauenburg aus dem Jahre 1591. 1980.

Band 12 Klaus-Detlev Godau-Schüttke: Rechtsverwalter des Reiches. Staatssekretär Dr. Curt Joël. 1981.

Band 13 Rainer Polley: Anton Friedrich Justus Thibaut (AD 1772-1840) in seinen Selbstzeugnissen und Briefen. Teil 1: Abhandlung. Teil 2: Briefwechsel. Teil 3: Register zum Briefwechsel. 1982.

Band 14 Michael Wettengel: Der Streit um die Vogtei Kelkheim 1275-1276. Ein kanonischer Prozeß.1981.

Band 15 Otto Wilhelm Krause: Naturrechtler des sechzehnten Jahrhunderts. Ihre Bedeutung für die Entwicklung eines natürlichen Privatrechts. 1982.

Band 16 Helga Spindler: Von der Genossenschaft zur Betriebsgemeinschaft. Kritische Darstellung der Sozialrechtslehre Otto von Gierkes. 1982.

Band 17 Holger Otte: Gustav Radbruchs Kieler Jahre 1919-1926. 1982.

Band 18 Rüdiger Teuner: Die fuldische Ritterschaft 1510-1656. 1982.

Band 19 Gerhard Dilcher/Rudolf Hoke/Gian Savino Pene Vidari/Hans Winterberg (Hrsg.): Grundrechte im 19. Jahrhundert. 1982.

Band 20 Karl-Hans Schloßstein: Die westfälischen Fabrikengerichtsdeputationen - Vorbilder, Werdegang und Scheitern. 1982.

Band 21 Birger Schulz: Der Republikanische Richterbund (1921-1933). 1982.

Band 22 Engelbert Krause: Die gegenseitigen Unterhaltsansprüche zwischen Eltern und Kindern in der deutschen Privatrechtsgeschichte. 1982.

Band 23 Meent W. Francksen: Staatsrat und Gesetzgebung im Großherzogtum Berg (1806-1813). 1982.

Band 24 Gerd von Sonnleithner: Bearbeitung des Handelsrechts durch Ignaz von Sonnleithner in seinem "Leitfaden über das österreichische Handels- und Wechselrecht". 1982.

Band 25 Rudolf Palme: Rechts-, Wirtschafts- und Sozialgeschichte der inneralpinen Salzwerke bis zu deren Monopolisierung. 1983.

Band 26 Helen Bosshard: Pestalozzis Staats- und Rechtsverständnis und seine Stellung in der Aufklärung. 1983.

Band 27 Jens Jessen: Die Selbstzeugnisse der deutschen Juristen. Erinnerungen, Tagebücher und Briefe. Eine Bibliographie. 1983.

Band 28 Günter Martin Jensen: Das Domanium Waldeck. Die rechtliche Zuordnung eines Fürstenvermögens. 1984.

Band 29 Johann Heinrich Kumpf: Petitionsrecht und öffentliche Meinung im Entstehungsprozeß der Paulskirchenverfassung 1848/49. 1983.

Band 30 Sabine Frey: Rechtsschutz der Juden gegen Ausweisungen im 16. Jahrhundert. 1983.

Band 31 Dietrich Joswig: Die germanische Grundstücksübertragung. 1984.

Band 32 Andreas Baryli: Konzessionssystem contra Gewerbefreiheit. Zur Diskussion der österreichischen Gewerberechtsreform 1835 bis 1860. 1984.

Band 33 Gerhard Oberkofler: Studien zur Geschichte der österreichischen Rechtswissenschaft. 1984.

Band 34 Rudolf Lauda: Kaufmännische Gewohnheit und Burgrecht bei Notker dem Deutschen. Zum Verhältnis von literarischer Tradition und zeitgenössischer Realität in der frühmittelalterlichen Rhetorik. 1984.

Band 35 Jens Jensen: Die Ehescheidung des Bischofs Hans von Lübeck von Prinzessin Julia Felicitas von Württemberg-Weiltingen AD 1648-1653. Ein Beitrag zum protestantischen Ehescheidungsrecht im Zeitalter des beginnenden Absolutismus. 1984.

Band 36 Horst Schröder: Friedrich Karl von Savigny. Geschichte und Rechtsdenken beim Übergang vom Feudalismus zum Kapitalismus in Deutschland. 1984.

Band 37 Andreas Hatzung: Dogmengeschichtliche Grundlagen und Entstehung des zivilrechtlichen Notstands. 1984.

Band 38 Matthias Klasen: Das Billwerder Landrecht. Landrecht und Landgericht in den Hamburger Elbmarschen. 1985.

Band 39 Rainer Jamin: Aufbau, Tätigkeit und Verfahren der Auseinandersetzungsbehörden bei der Durchführung der preußischen Agrarreformen. 1985.

Band 40 Henry Winter: Teilschuld, Gesamtschuld und unechte Gesamtschuld. Zur Konzeption der §§ 420 ff. BGB - Ein Beitrag zur Entstehungsgeschichte des BGB. 1985.

Band 41 Hermann Eichler: Verfassungsbewegung in Amerika und Europa. 1985.

Band 42 Dagmar Bandemer: Heinrich Albert Zachariae. Rechtsdenken zwischen Restauration und Reformation. 1985.

Band 43 Eva-Christine Frentz: Das Hamburgische Admiralitätsgericht (1623-1811). Prozeß und Rechtsprechung. 1985.

Band 44 Karl Lillig: Rechtsetzung im Herzogtum Pfalz-Zweibrücken während des 18. Jahrhunderts. Ein Beitrag zur Geschichte der territorialen Rechtsbildung. 1985.

Band 45 Walter Weber: Die Entwicklung der Sparkassen zu selbständigen Anstalten des öffentlichen Rechts. Ein Beitrag zur Entwicklung des Anstaltsbegriffs im 19. Jahrhundert. 1985.

Band 46 Bärbel Baum: Der Stabreim im Recht. Vorkommen und Bedeutung des Stabreims in Antike und Mittelalter. 1986.

Band 47 Hans Popp: Die nationalsozialistische Sicht einiger Institute des Zivilprozeß- und Gerichtsverfassungsrechts. 1986.

Band 48 John Karl-Heinz Montag: Die Lehrdarstellung des Handelsrechts von Georg Friedrich von Martens bis Meno Pöhls. Die Wissenschaft des Handelsrechts im ersten Drittel des 19. Jahrhunderts. 1986.

Band 49 Volker D. Anhäusser: Das internationale Obligationenrecht in der höchstrichterlichen Rechtsprechung des 19. Jahrhunderts. 1986.

Band 50 Udo Beer: Die Juden, das Recht und die Republik. Verbandswesen und Rechtsschutz 1919-1933. 1986.

Band 51 Herbert Grziwotz: Der moderne Verfassungsbegriff und die "Römische Verfassung" in der deutschen Forschung des 19. und 20. Jahrhunderts. 1986.

Band 52 Ralf Conradi: Karl Friedrich Eichhorn als Staatsrechtslehrer. Seine Göttinger Vorlesung über "Das Staatsrecht der deutschen Bundesstaaten" nach einer Kollegmitschrift aus dem Wintersemester 1821/22. 1987.

Band 53 Dieter Dannreuther: Der Zivilprozeß als Gegenstand der Rechtspolitik im Deutschen Reich 1871-1945. Ein Beitrag zur Geschichte des Zivilprozeßrechts in Deutschland. 1987.

Band 54 Stephan Felix Pauly: Organisation, Geschichte und Praxis der Gesetzesauslegung des (Königlich) Preußischen Oberverwaltungsgerichtes 1875-1933. 1987.

Band 55 Rüdiger Schulz: Die Entstehung des Seerechts des Allgemeinen Deutschen Handelsgesetzbuches unter besonderer Berücksichtigung der Bestimmungen über die Reederei, den Schiffer und die Schiffsmannschaft. 1987.

Band 56 Reinhold Reis: Deutsches Privatrecht in den Weistümern der Zenten Schriesheim und Kirchheim. 1987.

Band 57 Jürgen Christoph: Die politischen Reichsamnestien 1918-1933. 1987.

Band 58 Gerhard Oberkofler/Eduard Rabofsky: Hans Kelsen im Kriegseinsatz der k.u.k.-Wehrmacht. Eine kritische Würdigung seiner militärtheoretischen Angebote. 1988.

Band 59 Arne Wulff: Staatssekretär Prof. Dr. Dr. h.c. Franz Schlegelberger. 1876-1970. 1991.

Band 60 Gerhard Köbler (Hrsg.): Wege europäischer Rechtsgeschichte. Karl Kroeschell zum 60. Geburtstag. 1987.

Band 61 Rüdiger Hütte: Der Gemeinschaftsgedanke in den Erbrechtsreformen des Dritten Reichs. 1988.

Band 62 Markus Göldner: Politische Symbole der europäischen Integration. Fahne, Hymne, Hauptstadt, Paß, Briefmarke, Auszeichnungen. 1988.

Band 63 Wolfgang Kröner: Freiheitsstrafe und Strafvollzug in den Herzogtümern Schleswig, Holstein und Lauenburg von 1700 bis 1864. 1988.

Band 64 Werner Gaile: Die Norder Theelacht. 1988.

Band 65 Karl v. Kempis: Andreas Gaill (1526-1587). Zum Leben und Werk eines Juristen der frühen Neuzeit. 1988.

Band 66 Wolf-Rüdiger Osburg: Die Verwaltung Hamburgs in der Franzosenzeit. 1811-1814. 1988.

Band 67 Christian Schudnagies: Hans Frank. Aufstieg und Fall des NS-Juristen und Generalgouverneurs. 1988.

Band 68 Otmar Jung: Senatspräsident Freymuth. Richter, Sozialdemokrat und Pazifist in der Weimarer Republik. Eine politische Biographie. 1989.

Band 69 Joachim Lohner: Das landeshauptmannschaftliche Gericht in Oberösterreich zu Beginn der Neuzeit. Eine Darstellung des oberösterreichischen Prozeßrechts am obersten Territorialgericht des Landes anhand der oberösterreichischen Landtafel.1989.

Band 70 Bernd Klemann: Rudolf von Jhering und die Historische Rechtsschule. 1989.

Band 71 Adalbert Langer: Männer um die österreichische Zivilprozeßordnung 1895. Zusammenspiel / Soziales Ziel. 1990.

Band 72 Robert-Dieter Klee: Die Landessuperintendentur Lauenburg. Ursprung und Entwicklung sowie Ende der Sonderstellung des Kirchenkreises Herzogtum Lauenburg durch die nordelbische Kirchenvereinigung. 1989.

Band 73 Heinrich Herrmann: Die Gehöferschaften im Bezirk Trier. 1989.

Band 74 Wilhelm Brauneder, Franz Baltzarek (Hrsg.): Modell einer neuen Wirtschaftsordnung. Wirtschaftsverwaltung in Österreich 1914-1918. 1991.

Band 75 Thomas Dreyer: Die "Assecuranz- und Haverey-Ordnung" der Freien und Hansestadt Hamburg von 1731. 1990.

Band 76 Bernhard Sendler: Die Rechtssprache in den süddeutschen Stadtrechtsreformationen. 1990.

Band 77 Brigitte Lehmann: Ehevereinbarungen im 19. und 20. Jahrhundert. 1990.

Band 78 Michael Sunnus: Der NS-Rechtswahrerbund (1928-1945). Zur Geschichte der nationalsozialistischen Juristenorganisation. 1990.

Band 79 Stefan Schulz: Die historische Entwicklung des Rechts an Bienen. (§§ 961-964 BGB). 1990.

Band 80 Gerhard Lingelbach, Heiner Lück (Hrsg.): Deutsches Recht zwischen Sachsenspiegel und Aufklärung. Rolf Lieberwirth zum 70. Geburtstag dargebracht von Schülern, Freunden und Kollegen, herausgegeben von Gerhard Lingelbach und Heiner Lück. 1991.

Band 81 Manfred Krohn: Die deutsche Justiz im Urteil der Nationalsozialisten 1920-1933. 1991.

Band 82 Angelika Kühn: Privilegierung nationaler Minderheiten im Wahlrecht der Bundesrepublik Deutschland und Schleswig-Holsteins. 1991.

Band 83 Georg Brun: Leben und Werk des Rechtshistorikers Heinrich Mitteis unter besonderer Berücksichtigung seines Verhältnisses zum Nationalsozialismus. 1991.

Band 84 Wolfgang Simon: Claudius Freiherr von Schwerin. Rechtshistoriker während dreier Epochen deutscher Geschichte. 1991.

Band 85 Friedrich-Carl Wachs: Das Verordnungswerk des Reichsdemobilmachungsamtes. Stabilisierender Faktor zu Beginn der Weimarer Republik. 1991.

Band 86 Jens-Uwe Petersen: Die Vorgeschichte und die Entstehung des Mieterschutzgesetzes von 1923 nebst der Anordnung für das Verfahren vor dem Mieteinigungsamt und der Beschwerdestelle. 1991.

Band 87 Ulrike Haibach: Familienrecht in der Rechtssprache. Die historische Entwicklung zentraler Ausdrücke des geltenden Familienrechts. 1991.

Band 88 Joern Christian Nissen: Die Beratungen des Seeversicherungsausschusses der Akademie für Deutsches Recht zu einem neuen Seeversicherungsgesetz (1934-1939). Ein Beitrag zur Entwicklung der allgemeinen Lehren des Seeversicherungsrechts unter besonderer Berücksichtigung des Handelsgesetzbuchs und der Allgemeinen Deutschen Seeversicherungs-Bedingungen 1919. 1991.

Band 89 Diethard Bühler: Die Entstehung der allgemeinen Vertragsschluß-Vorschriften im Allgemeinen Deutschen Handelsgesetzbuch (ADHGB) von 1861. Ein Beitrag zur Kodifikationsgeschichte des Privatrechts im 19. Jahrhundert. 1991.

Band 90 Gerhard Oberkofler: Die Vertreter des Römischen Rechts mit deutscher Unterrichtssprache an der Karls-Universität in Prag. Vom Vormärz bis 1945. 1991.

Band 91 Ulrich Andermann: Ritterliche Gewalt und bürgerliche Selbstbehauptung. Untersuchungen zur Kriminalisierung und Bekämpfung des spätmittelalterlichen Raubrittertums am Beispiel norddeutscher Hansestädte. 1991.

Band 92 Heinz Marcus Hanke: Luftkrieg und Zivilbevölkerung. Der kriegsvölkerrechtliche Schutz der Zivilbevölkerung gegen Luftbombardements von den Anfängen bis zum Ausbruch des Zweiten Weltkrieges. 1991.

Band 93 Kirsten Kraglund: Familien- und Erbrecht. Materielles Recht und Methoden der Rechtsanwendung in der Rechtsprechung des Oberappellationsgerichts der vier Freien Städte Deutschlands zu Lübeck. 1991.

Band 94 Reinhard Lorenz: Die politische und rechtliche Stellung des Proletariats in Preußen in der Zeit zwischen den Reformen und der Revolution 1848/49. 1991.

Band 95 Eric Hilgendorf: Die Entwicklungsgeschichte der parlamentarischen Redefreiheit in Deutschland. 1991.

Band 96 Hans J. Reiter: Die Handelsgesellschaft Villeroy & Boch von der Gründung 1836 bis zum Jahr 1878. 1992.

Band 97 Martin Johannes Heller: Reform der deutschen Rechtssprache im 18. Jahrhundert. 1992.

Band 98 Michael Kotulla: Die Tragweite der Grundrechte der revidierten preußischen Verfassung vom 31.01.1850. 1992.

Band 99 Michael Siefener: Hexerei im Spiegel der Rechtstheorie. Das crimen magiae in der Literatur von 1574 bis 1608. 1992.

Band 100 Andreas Ebert-Weidenfeller: Hamburgisches Kaufmannsrecht im 17. und 18. Jahrhundert. Die Rechtsprechung des Rates und des Reichskammergerichtes. 1992.

Band 101 Enno Bommel: Die Entstehung der Verwirkungslehre in der Krise des Positivismus. 1992.

Band 102 Ralph Steppacher: Die Berücksichtigung der bäuerlichen Postulate bei der Entstehung des ZGB und der Revision des OR. Ein Beitrag zur schweizerischen Kodifikationsgeschichte (1893-1912). 1992.

Band 103 Martin Fleckenstein: Die Todesstrafe im Werk Carl Joseph Anton Mittermaiers (1787-1867). Zur Entwicklungsgeschichte eines Werkbereichs und seiner Bedeutung für Theorie- und Methodenbildung. 1992.

Band 104 Jörn Eckert: Der Kampf um die Familienfideikommisse in Deutschland. Studien zum Absterben eines Rechtsinstitutes. 1992.

Band 105 Jörg Grotkopp: Beamtentum und Staatsformwechsel. Die Auswirkungen der Staatsformwechsel von 1918, 1933 und 1945 auf das Beamtenrecht und die personelle Zusammensetzung der deutschen Beamtenschaft. 1992.

Band 106 Andreas Rohde: Die Garantiehaftung des Vermieters und ihr Verhältnis zum Unmöglichkeitsrecht in dogmengeschichtlicher und modernrechtlicher Sicht. 1992.

Band 107 Tjark Siefke Kunstreich: Gesamtvertretung. Eine historisch-systematische Darstellung. 1992.

Band 108 Jürgen Krüger: Blindheit und Königtum. Die Blindheit des Königs Georg V. von Hannover als verfassungsrechtliches Problem. 1992.

Band 109 Wolfgang Putschek: Ständische Verfassung und autoritäre Verfassungspraxis in Österreich 1933-1938 mit Dokumentenanhang. Verfassung und Verfassungswirklichkeit. Mit einem Anhang: Denkschriften von Rechtsanwalt Dr. Erich Führer 1936/37. 1993.

Band 110 Klaus Hofmann: Die Verdrängung der Juden aus öffentlichem Dienst und selbständigen Berufen in Regensburg 1933-1939. 1993.

Band 111 Franz Kilger: Die Entwicklung des Telegraphenrechts im 19. Jahrhundert mit besonderer Berücksichtigung der technischen Entwicklung. Telegraphenrecht im 19. Jahrhundert. 1993.

Band 112 Wilhelm Brauneder (Hrsg.): Heiliges Römisches Reich und moderne Staatlichkeit. 1993.

Band 113 Thomas Heinrich: Das preußische Nichtehelichenrecht: Von der Aufklärung zur Reaktion. 1993.

Band 114 Gerald Kohl: Jagd und Revolution. Das Jagdrecht in den Jahren 1848 und 1849. 1993.

Band 115 Christian Schudnagies: Der Kriegs- oder Belagerungszustand im Deutschen Reich während des Ersten Weltkrieges. Eine Studie zur Entwicklung und Handhabung des deutschen Ausnahmezustandsrechts bis 1918. 1994.

Band 116 Elisabeth Bellmann: Die Internationale Kriminalistische Vereinigung (1889-1933). 1994.

Band 117 Julia Pfannkuch: Volksrichterausbildung in Sachsen 1945-1950. 1993.

Band 118 Jörg Offen: Von der Verwaltungsgemeinschaft des BGB von 1896 zur Zugewinngemeinschaft des Gleichberechtigungsgesetzes von 1957. 1994.

Band 119 Dorothee Kohlhas-Müller: Untersuchungen zur Rechtsstellung Theoderichs des Großen. 1995.

Band 120 Monika Rose: Das Gerichtswesen des Herzogtums Pfalz-Zweibrücken im 18. Jahrhundert. Ein Beitrag zur territorialen Gerichtsbarkeit im Alten Reich. 1994.

Band 121 Jörn Eckert / Hans Hattenhauer (Hrsg.): Bibel und Recht. Rechtshistorisches Kolloquium 9. - 13. Juni 1992 an der Christian-Albrechts-Universität zu Kiel. 1994.

Band 122 Robert Martin Mizia: Der Rechtsbegriff der Autonomie und die Begründung des Privatfürstenrechts in der deutschen Rechtswissenschaft des 19. Jahrhunderts. 1995.

Band 123 Walther Graf von Plettenberg: Das Fortleben des Liber Iudiciorum in Asturien/León (8.-13. Jh.). 1994.

Band 124 Wolfgang Schulz: Das deutsche Börsengesetz. Die Entstehungsgeschichte und wirtschaftlichen Auswirkungen des Börsengesetzes von 1896. 1994.

Band 125 Frank Hagemann: Der Untersuchungsausschuß Freiheitlicher Juristen. 1949-1969. 1994.

Band 126 Andreas Rethmeier: "Nürnberger Rassegesetze" und Entrechtung der Juden im Zivilrecht. 1995.

Band 127 Edith Grether: Die Poesie der Throne. Die Juristen in der Fruchtbringenden Gesellschaft. 1995.

Band 128 Anna Bartels-Ishikawa: Der Lippische Thronfolgestreit. Eine Studie zu verfassungsrechtlichen Problemen des Deutschen Kaiserreiches im Spiegel der zeitgenössischen Staats. 1995.

Band 129 Jörg Schmidt: Otto Koellreutter 1883-1972. Sein Leben, sein Werk, seine Zeit. 1995.

Band 130 Christian Hattenhauer: Wahl und Krönung Franz II. AD 1792. Das Heilige Reich krönt seinen letzten Kaiser - Das Tagebuch des Reichsquartiermeisters Hieronymus Gottfried von Müller und Anlagen. 1995.

Band 131 Jutta v. der Decken: Das Seearbeitsrecht im Hamburger Stadtrecht von 1301 bis 1603. 1995.

Band 132 Detlev Schmidt: Die Reform des Rechts der Handelsvertreter von 1953. 1995.

Band 133 Gabi Roßdeutscher: Privatautonomie im Scheidungsrecht. Scheidungsbezogene Vereinbarungen in den letzten 200 Jahren. 1995.

Band 134 Harald Kahlenberg: Leben und Werk des Rechtshistorikers Walther Merk. Ein Beispiel für das Verhältnis von Rechtsgeschichte und Nationalsozialismus. 1995.

Band 135 Michael Steitz: Adelbert Düringer am Reichsgericht (1902-1915). Seine aktienrechtlichen Entscheidungen und sein Einfluß auf das Aktienrecht in Deutschland. 1995.

Band 136 Christian Becker: Beata Justorum Translatio. Juristen in schleswig-holsteinischen Leichenpredigten. 1996.

Band 137 Christoph Seiler: Vom Allgemeinen Landrecht zum Bürgerlichen Gesetzbuch. Dargestellt am Beispiel der höchstrichterlichen Judikatur zum kaufrechtlichen Sachmängelgewährleistungsrecht. 1996.

Band 138 Bernd Mayer: Die Vertrauensmännerausschüsse auf den preußischen Steinkohlegruben an der Saar. Entstehung und Wirken. Eine rechtshistorische Untersuchung. 1996.

Band 139 Rochus Scholl: Juden und Judenrecht im Herzogtum Pfalz-Zweibrücken. Ein Beitrag zur Rechtsgeschichte eines deutschen Kleinstaates am Ende des alten Reiches. 1996.

Band 140 Meike Bursch: Judentaufe und frühneuzeitliches Strafrecht. Die Verfahren gegen Christian Treu aus Weener/Ostfriesland 1720-1728. 1996.

Band 141 Markus Hillenbrand: Fürstliche Eheverträge. Gottorfer Hausrecht 1544-1773. 1996.

Band 142 Ulf Häder: Das gemeinschaftliche Oberappellationsgericht thüringischer Staaten in Jena. Ein Beitrag zur Geschichte des Gerichtswesens im 19. Jahrhundert. 1996.

Band 143 Andreas Bauer: Das Gnadenbitten in der Strafrechtspflege des 15. und 16. Jahrhunderts. Dargestellt unter besonderer Berücksichtigung von Quellen der Vorarlberger Gerichtsbezirke Feldkirch und des Hinteren Bregenzerwaldes. 1996.

Band 144 Christian Wirth: Der Jurist Johann Andreas Georg Friedrich Rebmann zwischen Revolution und Restauration. 1996.

Band 145 Stefanie Müller: Die Rechtsprechung des Hanseatischen Oberlandesgerichts zum persönlichen Eherecht in Hamburgischen Gerichtsfällen von 1879-1900. 1996.

Band 146 Jean-Nicolas Morisset: Der Frachtvertrag in der *Ordonnance de la marine* von 1681. 1996.

Band 147 Dirk Lentfer: Die Glogauer Landesprivilegien des Andreas Gryphius von 1653. 1996.

Band 148 Wencke Mull: Die Haftung für Einsturzschäden nach den §§ 836-838 BGB in der Rechtsprechung des Reichsgerichts. 1996.

Band 149 Renate Zelger: Teufelsverträge. Märchen, Sage, Schwank, Legende im Spiegel der Rechtsgeschichte. 1996.

Band 150 Guido Kraß: Das Arrestverfahren in Frankfurt am Main im Spätmittelalter. 1996.

Band 151 F. Benedict Heyn: Die Entwicklung des Eisenbahnfrachtrechts von den Anfängen bis zur Einführung des Allgemeinen Deutschen Handelsgesetzbuches (ADHGB). 1996.

Band 152 Thomas Lang: Die Staats- und Verfassungslehre Carl Salomo Zachariaes. 1996.

Band 153 Michael Hebeis: Karl Anton von Martini (1726-1800). Leben und Werk. 1996.

Band 154 Gerald Hubert: Die Diskussion um die rechtliche Natur der Bizone in den Jahren 1947-1949. 1996.

Band 155 Christof Horn: Die Rechtsprechung des Reichsgerichts in Ehescheidungssachen der Jahre 1900 bis 1905. 1996.

Band 156 Hermann Nehlsen / Georg Brun (Hrsg.): Münchener rechtshistorische Studien zum Nationalsozialismus. 1996.

Band 157 Jan Otto Clemens Kehrberg: Die Entwicklung des Elektrizitätsrechts in Deutschland. Der Weg zum Energiewirtschaftsgesetz von 1935. 1997.

Band 158 Johannes Tradt: Der Religionsprozeß gegen den Zopfschulzen (1791-1799). Ein Beitrag zur protestantischen Lehrpflicht und Lehrzucht in Brandenburg-Preußen gegen Ende des 18. Jahrhunderts. 1997.

Band 159 Dietmar Olsen: Das kaufrechtliche Sachmängelgewährleistungsrecht des Code civil in der Rechtsprechung deutscher Gerichte im 19. Jahrhundert. Ein Beitrag zur Ablösung der Partikularrechte durch das BGB. 1997.

Band 160 Ulrich Bernhardt: Die Deutsche Akademie für Staats- und Rechtswissenschaft „Walter Ulbricht" 1948-1971. 1997.

Band 161 Claudia Susan Hoppe: Die Bürgschaft im Rechtsleben Hamburgs von 1600 bis 1900. 1997.

Band 162 Franz-Rudolf Ecker: Die Entwicklung des Bergrechts im Saarbrücker Steinkohlenrevier bis zum Ende des 18. Jahrhunderts. Ein Vergleich mit dem älteren deutschen Bergrecht. 1997.

Band 163 Anne Katrin Rückert: Politik und Privatrecht in der „konservativen Revolution". 1997.

Band 164 Gisbert Laube: Der Reichskunstwart. Geschichte einer Kulturbehörde 1919-1933. 1997.

Band 165 Nicolas Lührig: Die Diskussion über die Reform der Juristenausbildung von 1945 bis 1995. 1997.

Band 166 Regula Gerber Jenni: Die Emanzipation der mehrjährigen Frauenzimmer. Frauen im bernischen Privatrecht des 19. Jahrhunderts. 1997.

Band 167 Mischa A. Färber: Das gemeinschaftliche Testament in der höchstrichterlichen Rechtsprechung zum Allgemeinen Preußischen Landrecht und zum BGB. Ein Beitrag zur Ablösung der Partikularrechte durch das BGB. 1997.

Band 168 Catherine Antoinette Gasser: Philipp Lotmar 1850-1922. Professor der Universität Bern. Sein Engagement für das Schweizerische Arbeitsrecht. 1997.

Band 169 Lars Immisch: Der sozialistische Richter in der DDR und seine Unabhängigkeit. Der Versuch eines Rechtsvergleiches zum Unabhängigkeitsbegriff in der bundesdeutschen Rechtsordnung. 1997.

Band 170 Jessica Jacobi: Besitzschutz vor dem Reichskammergericht. Die friedenssichernde Funktion der Besitzschutzklagen am Reichskammergericht im 16. Jahrhundert, dargestellt anhand von Kameralisten. 1998.

Band 171 Ewald Hügemann: Die Geschichte des öffentlichen und privaten Mietpreisrechts vom Ersten Weltkrieg bis zum Gesetz zur Regelung der Miethöhe von 1974. 1998.

Band 172 Lutz Rentzow: Die Entstehungs- und Wirkungsgeschichte der Vernewerten Landesordnung für das Königreich Böhmen von 1627. 1998.

Band 173 Sabine Stürmer: Mühlenrecht im Herzogtum Pfalz-Zweibrücken während des 18. Jahrhunderts. Ein Beitrag zum Wirtschaftsrecht eines deutschen Kleinstaates im Alten Reich. 1998.

Band 174 Mario Bogisch: *Nemo testis in re sua*. Das Problem der Zeugnisfähigkeit bei der Anwendung der deutschen Zivilprozeßordnung von 1877. 1998.

Band 175 Rainer Oßwald: Pactane sunt servanda? Freiwilligkeit, Zwang und Unverbindlichkeitserklärungen im islamischen Vertragsrecht malikitischer Schule. 1998.

Band 176 Bettina Kern: Der preußische BGB-Entwurf von 1842. 1998.

Band 177 Inken Fuhrmann: Die Diskussion über die Einführung der fakultativen Zivilehe in Deutschland und Österreich seit Mitte des 19. Jahrhunderts. 1998.

Band 178 Annette Rieck: Der Heilige Ivo von Hélory (1247-1303). Advocatus pauperum und Patron der Juristen. 1998.

Band 179 Frank Bottenberg: Die Hamburgische Strafprozeßordnung von 1869. 1998.

Band 180 Matthias Krauß: Das kursächsische Postrecht von seinen Anfängen bis zum Ende des Alten Reichs. 1998.

Band 181 Torsten Schmidt: Die Entmündigung von den Anfängen des BGB bis zu ihrer Ablösung durch das Institut der Betreuung. 1998.

Band 182 Christian Nunn: Rudolf Müller-Erzbach. 1874-1959. Von der realen Methode über die Interessenjurisprudenz zum kausalen Rechtsdenken (Leben und Werk). 1998.

Band 183 Christian Ortloff: Das staatskirchenrechtliche System Wilhelm Traugott Krugs. Glaubens- und Gewissensfreiheit – eine Forderung der Vernunft. 1998.

Band 184 Christian Hattenhauer: Schuldenregulierung nach dem Westfälischen Frieden. Der sog. § *de indaganda* und seine Umsetzung im Jüngsten Reichsabschied (AD 1648 und 1654). 1998.

Band 185 Werner Schubert: Preußen im Vormärz. Die Verhandlungen der Provinziallandtage von Brandenburg, Pommern, Posen, Sachsen und Schlesien sowie – im Anhang – von Ostpreußen, Westfalen und der Rheinprovinz (1841-1845). 1998.

Band 186 Silvia Schumacher: Das Rechtsverhältnis zwischen Eltern und Kindern in der Privatrechtsgeschichte. 1999.

Band 187 Kai Sommer: Die Strafbarkeit der Homosexualität von der Kaiserzeit bis zum Nationalsozialismus. Eine Analyse der Straftatbestände im Strafgesetzbuch und in den Reformentwürfen (1871-1945). 1998.

Band 188 Jan Erik Backhaus: Volksrichterkarrieren in der DDR. 1999.

Band 189 Ralf Ruhnau: Die Fürstlich Thurn und Taxissche Privatgerichtsbarkeit in Regensburg. Ein Kuriosum der deutschen Rechtsgeschichte. 1999.

Band 190 Antonio Grilli: Die französische Justizorganisation am linken Rheinufer 1797-1803. 1999.

Band 191 Stephanie Kammerloher-Lis: Die Entstehung des Gesetzes über die religiöse Kindererziehung vom 15. Juli 1921. 1999.

Band 192 Jan Telp: Ausmerzung und Verrat. Zur Diskussion um Strafzwecke und Verbrechensbegriffe im Dritten Reich. 1999.

Band 193 Kurt von Pannwitz: Die Entstehung der Allgemeinen Deutschen Wechselordnung. Ein Beitrag zur Geschichte der Vereinheitlichung des deutschen Zivilrechts im 19. Jahrhundert. 1999.

Band 194 Sylvia Busch: Die Entstehung der Allgemeinen Gerichtsordnung für die Preussischen Staaten von 1793/95. Ein Beitrag zur Geschichte der Kodifikationsbewegung und der Reform des Zivilprozesses in Preußen im 18. Jahrhundert. 1999.

Band 195 Dirk Bieresborn: Klage und Klageerwiderung im deutschen und englischen Zivilprozeß. Eine rechtshistorische und rechtsvergleichende Untersuchung unter besonderer Berücksichtigung der Beeinflussung durch das römisch-kanonische Verfahren. 1999.

Band 196 Andreas Thier / Guido Pfeifer / Philipp Grzimek (Hrsg.): Kontinuitäten und Zäsuren in der Europäischen Rechtsgeschichte. Europäisches Forum Junger Rechtshistorikerinnen und Rechtshistoriker München 22.-24. Juli 1998. 1999.

Band 197 Franz Smola: Die Fürstlich Liechtenstein'sche Kunstsammlung. Rechtsfragen zur Verbringung der Sammlung von Wien nach Vaduz in den Jahren 1944/45. 1999.

Band 198 Frank Martin Krauss: Das geteilte Eigentum im 19. und 20. Jahrhundert. Eine Untersuchung zum Fortbestand des Teilungsgedankens. 1999.

Band 199 Matthias Frey: Die spanische Aktiengesellschaft im 18. Jahrhundert und unter dem Código de Comercio von 1829. 1999.

Band 200 Alexandra Gilde: Die Stellung der Frau im Reichsstrafgesetzbuch von 1870/71 und in den Reformentwürfen bis 1919 im Urteil der bürgerlichen Frauenbewegung. Eine Analyse ausgewählter Straftatbestände. 1999.

Band 201 Malte Dießelhorst / Arne Duncker: Hans Kohlhase. Die Geschichte einer Fehde in Sachsen und Brandenburg zur Zeit der Reformation. 1999.

Band 202 Jörg Hillmann: Territorialrechtliche Auseinandersetzungen der Herzöge von Sachsen-Lauenburg vor dem Reichskammergericht im 16. Jahrhundert. 1999.

Band 203 Carsten Engler: Die Kommanditgesellschaft (KG) und die stille Gesellschaft im Allgemeinen Deutschen Handelsgesetzbuch (ADHGB) von 1861. 1999.

Band 204 Vesta Hoffmann-Steudner: Die Rechtsprechung des Reichsgerichts zu dem Scheidungsgrund des § 49 EheG (EheG 1938) in den Jahren 1938-1945. 1999.

Band 205 Michaela Thiele: Die Auflösung von Arbeitsverhältnissen aufgrund Anfechtung und außerordentlicher Kündigung nach der Rechtsprechung des Reichsarbeitsgerichts (1927-1945). 2000.

Band 206 Peter Landau / Hermann Nehlsen / Mathias Schmoeckel (Hrsg.): Karl von Amira zum Gedächtnis. 1999.

Band 207 Marcus Flinder: Die Entstehungsgeschichte des Zivilgesetzbuches der DDR. 1999.

Band 208 Boris Franz Leo Bromm: Die Entstehungsgeschichte des Berufs des Handelsvertreters. Unter besonderer Berücksichtigung der Sozialgesetzgebung in den Jahren von 1871-1933. 2000.

Band 209 Winfried C. J. Eberstein: Das Tierschutzrecht in Deutschland bis zum Erlaß des Reichs-Tierschutzgesetzes vom 24. November 1933. Unter Berücksichtigung der Entwicklung in England. 1999.

Band 210 Patrick Deller: Der „nach dem Vertrage" vorausgesetzte Gebrauch (§ 459 Absatz 1 Satz 1 BGB). Eine kaufrechtliche Untersuchung unter Berücksichtigung rechtshistorischer wie rechtsvergleichender Grundlagen. 2000.

Band 211 Eckard Freiherr von Bodenhausen: Haftung des Geschäftsherrn für Verrichtungsgehilfen im Straßen- und Schienenverkehr. Eine Analyse der Entscheidungen des Reichsgerichts zu § 831 BGB (1900-1945). 2000.

Band 212 Birte Gast: Der Allgemeine Teil und das Schuldrecht des Bürgerlichen Gesetzbuchs im Urteil von Raymond Saleilles (1855-1912). 2000.

Band 213 Hansjörg Michael Huber: Koloniale Selbstverwaltung in Deutsch-Südwestafrika. Entstehung, Kodifizierung und Umsetzung. 2000.

Band 214 Ulf Björner: Die Verfassungsgerichtsbarkeit im Norddeutschen Bund und Deutschen Reich (1867-1918). Eine rechtshistorische Untersuchung über Gerichtsbarkeit im Spannungsfeld von Politik und Recht innerhalb der von Bismarck geschaffenen deutschen Bundesstaaten. 2000.

Band 215 Mathias Freiherr von Rosenberg: Friedrich Carl von Savigny (1779-1861) im Urteil seiner Zeit. 2000.

Band 216 Reinhard Binder-Krieglstein: Österreichisches Adelsrecht 1868-1918/19. Von der Ausgestaltung des Adelsrechts der cisleithanischen Reichshälfte bis zum Adelsaufhebungsgesetz der Republik unter besonderer Berücksichtigung des adeligen Namensrechts. 2000.

Band 217 Claudia-Regine Nerius: Johannes Lehmann-Hohenberg (1851-1925). Eine Studie zur völkischen Rechts- und Justizkritik im Deutschen Kaiserreich. 2000.

Band 218 Ludger Meuten: Die Erbfolgeordnung des Sachsenspiegels und des Magdeburger Rechts. Ein Beitrag zur Geschichte des sächsisch-magdeburgischen Rechts. 2000.

Band 219 Christoph Alexander von Wilcken: Die Reformbestrebungen zum Genossenschaftsgesetz in der Frühzeit der Bundesrepublik. Die Beratungen der Sachverständigenkommission zur Überprüfung des Genossenschaftsrechts 1954 bis 1958 und der Referentenentwurf von 1962. 2000.

Band 220 Verein Junger RechtshistorikerInnen Zürich (Hrsg.): ¿Rechtsgeschichte(n)? ¿Histoire(s) du droit? ¿Storia/storie del diritto? ¿Legal Histori(es)? Europäisches Forum Junger Rechtshistorikerinnen und Rechtshistoriker Zürich 28.-30. Mai 1999. 2000.

Band 221 Hans Christian Schüler: Die Entstehungsgeschichte der Bundesnotarordnung vom 24. Februar 1961. 2000.

Band 222 Nils-Eberhard Schramm: Die Vereinigung demokratischer Juristen (1949-1999). 2000.

Band 223 Silke Anke Torp: Das Rechtsverhältnis zwischen den Eltern und ihren Kindern. Dienstleistungspflicht, Aussteuer und Ausstattung. Eine Analyse der Rechtsprechung des Reichsgerichts und des Reichsarbeitsgerichts zu den Vorschriften der §§ 1616 bis 1625 des Bürgerlichen Gesetzbuches in der Zeit von 1900 bis 1945. 2000.

Band 224 Martin Jürgen Maaß: Die Geschichte des Eigentumsvorbehalts, insbesondere im 18. und 19. Jahrhundert. 2000.

Band 225 Stefanie Langer: Rechtswissenschaftliche Itinerarien. Lebenswege namhafter europäischer Juristen vom 11. bis zum 18. Jahrhundert. 2000.

Band 226 Ulrich Schmitz: Der Unterhaltsanspruch des nichtehelichen Kindes gegen seinen Erzeuger. Die rechtsgeschichtliche und dogmatische Entwicklung im deutschen Recht. 2000.

Band 227 Sebastian Günther: Friedrich Carl von Savigny als Grundherr. 2000.

Band 228 Henning Ibs: Hermann J. Held (1890-1963). Ein Kieler Gelehrtenleben in den Fängen der Zeitläufe. 2000.

Band 229 Matthias Rücker: Wirtschaftswerbung unter dem Nationalsozialismus. Rechtliche Ausgestaltung der Werbung und Tätigkeit des Werberats der deutschen Wirtschaft. 2000.

Band 230 Hendrik Sandmann: Die Entwicklung von Begriff und Inhalt des Wirtschaftchsrechts durch die Rechtswissenschaft in der Weimarer Republik. 2000.

Band 231 Sibylle Müller: Gibt es Menschenrechte bei Samuel Pufendorf? 2000.

Band 232 Karin Olechowski-Hrdlicka: Die gemeinsamen Angelegenheiten der Österreichisch-Ungarischen Monarchie. Vorgeschichte – Ausgleich 1867 – Staatsrechtliche Kontroversen. 2001.

Band 233 Johannes Mierau: Die juristischen Abschluß- und Diplomprüfungen in der SBZ/DDR. Ein Einblick in die Juristenausbildung im Sozialismus. 2001.

Band 234 Jörg Wolff (Hrsg.): Stillstand, Erneuerung und Kontinuität. Einsprüche zur Preußenforschung. 2001.

Band 235 Friedo Schröder: Die anwaltliche Tätigkeit während der nationalsozialistischen Herrschaft. Eine Analyse der anwaltlichen Argumentation in Zivilprozessen anhand der vorhandenen Prozeßakten der Landgerichte Frankenthal, Wiesbaden, Limburg und Frankfurt und der Handakten der *jüdischen Konsulenten* des OLG-Bezirks Frankfurt. 2001.

Band 236 Der Code pénal des Königreichs Westphalen von 1813 mit dem Code pénal von 1810 im Original und in deutscher Übersetzung. Herausgegeben und mit einer Einleitung versehen von Werner Schubert. 2001.

Band 237 Klaus Richter: Deutsches Kolonialrecht in Ostafrika 1885-1891. 2001.

Band 238 Kai von Lewinski: Deutschrechtliche Systembildung im 19. Jahrhundert. 2001.

Band 239 Alexander Herzog: Sittenwidrige Rechtsgeschäfte in der höchstrichterlichen Rechtsprechung aus den Jahren 1948-1965. 2001.

Band 240 Claudia Rönnau: Die Beratungen des Wasserrechtsausschusses der Akademie für Deutsches Recht zu einem Reichswassergesetz (1934-1941). Ein Beitrag zur Dogmatik der Begriffe *Gemeingebrauch* und *Sondergebrauch* in der Zeit des Nationalsozialismus. 2001.

Band 241 Momme Rohlack: Kriegsgesellschaften (1914-1918). Arten, Rechtsformen und Funktionen in der Kriegswirtschaft des Ersten Weltkrieges. 2001.

Band 242 Rolf Geyer: Der Gedanke des Verbraucherschutzes im Reichsrecht des Kaiserreichs und der Weimarer Republik (1871-1933). Eine Studie zur Geschichte des Verbraucherrechts in Deutschland. 2001.

Band 243 Felix Lorenz Benjamin Lehmann: Der Rote Adlerorden. Entstehung und rechtliche Grundlagen (1705-1918). 2002.

Band 244 Marc Ludwig: Der Pfändungsschutz für Lohneinkommen. Die Entstehungs- und Entwicklungsgeschichte der Vorschriften zum Schutz vor Lohnpfändung in Deutschland. 2001.

Band 245 Alexander Wachter: Dorfschule zwischen Pastor und Schulmeister. Zur Säkularisierung des niederhessischen Schulwesens im 19. Jahrhundert. 2001.

Band 246 Richard Scholz: Analyse der Entstehungsbedingungen der reichsgerichtlichen Aufwertungsrechtsprechung. Untersuchung unter besonderer Berücksichtigung der konservativen Geldpolitik der Reichsbank und der Inflationspolitik der Reichsregierung. 2001.

Band 247 Judith Laeverenz: Märchen und Recht. Eine Darstellung verschiedener Ansätze zur Erfassung des rechtlichen Gehalts der Märchen. 2001.

Band 248 Christina Schenk: Bestrebungen zur einheitlichen Regelung des Strafvollzugs in Deutschland von 1870 bis 1923. 2001.

Band 249 Nils Werner: Die Prozesse gegen die Landvolkbewegung in Schleswig-Holstein 1929/32. Ein Beitrag zur Justizkritik in der späten Weimarer Republik. 2001.

Band 250 Wolfgang Walter: Das Duell in Bayern. Ein Beitrag zur bayerischen Strafrechtsgeschichte. 2002.

Band 251 Jörn Eckert / Kjell Å. Modéer (Hrsg.): Geschichte und Perspektiven des Rechts im Ostseeraum. Erster Rechtshistorikertag im Ostseeraum 8.–12. März 2000. 2001.

Band 252 Jan Könighaus: Die Inauguration der Christian-Albrechts-Universität zu Kiel 1665. Symbolgehalt und rechtliche Bedeutung des Universitätszeremoniells. 2002.

Band 253 Andreas Görgen: Rechtssprache in der Frühen Neuzeit. Eine vergleichende Untersuchung der Fremdwortverwendung in Gesetzen des 16. und 17. Jahrhunderts. 2002.

Band 254 Ralf Schäfer: Die Rechtsstellung der Haigerlocher Juden im Fürstentum Hohenzollern-Sigmaringen von 1634-1850. Eine rechtsgeschichtliche Untersuchung. 2002.

Band 255 Regine Schmalhorst: Die Tierhalterhaftung im BGB von 1896. Die Entstehung und Änderung des § 833 BGB sowie eine Analyse der Rechtsprechung des Reichsgerichts bis 1908. 2002.

Band 256 Thomas Hense: Konrad Beyerle. Sein Wirken für Wissenschaft und Politik in Kaiserreich und Weimarer Republik. 2002.

Band 257 Christian Mahlmann: Die Strafrechtswissenschaft der DDR. Klassenkampftheorie und Verbrechenslehre. 2002.

Band 258 Henning Kahmann: Die Bankiers von Jacquier & Securius 1933–1945. Eine rechtshistorische Fallstudie zur "Arisierung" eines Berliner Bankhauses. Mit einem Geleitwort von John Kornblum. 2002.

Band 259 Volker Friedrich Drecktrah: Die Gerichtsbarkeit in den Herzogtümern Bremen und Verden und in der preußischen Landdrostei Stade von 1715 bis 1879. 2002.

Band 260 Andreas Klass: Standes- oder Leistungselite? Eine Untersuchung der Karrieren der Wetzlarer Anwälte des Reichskammergerichts (1693-1806). 2002.

Band 261 Wolfgang Eder: Das italienische Tribunale Speciale per la Difesa dello Stato und der deutsche Volksgerichtshof. Ein Vergleich zwischen zwei politischen Gerichtshöfen. 2002.

Band 262 Albrecht Cordes / Bernd Kannowski (Hrsg.): Rechtsbegriffe im Mittelalter. 2002.

Band 263 Thomas Hildebrandt: Die Brandenburgischen Provinziallandtage von 1841, 1843, und 1845 anhand ausgewählter Verhandlungsgegenstände. 2002.

Band 264 Jan Finzel: Georg Adam Struve (1619-1692) als Zivilrechtler. 2003.

Band 265 Björn Carsten Frenzel: Das Selbstverständis der Justiz nach 1945. Analyse der Rolle der Justiz unter Berücksichtigung der Reden zur *Wiedereröffnung* der Bundes- und Oberlandesgerichte. 2003.

Band 266 Nils Reichhelm: Die marxistisch-leninistische Staats- und Rechtstheorie Karl Polaks. 2003.

Band 267 Raik Schneider: Altrechtliche Personenzusammenschlüsse. Ihre Entwicklung unter besonderer Berücksichtigung des Rechts des Großherzogtums Sachsen-Weimar-Eisenach sowie der Herzogtümer Sachsen-Meiningen und Sachsen-Gotha. 2003.

Band 268 Anke Meier: Die Geschichte des deutschen Konkursrechts, insbesondere die Entstehung der Reichskonkursordnung von 1877. 2003.

Band 269 Stefan Jens Jordan: Leben und Werk des Tübinger Rechtsprofessors Wilhelm Gottlieb Tafinger 1760-1813. 2003.

Band 270 Stefanie Hubig: Die historische Entwicklung des § 23 ZPO. Zum Ursprung und Fortleben des Vermögensgerichtsstandes im deutschen Prozeßrecht des 19. Jahrhunderts. 2003.

Band 271 Michael G. Perband: Der Grundsatz der freien Beweiswürdigung im Zivilprozeß (§ 286 ZPO) in der Rechtsprechung des Reichsgerichts. 2003.

Band 272 Mathias Bouveret: Die Stellung des Staatsoberhauptes in der parlamentarischen Diskussion und Staatsrechtslehre von 1848 bis 1918. 2003.

Band 273 Barbara Széchényi: Rechtliche Grundlagen bayerischer Zensur im 19. Jahrhundert. 2003.

Band 274 Sylvia Scharfenberg: Die Entstehungsgeschichte des Beurkundungsgesetzes vom 28. August 1969. 2003.

Band 275 Urte Nesemann: Die schwedische Familiengesetzgebung von 1734 bis zu den Reformgesetzen von 1915 bis 1920 und deren Einfluss auf die Gesetzgebungsprojekte der Weimarer Republik. Unter besonderer Berücksichtigung der Rechtsstellung der Frau und des unehelichen Kindes. 2003.

Band 276 Alexandra Brück: Die Polizeiordnung Herzog Christians von Braunschweig-Lüneburg vom 6. Oktober 1618. 2003.

Band 277 Torsten Landwehr: Das Kommissionsgeschäft in Rechtswissenschaft, Gesetzgebung und Rechtspraxis vom 16. bis zum Ende des 18. Jahrhunderts. 2003.

Band 278 Tassilo Wilhelm Maria Englert: Deutsche und italienische Zivilrechtsgesetzgebung von 1933–1945. Parallelen in der Rechtsetzung und gegenseitige Beeinflussung unter besonderer Berücksichtigung des Familien- und Erbrechts. 2003.

Band 279 Tobias Prang: Der Schutz der Versicherungsnehmer bei der Auslegung von Versicherungsbedingungen durch das Reichsgericht. 2003.

Band 280 Thorsten Lieb: Privileg und Verwaltungsakt. Handlungsformen der öffentlichen Gewalt im 18. und 19. Jahrhundert. 2004.

Band 281 Michael Rühling: Das Ladenschlussgesetz vom 28. November 1956. Vorgeschichte, Entstehung des Gesetzes und weitere Entwicklung. 2004.

Band 282 Kathrin Nawotki: Die schleswigsche Deichstavengerechtigkeit. Vom 17. Jahrundert bis in die Gegenwart. Eine gewohnheitsrechtliche Superfizies an nordfriesischen Deichgrundstücken und ihre Entwicklung. 2004.

Band 283 Erik Nils Voigt: Die Gesetzgebungsgeschichte der militärischen Ehrenstrafen und der Offizierehrengerichtsbarkeit im preußischen und deutschen Heer von 1806 bis 1918. 2004.

Band 284 Dorothea Riedi Hunold: Die Einführung der allgemeinen Wechselfähigkeit in der Schweiz in der zweiten Hälfte des 19. Jahrhunderts. Unter besonderer Berücksichtigung der politischen, wirtschaftlichen und sozialen Verhältnisse. 2004.

Band 285 Thomas Gergen: Pratique juridique de la paix et trêve de Dieu à partir du concile de Charroux (989–1250). Juristische Praxis der Pax und Treuga Dei ausgehend vom Konzil von Charroux (989–1250). 2004.

Band 286 Kathrin Bethkenhagen: Die Entwicklung des Luftrechts bis zum Luftverkehrsgesetz von 1922. 2004.

Band 287 Heiko Lüpkes: Die Verbrechen der Diener des Staats im Allgemeinen Landrecht für die Preußischen Staaten von 1794 und ihre Entwicklung zu den Vergehen und Verbrechen im Amte im Strafgesetzbuch für die Preußischen Staaten von 1851. 2004.

Band 288 Mirco Peter Hirsch: Von der Erbbescheinigung des Preußischen Rechts zum Erbschein des Bürgerlichen Gesetzbuchs. 2004.

Band 289 Bettina Günther: Die Behandlung der Sittlichkeitsdelikte in den Policeyordnungen und der Spruchpraxis der Reichsstädte Frankfurt am Main und Nürnberg im 15. bis 17. Jahrhundert. 2004.

Band 290 Seunghyeon Seong: Der Begriff der *nicht gehörigen Erfüllung* aus dogmengeschichtlicher und rechtsvergleichender Sicht. 2004.

Band 291 Steffen-Werner Meyer: Bemühungen um ein Reichsgesetz gegen den Büchernachdruck. Anläßlich der Wahlkapitulation Leopolds II. aus dem Jahre 1790. 2004.

Band 292 Ulrich Löffler: Instrumentalisierte Vergangenheit? Die nationalsozialistische Vergangenheit als Argumentationsfigur in der Rechtsprechung des Bundesverfassungsgerichts. 2004.

Band 293 Norbert Koch: Die Entwicklung des deutschen privaten Immissionsschutzrechts seit Beginn der Industrialisierung. Unter besonderer Berücksichtigung des Einflusses der höchstrichterlichen Rechtsprechung. 2004.

Band 294 Julius Ludwig Pfeiffer: Das Tierschutzgesetz vom 24. Juli 1972. Die Geschichte des deutschen Tierschutzrechts von 1950 bis 1972. 2004.

Band 295 Bert-Hagen Strodthoff: Die richterliche Frage- und Erörterungspflicht im deutschen Zivilprozeß in historischer Perspektive. 2004.

Band 296 Tim Kannewurf: Die Höfeordnung vom 24. April 1947. Entstehungsgeschichte und Einordnung in die Entwicklung des Anerbenrechts. 2004.

Band 297 Steffi Heine: Die Methodendiskussion nach Inkrafttreten des Bürgerlichen Gesetzbuches und die Gründung des Vereins *Recht und Wirtschaft*. 2004.

Band 298 Anne Marlene Simon-Holtorf: Geschichte des Familienwahlrechts in Frankreich (1871 bis 1945). 2004.

Band 299 Jürgen Busch: Das Germanenbild der deutschen Rechtsgeschichte. Zwischen Wissenschaft und Ideologie. Mit einem Vorwort von Herwig Wolfram. 2004.

Band 300 Jan Kohlmann: Der Marsch zu den Gräbern von Karl und Rosa. Geschichte eines Gedenktages. 2004.

Band 301 Christian Rainer Schlicht: Die kumulative Schuldübernahme in der Rechtsprechung des Reichsgerichts und in der zeitgenössischen Literatur. 2004.

Band 302 Hans Peter Glöckner: Positive Vertragsverletzung. Die Geburt eines Rechtsinstituts. 2006.

Band 303 João Manuel Azevedo Alexandrino Fernandes: Die Theorie der Interpretation des Gesetzes bei Francisco Suárez. 2005.

Band 304 René Funk: Die Wahlprüfung der volksgewählten Abgeordneten der Volksvertretungen im Frühkonstitutionalismus. Eine Untersuchung der Wahlprüfung in den Kammern der Abgeordneten des Großherzogtums Baden, des Königreichs Württemberg und des Großherzogtums Hessen. 2005.

Band 305 Carolin O'Sullivan. Die Ahndung von Rechtsbrüchen der Seeleute im mittelalterlichen hamburgischen und hansischen Seerecht (1301–1482). 2005.

Band 306 Martin Jürgens: Staat und Reich bei Ernst Rudolf Huber. Sein Leben und Werk bis 1945 aus rechtsgeschichtlicher Sicht. 2005.

Band 307 Florian G. Dürselen: Franz Beyerle (1885–1977). Leben, Ära und Werk eines Rechtshistorikers. 2005.

Band 308 Kai Bandilla: Urheberrecht im Kaiserreich. Der Weg zum Gesetz betreffend das Urheberrecht an Werken der Literatur und Tonkunst vom 19. Juni 1901. 2005.

Band 309 Stefan Mieth: Die Entwicklung des Denkmalrechts in Preußen 1701–1947. 2005.

Band 310 Catharina Lodemann: Die Geschichte des französischen *acte de gouvernement*. 2005.

Band 311 Christina Wicke: Kodifikationsbestrebungen und Wissenschaft in Hessen-Darmstadt im vorkonstitutionellen Zeitalter. Zu der Beteiligung der Gießener Rechtsprofessoren an den Gesetzgebungsarbeiten in Hessen-Darmstadt in der Zeit zwischen 1769 und 1820. 2005.

Band 312 Christiane Chlosta: Nur dem Gesetz unterworfen? Eine rechtsgeschichtliche Untersuchung zu Idee und Wirklichkeit richterlicher Gesetzestreue unter besonderer Berücksichtigung der Aufwertungsrechtsprechung und des richterlichen Prüfungsrechts. 2005.

Band 313 Kathrin Dirr: Hoheitsrechtliche Streitigkeiten zwischen den Kölner Erzbischöfen und der Stadt Köln auf Grundlage reichskammergerichtlicher Verfahren des 16. und 17. Jahrhunderts. 2005.

Band 314 Michael Racky: Die Diskussion über Gewaltenteilung und Gewaltentrennung im Vormärz. 2005.

Band 315 Petra Thiemrodt: Die Entstehung des Staatshaftungsgesetzes der DDR. Eine Untersuchung auf der Grundlage von Materialien der DDR-Gesetzgebungsorgane mit zeitgeschichtlichen Bezügen. 2005.

Band 316 Julius F. Reiter: Entstehung und staatsrechtliche Theorie der italienischen *Carta del Lavoro*. 2005.

Band 317 André Book: Die Justizreform in der Frühzeit der Bundesrepublik. Die Beratungen der Kommission zur Vorbereitung einer Reform der Zivilgerichtsbarkeit in den Jahren 1955 bis 1961. 2005.

Band 318 Frank Zentz: Das amerikanische Strafverfahren als Element der Besatzungspolitik in Deutschland. Erziehung zur Demokratie durch den *Court of Appeals* 1948–1955. 2005.

Band 319 Friederike Quaisser: Mietrecht im 19. Jahrhundert. Ein Vergleich der mietrechtlichen Konzeptionen im Allgemeinen Landrecht für die Preußischen Staaten von 1794 und dem gemeinen Recht. 2005.

Band 320 Stefan Burghard: Professor Dr. Wilhelm Kahl – Leben zwischen Wissenschaft und Politik. 2005.

Band 321 Günter Baranowski: Die *Russkaja Pravda* – ein mittelalterliches Rechtsdenkmal. 2005.

Band 322 Christina Schneider: Die SS und „das Recht". Eine Untersuchung anhand ausgewählter Beispiele. 2005.

Band 323 Werner Schubert (Hrsg.): Zivilprozessreform in der Weimarer Zeit. Quellen zur Emminger-Zivilprozessverordnung vom 13.2.1924 und zu den Arbeiten der Zivilprozesskommission des Reichsjustizministeriums (1922–1930). Eingeleitet und herausgegeben von Werner Schubert. 2005.

Band 324 Felix Gaul: Der Jurist Rudolf Isay (1886–1956). Ein verantwortungsbewusster Vermittler im Spannungsfeld zwischen dynamischer Rechtsschöpfung, ökonomischem Wandel und technischem Fortschritt. 2005.

Band 325 Konstanze Braun: Dr. Otto Georg Thierack (1889–1946). 2005.

Band 326 Eckart Klein / Stefan Chr. Saar / Carola Schulze (Hrsg.): Zwischen Rechtsstaat und Diktatur. Deutsche Juristen im 20. Jahrhundert. 2006.

Band 327 Stefan Botor: Das *Berliner Sühneverfahren* – Die letzte Phase der Entnazifizierung. 2006.

Band 328 Andreas Köhler: Die Sorgerechtsregelungen bei Ehescheidung seit 1945. Scheidungsstrafe und verordnete Gemeinsamkeit. 2006

Band 329 Lars Düwel: Die Nichtigkeit und Anfechtbarkeit der Ehe in der Rechtsprechung des Reichsgerichts zwischen 1900 und 1945. 2006.

Band 330 Katalin Polgar: Das Oberappellationsgericht der vier freien Städte Deutschlands (1820–1879) und seine Richterpersönlichkeiten. 2007.

Band 331 Julia Schweitzer: Schiffer und Schiffsmann in den Rôles d'Oléron und im Llibre del Consolat de Mar. Ein Vergleich zweier mittelalterlicher Seerechtsquellen. 2007.

Band 332 Diana-Catharina Kurtz: Das Institut der Adoption im preußischen Allgemeinen Landrecht und im französischen Code civil zwischen Rezeption römisch-rechtlicher Prinzipien und verändertem Familienverständnis. 2006.

Band 333 Dino Joakim Duderstadt: Spiel, Wette und Differenzgeschäft (§§ 762–764 BGB) in der Rechtsprechung des Reichsgerichts und in der zeitgenössischen Literatur. 2007.

Band 334 Ronald Hoffmann: Die Domänenfrage in Thüringen. Über die vermögensrechtlichen Auseinandersetzungen mit den ehemaligen Landesherren in Thüringen nach dem Ersten Weltkrieg. 2006.

Band 335 Joachim Windmüller: *Ohne Zwang kann der Humanismus nicht existieren...* – „Asoziale" in der DDR. 2006.

Band 336 Sven Christian Gläser: Die Mediatisierung der Grafschaft Wertheim. Der juristische Kampf eines kleinen Reichsstandes gegen den Verlust der Landesherrschaft und seine Folgen. 2006.

Band 337 Benjamin Schleyer: Friedrich Wilhelm Bornemann (1798–1864). Eine Juristenkarriere im Preußen des 19. Jahrhunderts. 2006.

Band 338 Die Reform des Ehescheidungsrechts von 1976. Quellen zum Ersten Gesetz vom 14.6.1976 zur Reform des Ehe- und Familienrechts (Parlamentarische Ausschussprotokolle – Anglikanische Denkschrift von 1966 zur Scheidungsrechtsreform – Schlussabstimmung 1969 in der Eherechtskommission des Bundesministeriums der Justiz). Eingeleitet und herausgegeben von Werner Schubert. 2006.

Band 339 Andreas Feld: Das Bayerische Gesetz zum Schutz des Eigentums an Erzeugnissen der Literatur und Kunst gegen Nachdruck vom 15.04.1840. Vorgeschichte und Zustandekommen. 2007.

Band 340 Bernd Wörner: Adelbert Düringers Einfluß als Richter am Reichsgericht in Leipzig auf dem Gebiet des Personengesellschaftsrechts. 2007.

Band 341 Jan Jelle Kähler: Französisches Zivilrecht und französische Justizverfassung in den Hansestädten Hamburg, Lübeck und Bremen (1806–1815). 2007.

Band 342 Jörn Eckert / Pia Letto-Vanamo / Kjell Å. Modéer (Hrsg.): Juristen im Ostseeraum. Dritter Rechtshistorikertag im Ostseeraum 20.–22. Mai 2004. 2007.

Band 343 Ferdinand von Weyhe: A.E. Wassermann. Eine rechtshistorische Fallstudie zur „Arisierung" zweier Privatbanken. 2007.

Band 344 Martin Klaus Römermann: Kündigungen und Kündigungsschutz im Franquismus. 2007.

Band 345 Thomas Hoffmann: Der Landrechtsentwurf David Hilchens von 1599. Ein livländisches Rechtszeugnis polnischer Herrschaft. 2007.

Band 346 Ingo Ullmann: Die rechtliche Behandlung holsteinischer Leibeigener um die Mitte des 18. Jahrhunderts. Dargestellt unter besonderer Berücksichtigung der Schmoeler Leibeigenschaftsprozesse von 1738 bis 1743 sowie von 1767 bis 1777. 2007.

Band 347 Petra Fischer-Langosch: Die Entstehungsgeschichte des Familiengesetzbuches der DDR von 1965. 2007.

Band 348 Lasse O. Johannsen: Die rechtliche Behandlung ausreisewilliger Staatsbürger in der DDR. 2007.

Band 349 Ralf Schlottau: Deutsche Kolonialrechtspflege. Strafrecht und Strafmacht in den deutschen Schutzgebieten 1884 bis 1914. 2007.

Band 350 Hartwig Brandt / Ewald Grothe (Hrsg.): Rheinbündischer Konstitutionalismus. 2007.

Band 351 Nora Lutze: Der Verwandtenunterhalt nach den §§ 1601 bis 1603 und §§ 1610 bis 1612 BGB in der Rechtsprechung des Reichsgerichts. Unter Berücksichtigung der Entstehung des BGB. 2007.

Band 352 Frank Thiäner: Das Verhältnis von Aufsichtsrat und Abschlussprüfern in der rechtshistorischen Entwicklung bis 1937. 2007.

Band 353 Britta Heymann: Ernst Melsheimer (1897–1960). Eine juristische Karriere in verschiedenen staatlichen Systemen. Mitarbeiter im Preußischen Justizministerium in der Weimarer Republik, im Justizministerium Preußens und des Reiches sowie Richter am Kammergericht in der NS-Zeit und Erster Generalstaatsanwalt der Deutschen Demokratischen Republik. 2007.

Band 354 Susanne Adlberger: Wilhelm Kisch – Leben und Wirken (1874–1952). Von der Kaiser-Wilhelms-Universität Straßburg bis zur nationalsozialistischen Akademie für Deutsches Recht. 2007.

Band 355 Moritz Waibel: Josef Berchtold (1833–1894). Ein Leben gegen den Ultramontanismus. 2007.

Band 356 Aline Levin: Erinnerung? Verantwortung? Zukunft? Die Beweggründe für die gemeinsame Entschädigung durch den deutschen Staat und die deutsche Industrie für historisches Unrecht. 2007.

Band 357 Ferdinand Krause: Die hergebrachten Grundsätze des Berufsbeamtentums. Eine rechtshistorische Analyse. 2007.

Band 358 André Tiebel: Die Entstehung der Schutztruppengesetze für die deutschen Schutzgebiete Deutsch-Ostafrika, Deutsch-Südwestafrika und Kamerun (1884–1898). 2007.

Band 359 Holger Ruff: Sittenwidrige Rechtsgeschäfte in der späten Kaiserzeit. Die Entwicklung der reichsgerichtlichen Rechtsprechung zu § 138 BGB von 1900 bis 1914. 2007.

Band 360 Frank Rohrer: Strafjustiz im Dritten Reich und in der SBZ/DDR. Die personelle und organisatorische Neuordnung des Justizapparates in den totalitären Diktaturen (1933–1955) mit ihren Auswirkungen auf die Rechtsprechung zum politischen Strafrecht. 2007.

Band 361 Hans-Georg Knothe / Marc Liebmann (Hrsg.): Gerichtskultur im Ostseeraum. Vierter Rechtshistorikertag im Ostseeraum. 18.–20. Mai 2006 in Greifswald. 2007.

Band 362 Christina Meß: Das Vertragsrecht bei Adam Smith. 2008.

Patricia Wardemann

Johann Gottlieb Heineccius (1681–1741)

Leben und Werk

Frankfurt am Main, Berlin, Bern, Bruxelles, New York, Oxford, Wien, 2007.
VIII, 141 S.
Europäische Hochschulschriften: Reihe 2, Rechtswissenschaft. Bd. 4577
ISBN 978-3-631-56844-6 · br. € 34.–*

Johann Gottlieb Heineccius (1681–1741) war einer der bedeutendsten Juristen des 18. Jahrhunderts. Seine Forschungen erstreckten sich auf fast alle Rechtsgebiete und umfaßten bedeutende Beiträge zu den drei großen Quellenbereichen: römisches Recht, deutsches Recht und Naturrecht. Heineccius' Lehrbuch des römischen Rechts, die *Elementa iuris civilis secundum ordinem Institutionum* (1725), ist wie kaum ein anderes Lehrbuch insgesamt 176 mal, nicht nur in Deutschland und anderen europäischen Ländern, wie Italien, Spanien, Frankreich und Polen, sondern auch in Chile herausgegeben worden. Umfangreichere Ausführungen zu seiner Person gibt es aber weder in deutscher, noch in englischer, französischer oder polnischer Sprache. Die Studie untersucht Heineccius' Beiträge für das Recht und die Rechtswissenschaft und geht der Frage nach, warum Heineccius trotz seiner bedeutenden Beiträge nach seinem Tod so unverhältnismäßig schnell in Vergessenheit geraten konnte.

Aus dem Inhalt: Leben und Werk: Soziales Umfeld; Akademische Laufbahn · Hauptwerke: u. a. Beiträge zu den drei großen Quellenbereichen: römisches Recht, deutsches Recht, Naturrecht · Neue Darstellungsweise der Rechtsmaterie nach der sogenannten axiomatischen Methode · Einige Grundprobleme des Privatrechts unter Berücksichtigung der drei großen Quellenbereiche

FSC
www.fsc.org
MIX
Papier | Fördert gute Waldnutzung
FSC® C083411

Kolibri 360 GmbH
Ferdinand-Jühlke-Straße 7
99095 Erfurt, Deutschland
produktsicherheit@kolibri360.de

Druck:
CPI Druckdienstleistungen GmbH
im Auftrag der
Kolibri 360 GmbH
Ferdinand-Jühlke-Str. 7
99095 Erfurt